Pasigraphie, Premiers Elemens Du Nouvel Art Science

Joseph De Maimieux

In the interest of creating a more extensive selection of rare historical book reprints, we have chosen to reproduce this title even though it may possibly have occasional imperfections such as missing and blurred pages, missing text, poor pictures, markings, dark backgrounds and other reproduction issues beyond our control. Because this work is culturally important, we have made it available as a part of our commitment to protecting, preserving and promoting the world's literature. Thank you for your understanding.

PASIGRAPHIE,

ꓤꓳꓶ ou ꝫ꜀,

PREMIERS ÉLÉMENS DU NOUVEL ART-SCIENCE

D'ÉCRIRE ET D'IMPRIMER EN UNE LANGUE DE MANIÈRE A ÊTRE LU
ET ENTENDU DANS TOUTE AUTRE LANGUE SANS TRADUCTION;

INVENTÉS ET RÉDIGÉS PAR J.*** DE M***, ANCIEN MAJOR D'INFANTERIE ALLEMANDE;

7̈-ᴄ, ɾᴢ, ꓛꓤꓳ—ꞓꞓ ɟᴢᶠ ɟᴢ~ɾ/ꓳꓦ=ᴊ—ᴄ ɟᴢ / ɪᴇ ᴇᴄꓶ ɟᴢ~ꓳꞩ=ᴄ÷ᴊ ᴋᴄɪ—/ ᴛꓳ ꝫᴀᴄ—ᴈ ꝫ

ꝫꓦꓶꓛꓤ—ᴄ, «ʟ. *** ꓴꓳ 𝐿***ᴜ—ᴏ, ᴊᴡɟꓲꞓ=ᴏ /ᴉꓶ—ᴠᴊ

Première édition, originale comme l'édition en langue allemande.

.... 7̈-ᴄ— ꝫꓰꝺ̂, ɟᴊ—ɟ— ᴄꜱ ꝫꝫꝺᶠ /ꝫ,—ᴄꓦɟᴇ—/.

———

A PARIS;

Au Bureau de la Pasigraphie, rue Notre-Dame de Nazareth, numéro 118.

———

1797.

Les mots ᴛˢᴵᴢ⁻ ᵌ⁷ᴱᴛ, gravés au bas du portrait joint aux exemplaires des souscripteurs qui l'ont demandé, signifient : *INVENTEUR DE LA PASIGRAPHIE.*

On s'inscrit au Bureau de la Pasigraphie, rue N. D. de Nazareth, n° 118, pour un Cours du nouvel Art, que son inventeur se propose de donner en douze séances de deux heures.

A L'INVENTEUR DE LA PASIGRAPHIE.

Paris, à l'institution des Sourds-Muets, ce 7 septembre 1797.

Vous la publiez enfin, mon bon ami, cette Pasigraphie attendue de l'Europe commerçante et littéraire, à qui nous l'annonçâmes en novembre 1795. Puisse un pareil travail ne pas avoir affoibli, pour le reste de ses jours, la santé d'un de mes meilleurs amis! Rétablissez-vous pour être encore utile.

Quand vous me confiâtes vos douze Règles, elles étoient fort loin du degré de développement que vous y avez donné depuis. L'opinion que j'en conçus, mon estime, mon amitié pour vous, mon zèle pour le bien général, me portèrent à vous promettre de travailler avec vous à la rédaction de votre MÉTHODE. *Des devoirs multipliés, des occupations continuelles, m'ont empêché de remplir ma promesse dans toute son étendue. C'est pour moi une obligation de probité de le déclarer ici. Mais je n'en demeure pas moins votre collaborateur, ainsi que je me suis souvent honoré de l'annoncer, par la suite que vont avoir nos travaux communs pour la confection du* GRAND NOMENCLATEUR *dont vous n'imprimez aujourd'hui que dix cadres détachés.*

Aucun art ne naquit tout entier. On peut, on devra sans doute perfectionner la Pasigraphie, on ne l'inventera plus. Votre modestie aura beau me défendre de dire que ce sera la gloire de mon ami, nos deux cœurs éprouveront ensemble que ce sera son bonheur si le nouvel art a le succès que je lui desire.

Ce GRAND NOMENCLATEUR *est pour le métaphysicien-pratique l'entreprise la plus hardie, la plus piquante et la plus nécessaire, comme tendant à former de l'universalité des idées un système clair, simple et facile à retenir, parce que chaque expression y définit les autres, et que toutes y complettent la définition implicite de chacune. Il ne sera ni votre ouvrage, quoique vous en ayez, le premier, indiqué les formes, ni le mien, quoique je me propose d'y mettre l'expérience de ma vie. Il sera l'œuvre commune de tous les amis de l'humanité, qui voudront nous aider. Des notes exactes y désigneront leur propriété, s'ils le desirent. Les matériaux que j'ai préparés, m'encouragent à poursuivre.*

Je vous embrasse bien cordialement.

SICARD, *instituteur des Sourds-Muets.*

AVIS INDISPENSABLE.

L'ÉTAT où d'anciennes infirmités et l'excès du travail ont réduit la santé de l'auteur, a long-temps retardé la publication de cet ouvrage, à l'égard duquel près de six mille lettres de divers pays attestent un impatient desir. Dans la crainte que le terme de sa vie ne le privât d'atteindre celui de la carrière qu'il s'étoit ouverte, qu'il devoit fournir seul, et dont il n'auroit laissé qu'un simple projet; jaloux de satisfaire à ses engagemens, il a redoublé d'ardeur, au risque de mettre le comble à des maux que trop d'application rendoit violens et continus. Mais il n'a pu revoir toutes les épreuves de l'édition françoise comme il l'eût fait s'il eût moins souffert. Ce seroit ne supposer aux lecteurs ni justice ni sensibilité que de douter qu'une pareille excuse ne soit favorablement accueillie. Voici les fautes d'impression qui se trouvent dans quelques exemplaires, et qu'il est essentiel d'y corriger avant de se servir de la Méthode.

PARTIE PREMIÈRE.

Page 7, *ligne* 27 : ЈƐ, *lisez* ЈƐƆ ; *ligne* 29 : zꟼϟ, *lisez* zꟼϟ.

Page 8, *ligne* 25 : chacun dix cadres, *lisez* chacun six cadres.

Page 25, *ligne* 31 : Pasiagraphie, *lisez* Pasigraphie.

Page, 31 : Action de l'éprouver en soi souvent, ᴖ̛, *lisez* Ɉ̛ ; ...... habituellement, ᴖ̛, *lisez* Ɉ̛ ; Apparence de ce que dit le mot, ᴖ̛, *lisez* Ɉ̛.

Page 34, *ligne* 25 : Ɉ̛ƷƆ∥, *lisez* ᴖ̛ƷƆ∥.

Page 45, ligne 25 : hommes, *lisez* homines.

Page 53, *ligne* 23 : ⟵, *lisez* = ; *ligne* 24 : ′ƆꟾɈ, *lisez* ′Ɔꟾᴖ.

Idem, dernière ligne : la sixième, *lisez* la cinquième.

Page 56 : Ton (*de lui*), ′ʃ, *lisez* ′ᴖ.

PARTIE SECONDE.

Page 4 : clopin, clopant, *lisez* clopin-clopant.

Page 5, *pour le signe des sixièmes lignes des trois dernières tranches* : Ɔ., *mettez* ϶.

Page 6 : A resprises, *lisez* A reprises.

Page 13 : sésléi, *lisez* séséli.

Page 14 : original, *lisez* orignal.

Page 15 : Arrête, *lisez* Arête.

Page 18 : malautru, *lisez* malotru.

Page 22 : tremble, *lisez* temple.

Page 25 : Hochépot, *lisez* Hochepot.

Page 28 : change, *lisez* charge ; hôte, *lisez* hotte.

Page 53 : berlan, *lisez* brelan.

Page 56 : stuck-fast, *lisez* stuck-fast.

PASIGRAPHIE;

PASIGRAPHIE,

ꓬꓛꓶ ou 37.

PREMIÈRE PARTIE,

CONTENANT

LES DOUZE RÈGLES QUI FORMENT LA TOTALITÉ
DE LA MÉTHODE PASIGRAPHIQUE.

LE mot PASIGRAPHIE se compose des deux mots grecs, PASI, à tous, et GRAPHO, j'écris. Ecrire même à ceux dont on ignore la langue, au moyen d'une écriture qui soit l'image de la pensée que chacun rend ●● différentes syllabes, c'est ce qu'on nomme PASIGRAPHIE. En voici les ●●●●ats.

Deux personnes de divers pays ne savent chacune que leur idiome; elles apprennent à le *pasigrapher* (1); dès-lors ce que l'une écrit dans sa langue, l'autre l'entend dans la sienne. Adaptez la méthode à plusieurs langues, le même écrit, le même imprimé sera lu et compris en autant de langues, comme l'arithmétique en chiffres, les caractères de la chymie et la musique sont également intelligibles de Pétersbourg à Malthe, de Madrid à Péra, de Londres et de Paris à Philadelphie ou à l'isle de Bourbon.

Si la Pasigraphie a du succès, elle produira les effets suivans :

1°. Plus de communication sociale et commerciale d'homme à homme, de peuple à peuple; 2°. une sorte de glossomètre propre à suppléer les traductions littérales dans les correspondances ordinaires, et qui rectifiera les inexactitudes des traductions littéraires, en donnant aux langues une échelle générale; 3°. plus de célérité, de facilité, de justesse, d'économie, de secret et de sûreté dans les opérations diplomatiques, militaires, civiles et de négoce, où le même employé pourra ne savoir que sa

---

(1) On préfère *pasigrapher* à *pasigraphier*, quoiqu'on dise *ortographier*, dérivé d'*ortographie*, parce que le françois a fait *philosopher* de *philosophie*.

langue et pasigrapher dix lettres qui seront lues en autant de langues ; 4°. une notoriété plus uniforme en ce qui concerne l'humanité ; 5°. enfin des voies d'existence pour un grand nombre de professeurs, de maîtres, d'écrivains, de graveurs, de fondeurs, d'imprimeurs, occupés à multiplier, en divers genres, des livres élémentaires qui, publiés dans une langue, se liront dans toutes les autres; branches d'industrie dignes de la protection des gouvernemens éclairés.

Tel est le but vers lequel un militaire invalide a dirigé les seuls travaux que lui permissent depuis long-temps de douloureuses infirmités. Ancien officier, il conçut et jura d'achever son projet de Pasigraphie, en pleurant de vertueux amis victimes de la différence des langues écrites; et il voue ici le fruit de ses voyages et de ses méditations à l'utilité spéciale d'un état où l'on doit souvent, sous peine de mort, réunir le plus de lumières possible. Livré par inclination à l'étude de la morale et de la politique, il conserve dans sa retraite le plus tendre intérêt pour les étrangers respectables qui daignèrent sourire à ses efforts pour s'instruire auprès d'eux, et tente d'écarter les barrières de ronces intellectuelles qui les privent du bonheur de s'entr'obliger.

LA Pasigraphie a pour uniques élémens :

1°. Douze caractères qui doivent d'abord être considérés comme n'ayant ni la forme, ni la destination, ni la valeur convenue d'aucune lettre d'aucun alphabet. Voici ces douze caractères rangés dans l'ordre qu'on appellera la GAMME PASIGRAPHIQUE, afin de se ménager la ressource d'une dénomination réduite aux cinq lettres du mot *gamme*, qui reviendront souvent.

— ∾ ſ ʇ ɔ ɞ ɘ ɔ ɾ ɪ ⋌ /
1. 2. 3. 4. 5. 6. 7. 8. 9. 10. 11. 12.

2°. Douze règles générales applicables à toutes les langues, à tous les dialectes ; règles qui n'éprouveront jamais d'exception.

3°. Enfin l'accentuation et la ponctuation usitées en Europe.

Pour jouir du précieux avantage de se faire entendre, par écrit, en plusieurs langues, et de les bien concevoir, sans avoir la peine de les étudier et sans prendre ni donner à ses correspondans la peine de traduire, est-ce trop que de supposer qu'on sait au moins sa propre langue passablement?

Cette première éducation de l'enfance, la lecture et l'écriture, en une seule langue, ne font nullement partie de l'art pasigraphique. Tout art ne commence qu'au-delà des notions qu'il admet comme acquises, et que très-conséquemment il est dispensé de donner. La Pasigraphie n'enseigne aucune langue; elle pourra tenir lieu de langues ignorées à quiconque saura déjà la sienne.

On se convaincra du peu de difficulté du nouvel art, en s'exerçant une heure sur chaque règle avant de s'occuper de celle qui la suit. Elles sont si claires, en si petit nombre, que ce sera plutôt un amusement qu'un travail.

La méthode étant d'un volume portatif, il suffira de la consulter habituellement pour se familiariser sans effort aux combinaisons homogènes qu'elle présente, et l'on finira par la savoir avant de songer à l'étudier.

Nos écritures ordinaires offrent presqu'à la fois aux yeux et à l'esprit exercés la totalité de la phrase. Une personne accoutumée à lire vite, saisit, embrasse du même regard un ou deux vers, trois ou quatre lignes ensemble. Ceux qui possèdent le mieux une langue étrangère, ne la lisent guère que mot-à-mot. En Pasigraphie, pour tout lecteur intelligent qui commence à l'apprendre, chaque portion de l'idée est une découverte aisée mais piquante, qui, laissant le reste dans les ténèbres, excite singulièrement le desir d'y pénétrer, de les dissiper. Un butin successif y nourrit l'ambition d'agréables conquêtes, dont l'étonnant produit devient de moment en moment plus simple et rend usuelles toutes les langues pasigraphées, sans exiger ni le temps ni les soins qu'il faut pour parvenir à bien lire et à bien écrire une seule langue étrangère. Or, la méthode est disposée de manière à favoriser l'exercice et à multiplier les moyens de ce qu'on nomme la mémoire artificielle et locale.

Douze règles seront l'objet d'autant de chapitres; le temps plus que suffisant pour les concevoir et pratiquer l'une après l'autre, fera intituler chaque chapitre une HEURE. Au bout de douze heures ainsi employées, on se trouvera, sans maître, en état de pasigrapher soi-même un billet et de lire un billet pasigraphé, dans quelque langue qu'il ait été pensé.

Rien ne soulageant plus l'attention qu'une marche uniforme et prévue, il n'est pas inutile d'annoncer que chaque HEURE se partage ainsi: — *le titre*, et s'il le faut, *l'exposé du sujet;* — *la règle;* — *application de la règle;* — *observations et réflexions sur chaque règle.*

PREMIÈRE HEURE.

DU CORPS DU MOT EN PASIGRAPHIE.

RÈGLE PREMIÈRE.

En Pasigraphie, le *corps du mot* est le nombre fixe des caractères employés à exprimer la principale idée dont le mot entier est le signe convenu, à quelque langue que ce mot appartienne; car la Pasigraphie ne peint que des idées et non des syllabes. Les caractères pasigraphiques placés hors du *corps du mot* expriment les modifications ou les accessoires de l'idée.

Il n'y a que trois sortes de mots en Pasigraphie;

1°. Des mots dont le *corps* se compose de trois caractères;
2°. Des mots dont le *corps* se compose de quatre caractères;
3°. Des mots dont le *corps* se compose de cinq caractères.

La première sert ou de liaison ou de complément détaché, pathétique ou circonstanciel entre les parties du discours, comme *si*, *mais*, *car*, *cependant*, etc.; *oh! hélas!* etc.; *avant*, *après*, *bien*, *mal*, etc.

La seconde exprime les objets, les actions, les idées ou les affections dont on s'occupe journellement dans la famille, dans la société, dans les correspondances d'amitié, de parenté, d'amour, d'affaires, de *négoce*, de *commerce* et de *banque*, ces derniers étant considérés comme destinés à retirer les plus intéressans avantages de la Pasigraphie.

La troisième sorte de mots, celle dont le *corps* se compose de cinq caractères, doit suppléer d'abord ce qui peut manquer à la collection des autres, et répondra plus spécialement, pour le reste, aux arts, aux sciences, et à la morale, à la religion, à la politique, envisagées sous leurs rapports de sciences.

APPLICATION DE LA PREMIÈRE RÈGLE.

On ne s'attache ici qu'à l'ordre des nombres 3, 4 et 5, prescrits par le mécanisme de l'art pasigraphique, sans avoir encore égard à aucune classification, soit logique, soit grammaticale, et en ne s'occupant, pour le moment, que du matériel des formes du *corps du mot*, des caractères qui le composent, suivant la première règle.

Mots dont le corps est composé de trois caractères.

ɔɔɔ, ɔɔɔ, ɔɔɔ, ɔɔɔ, ɔɔɔ, ɔɔɔ, ɔ/ɔ.

Mots dont le corps est composé de quatre caractères.

ɔɔɔ/, ɔɔ/ɔ, ɔ/ɔ/, ɔɔɔɔ, ɔɔɔɔ, ɔɔɔɔ, ɔ/ɔ/.

Mots

Mots dont le corps est composé de cinq caractères :
ⵀⵛⵛⵁⵌ, ⵊⵉⵌⵋⵋ, ⵋⵌⵃⵌⵃ, ⵃⵋⵊⵉⵋ, ⵃⵃⵃⵋⵌ, ⵋⵋⵃⵁⵌ, ⵃⵌⵋⵌⵃ.

OBSERVATIONS ET RÉFLEXIONS SUR LA PREMIÈRE RÈGLE.

Un INDICULE, en douze colonnes, offre les mots de la première sorte dans l'ordre pasigraphique (1).

Un petit NOMENCLATEUR, de douze cadres, offre les mots de la seconde sorte, dans l'ordre pasigraphique (2).

Un GRAND NOMENCLATEUR, en douze classes, nomenclateur technique, moral, civil, politique et géographique, offrira les mots de la troisième sorte, dans l'ordre pasigraphique.

Par l'ordre pasigraphique on entend ici une classification de pur sens-commun, où l'intelligence éclairée par l'analogie, l'attention économisée le plus possible, et la mémoire aidée de tous les moyens de rappel, vont ensemble, ou du genre à l'espèce et de l'espèce à l'individu, ou du simple au composé, ou du plus connu au moins connu, selon que les rapports les plus frappans des idées entr'elles permettent l'une ou l'autre de ces marches.

L'ordre pasigraphique est donc un ordre naturel, où la place du mot en fixe la signification et concourt à déterminer celle des mots voisins, où la suite des caractères ramène l'idée, tandis que la gradation des idées ramène aussi sûrement les caractères. Ceci deviendra très-évident dès qu'on aura bien examiné une colonne de l'INDICULE ou un cadre de l'un ou de l'autre des deux NOMENCLATEURS.

Cet ordre pasigraphique diffère essentiellement de l'ordre ou plutôt du cahos alphabétique. Personne n'ignore que celui-ci ne s'adapte point aux mots corrélatifs de diverses langues. *Pferd, horse, cheval, lochade, cavallo,* ont le même sens, en allemand, en anglois, en françois, en russe, en italien, et sont à de grandes distances dans l'ordre alphabétique. Il rapproche des idées fort éloignées uniquement parce qu'elles ont pour signes arbitraires des mots qui commencent par telle ou telle lettre, comme en allemand, MAUER, *muraille*, et MAUS, *souris*; STOLTZ, *orgueilleux*, et STOPF, *bouchon*; en espagnol, ABAD, *abbé*, ABADA, *femelle du Rhinocéros* (3), et ABANICO, *éventail*; en danois, STAMME, *talon*,

---

(1) En parcourant cet INDICULE, on concevra mieux la nature de cette sorte de mots, que ne l'expliqueroient de longues définitions de ce que les grammairiens appellent des *prépositions*, des *conjonctions*, des *particules*, des *interjections*.

(2) C'est tout ce que les formes nécessaires du nouvel art ont pu contenir du vocabulaire social et commercial.

(3) Comme le disent Sobrino et les auteurs du *Dictionnaire de l'Académie Royale de Madrid.*

Iᵉ Partie.

et STAMME, *bégayer*; en suédois, en anglois, en françois, ARSENAL et *arsenic*; en françois, RAISINÉ et *raison*, SAVOIR et *savon*, etc. Il sépare de quelques centaines de pages, de toute l'épaisseur de gros volumes anglois et françois, des idées, pour ainsi dire, sœurs, celles, par exemple, auxquelles répondent les mots *amitié* et *zèle*; *ardeur, ardency* et *zèlé zéal, zéalous*, etc. Enfin, utile dans les vocabulaires où les lettres et les syllabes conduisent à l'idée, l'ordre alphabétique est impraticable en Pasigraphie, où c'est l'idée qu'on exprime pour toutes les langues à-la-fois, où l'idée commune à tous doit conduire l'esprit de chaque lecteur aux syllabes dont se forment les mots qui diffèrent en chaque langue.

Il n'en est pas moins vrai que l'INDICULE et les deux NOMENCLATEURS sont aussi des vocabulaires; mais dans ce sens que les caractères qui ne peignent jamais que la pensée, y rappellent toujours les voyelles et les consonnes (1).

DEUXIÈME HEURE.

DE LA MANIÈRE DE PLACER, DE LIRE, DE GROUPER OU D'ABRÉGER LES CARACTÈRES PASIGRAPHIQUES.

RÈGLE SECONDE.

Les deux caractères horisontaux, — et ∾, ne se placent jamais dans le *corps du mot* que de trois manières; 1°. ou au niveau de l'extrémité supérieure; 2°. ou au niveau de l'extrémité inférieure de tous les autres caractères; 3°. ou au-dessus du caractère que l'un ou l'autre de ces deux horisontaux précède, comme ⁻/, ⊥, ∾⌒, ⁻J, etc.

Ces deux caractères, — et ∾, ne se placent jamais au milieu de la ligne que dans la *gamme* et dans les accessoires du *corps du mot*, comme —/, —), ∾J; et aucun caractère ne débordera le dessous de la ligne.

---

(1) Le GRAND NOMENCLATEUR, réservé pour un autre volume qu'on pourra faire relier avec celui-ci, sera le complément de la méthode pour les studieux amis des arts et des sciences. Ils n'en trouveront pas moins ici ce qu'on leur a promis, non-seulement tous les élémens de la Pasigraphie usuelle, appliqués à la correspondance ordinaire, au commerce, à la banque, aux poids, aux mesures, aux monnoies; mais encore les principes et des morceaux entiers, dix cadres, vingt pages du GRAND NOMENCLATEUR lui-même, tels que les a conçus et formés l'inventeur de la Pasigraphie. Ce sont des fragmens d'un grand ouvrage à la perfection duquel ont généreusement offert de concourir de savans naturalistes, physiciens, mathématiciens, géomètres, astronomes, moralistes, philologues de diverses parties de l'Europe. Une loyale publicité donnée sans réserve au plan général, ne peut qu'ajouter des noms illustres à la liste d'aussi modestes collaborateurs que l'inventeur s'empressera, s'honorera de nommer tous dans le second volume, s'ils le composent et s'ils y consentent.

Tous les caractères du *corps du mot* s'écrivent, ou les uns à côté des autres, de la gauche à la droite, ainsi que ceux de toutes les langues européennes, comme les six lettres du mot latin *VIRTUS*; les huit lettres du mot allemand *VERNUNFT*, les treize lettres du mot à la fois anglois et françois, *dissimulation*; ou réunis, groupés par deux, par trois. Ces groupes ou réunions, dans le *corps du mot*, se font ou ne se font pas au gré du Pasigraphe.

Les caractères sont-ils groupés l'un sur l'autre dans le *corps du mot*? Celui qui est au-dessus de tous, se lit le premier; celui qui est immédiatement au-dessous du premier, se lit le second; et lorsqu'il n'y en a plus dessous, on passe à celui de la droite, au plus élevé de ceux qui sont groupés à la droite des précédens.

Tous les accessoires de *corps de mot* ont leurs règles particulières.

Un point mis au-dessus d'un caractère dans les *corps de mots* et non ailleurs, fait toujours sous-entendre ou remplace toujours un caractère pareil à côté de celui qui porte le point; ainsi on écrit Ċ pour CC, Ɔ̇ pour ƆƆ, J̇ pour JJ, C̈ pour CCC, etc.

APPLICATION DE LA SECONDE RÈGLE.

On continue à n'attacher encore ici aucun sens aux mots pasigraphés. Il ne s'agit actuellement que de se rendre familière la façon de placer, d'unir, de grouper ensemble et de bien lire les caractères du *corps du mot*.

1°. *Corps de mots composés de trois caractères séparés et groupés :*

$\overset{1\,2}{-/-}_{3}$, z ; $\overset{1\,2}{\sim/\sim}_{3}$, z ; $\overset{1\,2}{\sim/\sim}_{3}$, z ; $\overset{1\,2\,3}{\sim/\mathrm{O}}$, ɜ ; ƆƆƆ, ɜƆ ou Ɔɜ.

2°. *Corps de mots composés de quatre caractères séparés et groupés :*

$\overset{1\,2\,3}{-/\underset{4}{-}}$, 7z ; $\overset{1\,2\,3}{\sim/\underset{4}{\sim}}$, 7z ; $\overset{1\,2\,3}{-/\mathrm{OƆ}}$, ɜƆ ou 7ɜ ; $\overset{1\,2\,3}{\sim\mathrm{CƆ}\underset{4}{\sim}}$, Cz.

3°. *Corps de mots composés de cinq caractères séparés et groupés :*

$\overset{1\,2\,4\,5}{-/-/-}_{3}$, zɜ ; $\overset{1\,2\,3}{\sim\mathrm{C}\sim}_{4\,5}$, Cz ; $\overset{1\,2\,3\,4\,5}{-\mathrm{CCC}}$, JC$\varepsilon$, ou J̄$\varepsilon$C, ou J̄$\varepsilon$.

Quelques *corps de mots* accompagnés d'accessoires.

z—, z—, ɜz$^\iota$, J$^?_7$, ɜCϖ, z$\frac{?}{?}$, ɜz$\frac{?}{?}$, etc.

Les caractères se lisent dans l'ordre des numéros 1, 2, 3 ; 1, 2, 3, 4 ; et 1, 2, 3, 4, 5.

Quant aux accessoires, ils se distinguent d'abord du *corps de mot*. Les deux horisontaux — et ∾ placés au milieu caractérisent ces accessoires. Le *corps de mot* ne contient jamais aucun des deux caractères horisontaux —∾ placés au milieu de la largeur de la ligne. Les accessoires contiennent toujours un ou deux de ces deux caractères horisontaux —∾ placés au milieu de la largeur de la ligne. Cette règle est aussi invariable que toutes celles de l'art pasigraphique.

OBSERVATIONS ET RÉFLEXIONS SUR LA SECONDE RÈGLE.

La liberté de grouper les caractères du *corps de mot* par deux ou par trois, est une partie utile de la règle ; mais il n'en résulte aucune nécessité pour les cas où ces combinaisons rendroient l'écriture ou moins lisible ou plus difficile à la main. On fera toujours ensorte que les formes soient du meilleur goût, qu'elles ne causent ni confusion ni lenteur dans la lecture, et qu'on puisse reconnoître d'abord si le *corps du mot* est de trois, de quatre ou de cinq caractères, leur figure et leur place (1).

TROISIÈME HEURE.

Du mot pasigraphé, considéré dans ses rapports avec l'INDICULE ou avec l'un ou l'autre NOMENCLATEUR ; et du mécanisme par lequel le mot pasigraphé correspond au mot de toutes les langues qui nomme ou exprime la même chose, la même qualité, la même quantité, la même idée ou le même sentiment.

L'INDICULE est composé de deux cadres, le cadre consistant toujours en deux pages prises ensemble et à côté l'une de l'autre.

Le petit NOMENCLATEUR est composé de douze cadres semblables.

Le GRAND NOMENCLATEUR sera composé de douze classes, contenant chacune dix cadres pareils à ceux de l'*Indicule* et du *petit Nomenclateur*

Ainsi, le GRAND NOMENCLATEUR offre autant de classes que le PETIT NOMENCLATEUR a de cadres, et que l'INDICULE a de colonnes.

Ces divisions analogues portent chacune un titre ; et ces titres mettent les douze classes du GRAND NOMENCLATEUR, les douze cadres du PETIT NOMENCLATEUR et les douze colonnes de l'INDICULE, dans des relations de genre d'idées et dans une dépendance logique, si intimes, si manifestes, que chacune de ces divisions qui se distingue des autres au premier coup-d'œil, rappelle sur-le-champ sa division corrélative plus encore à la raison

---

(1) Le point duplicatif est le *tesdid* des Arabes, le *teschtith* des Turcs, le *dagesch* des Hébreux, signes qui doublent la valeur de toute lettre sur laquelle on les place.

qu'à

qu'à la mémoire que soulage et supplée incessamment ici l'acte prompt et naturel d'une raison saine.

Chaque classe, cadre, colonne, tranche et ligne dans la tranche, a pour marque un des douze caractères pasigraphiques, quand on compte par douze ; et deux caractères, dont on choisit l'un ou l'autre, à volonté, quand les divisions portant la même dénomination ne se comptent que par six (1). Or, ce seront ces caractères qui composeront le *corps du mot* pasigraphé dont ils indiqueront la place; place qui sera toujours la même, et où chaque langue mettra les lettres, les syllabes qui lui servent à exprimer la même idée.

Ici commence à se développer le système du nouvel art. Les lecteurs attentifs entrevoient déjà quelques-unes des règles que suivit l'inventeur dans la confection de sa méthode, et qui n'étant des règles que pour lui, produisirent les instrumens qu'il livre tout faits aux pasigraphes.

Pour exercer, et même, à beaucoup d'égards, pour professer un art utile, on n'a pas besoin de remonter aux calculs, aux motifs de la forme des machines ou des outils dont l'objet de cet art est, non la construction, mais l'usage. Ainsi l'ouvrier laisse aux mathématiciens le soin de combiner les proportions du métier avec lequel il fabrique, sans contention d'esprit, les ouvrages les plus étonnans ; toutes les difficultés sont écartées ou résolues par l'instrument qu'il ne s'agit plus de composer, mais de bien manier et de bien connoître.

Qu'on parcoure un des cadres, et l'on entendra l'exposé de ces divisions assez pour éprouver un véritable plaisir à multiplier soi-même les expériences sur la 3e règle, après avoir bien conçu les applications et les réflexions qui l'accompagnent.

Veut-on arriver méthodiquement, par la décomposition de la figure, au sens d'un mot pasigraphé? telle est la marche à suivre.

RÈGLE TROISIÈME.

1°. Si le *corps du mot* est de trois, on prend l'INDICULE *et l'on dit :* TROIS; *colonne, tranche et ligne.*

Alors le premier caractère du *corps du mot* est celui de la colonne où doit se trouver le mot. Il y a douze colonnes dans l'INDICULE, marquées chacune de l'un des douze caractères de la gamme. Le second du *corps du mot* est celui de la tranche. Il y a six tranches, marquées chacune de deux carac-

---

(1) Les colonnes portent leurs deux caractères sous le titre ; les tranches et les lignes portent les leurs aux deux extrémités, à gauche et à droite.

*I*re *Partie.*

tères entre lesquels on peut en choisir un. Le troisième et dernier du *corps du mot* est celui de la ligne. Il y a dans chaque tranche six lignes, marquées chacune de deux caractères entre lesquels on a le choix.

2°. Si le *corps du mot* est de quatre, on prend le PETIT NOMENCLATEUR et l'on dit : QUATRE ; *cadre, colonne, tranche et ligne*.

Alors le premier caractère du *corps du mot* est celui du cadre où doit se trouver le mot. Il y a douze cadres dans le PETIT NOMENCLATEUR, marqués chacun de l'un des douze caractères de la gamme. Le second du *corps du mot* est celui de la colonne. Il y a six colonnes dans chaque cadre, marquées chacune de deux caractères entre lesquels on peut en choisir un. Les deux autres caractères du *corps du mot* deviennent l'objet de deux procédés pareils à ceux qui mènent au sens des mots de trois.

3°. Si le *corps du mot* est de cinq, on prend le GRAND NOMENCLATEUR et l'on dit : CINQ ; *classe, cadre, colonne, tranche et ligne*.

Alors le premier caractère du *corps du mot* est celui de la classe où doit se trouver le mot. Il y a douze classes dans le GRAND NOMENCLATEUR, marquées chacune de l'un des douze caractères de la gamme. Il n'y a que six cadres dans la classe. Les quatre autres caractères du *corps du mot* deviennent donc l'objet d'autant de procédés pareils en tout à ceux qui mènent au sens du mot de quatre.

Mais à la place où l'œil est ainsi conduit de signe en signe, les cadres offrent toujours un mot, communément deux, souvent trois, quelquefois quatre, d'un sens analogue. A quoi distingue-t-on un premier, un second, un troisième, un quatrième mot dans le même lieu qu'ont indiqué les caractères pasigraphiques ?

Le mot seul ou *le premier* est toujours écrit en caractères dont aucun des non-groupés dans le mot de trois, dont aucun des trois derniers non-groupés dans le mot de quatre, dont aucun des quatre derniers non-groupés dans les mots de cinq, n'excède le niveau supérieur de la ligne : ꛯꝹꝹꝺ.

Le second mot se reconnoît à ce que le dernier de ses caractères est non-groupé, et excède de beaucoup le niveau supérieur de la ligne : ꛯꝹꝹꝺ.

Le troisième mot a pour marque invariable son avant-dernier caractère non-groupé qui excède aussi évidemment le niveau supérieur de la ligne : ꛯꝹꝹꝺ.

Le quatrième mot, sorte peu nombreuse, se fera remarquer par la grandeur de son antépénultième caractère qui, non-groupé, s'élèvera fort au-dessus du niveau supérieur de la ligne dont les autres caractères non-groupés n'occuperont que la largeur : ꛯꝹꝹꝺ.

Ces caractères plus grands que leurs voisins auront les dimensions de lettres majuscules dans le texte ordinaire, et de capitales parmi des majuscules. Jamais les caractères groupés ne serviront à cet usage. On choisit librement, on groupe ou dégroupe à volonté les caractères du corps de tout mot, pour satisfaire à la règle invariable (1).

APPLICATION DE LA TROISIÈME RÈGLE.

On voit d'abord de combien de caractères est composé le corps du mot pasigraphé, s'il en contient trois, quatre ou cinq, et par conséquent s'il est dans l'INDICULE, dans le PETIT NOMENCLATEUR ou dans le GRAND NOMENCLATEUR.

Représentons-nous, dans leur ordre une fois fixé pour toujours, les douze et les six caractères pasigraphiques qui marquent les différentes divisions nommées *classes, cadres, colonnes, tranches et lignes* ; caractères qu'on trouve inscrits en tête de chacune de ces divisions perpendiculaires, et aux deux extrémités des tranches et des lignes.

Pour les mots pasigraphés à corps de trois.

Les douze colonnes qui forment les deux cadres de l'INDICULE, sont marquées chacune de l'un des douze caractères de la gamme dans l'ordre qui suit :

— ∾ ℒ ℧ ᴄ ℰ ℈ ᴐ ᴊ ᴣ ⨍ /
1. 2. 3. 4. 5. 6. 7. 8. 9. 10. 11. 12.

Les six tranches de l'INDICULE et les six lignes de chaque tranche, ainsi que toutes les divisions des NOMENCLATEURS qui ne peuvent être comptées que par six, sont uniformément marquées chacune de l'un des six premiers et de l'un des six derniers caractères de la gamme, dans l'ordre direct quant aux six premiers, et dans l'ordre inverse quant aux six derniers de la gamme ; c'est-à-dire en allant des deux extrémités au centre, de — à ℰ, et de / à ℈ ; et le pasigraphe choisit celui de ces deux caractères, qui, joint aux autres, lui promet un ensemble plus agréable.

Voici l'ordre direct et l'ordre inverse indiqués par des chiffres qui font voir entre quels caractères correspondans le pasigraphe a l'alternative toutes les fois que le nombre des divisions, soit cadres, soit colonnes, soit tranches, soit lignes, ne va pas au-delà de six.

— ∾ ℒ ℧ ᴄ ℰ   ou   ℈ ᴐ ᴊ ᴣ ⨍ /
1. 2. 3. 4. 5. 6.   6. 5. 4. 3. 2. 1.

---

(1) On verra dans la règle relative aux accens, que l'accent circonflexe mis au-dessus du caractère qui devroit être plus grand, tiendra lieu de ce plus de grandeur.

Pour les mots pasigraphés à corps de quatre.

Les douze cadres du PETIT NOMENCLATEUR sont marqués chacun de l'un des douze caractères de la gamme dans l'ordre direct, du premier au dernier. Les six colonnes, les six tranches et les six lignes sont marquées dans le PETIT NOMENCLATEUR, pour les mots à corps de quatre, exactement comme dans l'INDICULE, pour les mots à corps de trois. Qui sait trouver un mot dans l'un, sait, avec la même facilité, trouver un mot dans l'autre. Elles sont ici et là marquées chacune de deux caractères, de l'un des six premiers et de l'un des six derniers de la gamme ; six premiers qui suivent l'ordre direct, six derniers qui suivent l'ordre inverse.

Il paroîtra superflu aux esprits capables de la moindre attention ; mais la Méthode étant destinée à des esprits de portées différentes, il est nécessaire de rendre ce double ordre encore plus sensible.

Des chiffres semblables ont montré clairement à l'œil les deux caractères qui doivent marquer les divisions comptées par six, afin que le pasigraphe choisisse celui de ces deux caractères qu'il jugera le plus propre à se lier au reste du mot, en se conformant aux règles de l'art, ou le plus commode à écrire d'après la position actuelle de sa main. Le caractère qu'on est libre de prendre au lieu d'un autre, les couples qui doivent être soumises à ce choix ne sauroient se présenter trop promptement à la mémoire.

Dès qu'il s'agit de divisions qui ne se comptent que par six, la gamme est coupée en deux moitiés, et les douze caractères qui la composent s'accouplent de la sorte, jamais autrement.

1	2	3	4	5	6
—	∾	ℒ	ℒ	C	Ƽ
ou	ou	ou	ou	ou	ou
/	⨍	ƻ	ɿ	Ɔ	Ƽ
1	2	3	4	5	6

Pour les mots pasigraphés à corps de cinq caractères.

Les douze classes du GRAND NOMENCLATEUR sont marquées chacune de l'un des douze caractères dans l'ordre direct de la *gamme*. Les six cadres dont est formée chaque classe du GRAND NOMENCLATEUR, ont pour marque chacun deux des douze caractères, c'est-à-dire un des six premiers et un des six derniers, entre lesquels le pasigraphe a la liberté de choisir ainsi :

— ∾ ℒ ℒ C Ƽ   ou   Ƽ Ɔ ɿ ƻ ⨍ /
1. 2. 3. 4. 5. 6.   6. 5. 4. 3. 2. 1.

Les six colonnes, les six tranches, les six lignes ont, dans le GRAND NOMENCLATEUR, les mêmes marques, en même nombre et en même ordre que dans le PETIT NOMENCLATEUR, avec les mêmes alternatives.

REFAISONS maintenant l'analyse pasigraphique d'un mot *à corps de trois*, en consultant l'INDICULE et les tableaux précédens, relatifs aux caractères

qui

qui servent de marque à toutes les divisions de l'INDICULE. Nous arriverons à l'intelligence de ce mot composé, décomposé et recomposé pour mieux expliquer les règles.

Supposons que le mot soumis à cette expérience soit z.

1°. Son premier caractère est celui de la colonne où doit être le mot. Il y a douze colonnes dans l'INDICULE, marquées chacune de l'un des douze caractères dans l'ordre de la gamme. On peut, sans avoir beaucoup de mémoire, se ressouvenir que la gamme commence par le caractère —. Ecrivons.. — ....

2°. Le second caractère du mot que nous examinons indique la tranche où doit être ce mot. Il y a six tranches.

3°. Le troisième caractère indique la ligne dans la tranche.

Or, les tranches et les lignes sont marquées chacune par deux caractères, et le pasigraphe a la faculté d'en choisir un, ou dans la partie directe, ou dans la partie inverse de la *gamme*, — ou /, etc. Cela étant une fois bien conçu, comme on l'a suffisamment expliqué dans la page précédente, revenons au mot z.

Le second caractère du *corps du mot*, celui qui marque la tranche, est le premier de la partie inverse /. Ecrivons........ .... / ....

Le troisième caractère du *corps du mot*, celui qui marque la ligne, est le premier de la partie directe —. Ecrivons......... .... —

TOTAL du premier *corps du mot* de l'INDICULE.......... — / —
Le même *corps de mot* pasigraphé en caractères groupés..... z

Il est clair que, vu la liberté du choix laissée au pasigraphe, entre les deux caractères qui servent de marque à chaque tranche et à chaque ligne, le même corps de mot pourroit s'écrire de ces six manières :

☰, ⚌/, ⊐//, //, ⊐⚏, z ;

Mais la première de ces six façons de le composer contreviendroit à la règle IIe, qui porte que : « Ces deux caractères horisontaux — et ∾ ne se placent jamais au milieu de la ligne que dans la *gamme* et dans les accessoires du corps du mot » (page 7).

Si vous l'écrivez ainsi ☰, le trait horisontal, qui se trouve au milieu de la ligne, peut être pris pour un accessoire grammatical, suivant la règle, quoiqu'il fasse partie du corps du mot. Si vous l'écrivez de cette manière ⚌/, la moindre inattention, un défaut de précision dans les mouvemens de la plume, suffira pour mal placer ces deux traits et pour les faire confondre encore, par des pasigraphes novices, avec un accessoire grammatical, quoique ces deux traits soient incontestablement ici des parties intégrantes du corps du mot.

Il ne reste donc que les deux manières d'écrire ledit mot 7/ et 2 : la dernière est la plus courte, la plus simple, la meilleure, parce qu'en évitant toute espèce de mal-entendu, elle a de plus l'avantage de se former au moyen de trois mouvemens qui n'exigent pas qu'on lève une seule fois la plume. On y distingue parfaitement bien le premier, le second, le troisième caractère, et les lecteurs sont conduits par l'un à la première colonne, par l'autre à la première tranche, par le dernier à la première ligne, où chacun d'eux trouvera le sens du corps du mot dans la même méthode, et dans le même *Indicule* appropriés à sa langue (1).

Cette application raisonnée des trois règles déjà connues prépare l'esprit aux suivantes, et résout d'avance beaucoup de questions que nul homme intelligent n'appellera des difficultés sérieuses. Pour peu qu'on répète de pareils essais, on vérifiera, on décomposera et recomposera tous les corps de mots de l'INDICULE. Il ne faut que des yeux et le moins de mémoire qu'on puisse supposer à quelqu'un qui sait lire, pour savoir d'abord et ne jamais oublier que le corps de mot 2 est le premier de l'INDICULE, et qu'il signifie, en françois, *haut*. Les mêmes procédés lui feront, s'il y réfléchit un instant, deviner que le dernier corps de mot de l'*Indicule*, c'est-à-dire, celui de la dernière des douze colonnes, de la dernière des six tranches de cette colonne, de la dernière des six lignes de cette tranche, doit être /ƏƏ ou /ƏƏ ; que c'est une expression relative au lieu, comme toutes celles de nos divisions qui se comptent par douze, soit classes, soit cadres, soit colonnes, qu'on voit marquées du douzième caractère de la gamme /; et que /ƏƏ ou /ƏƏ signifie *nullepart*.

Voilà donc le problème facilement résolu par une opération mécanique: *trouver la figure du mot en cherchant sa place, et sa place au moyen de sa figure*. Or les signes de la place du mot sont le mot pasigraphé.

Que chaque langue substitue ses syllabes aux syllabes françoises, dans une méthode pasigraphique adaptée à chaque langue; la place du mot

---

(1) En général, jusqu'à ce qu'on possède à fond les douze règles de l'art pasigraphique, il sera bon de s'exercer beaucoup à former des mots au moyen de l'addition de caractères d'abord séparés et ensuite groupés de plusieurs façons, afin de choisir la plus agréable, la plus commode et la plus lisible. L'option offerte au pasigraphe entre deux caractères pour les divisions qui se comptent par six, au moyen de la première et de la seconde moitiés de la *gamme* pasigraphique, prises l'une dans l'ordre direct : 1, 2, 3, 4, 5, 6, et l'autre dans l'ordre inverse : 6, 5, 4, 3, 2, 1 ; cette alternative aisée à retenir et toujours la même, donne à l'écrivain la possibilité de varier les figures sans altérer un principe invariable comme tous ceux de la Pasigraphie.

demeurant toujours la même, les marques de la colonne, de la tranche, de la ligne, demeurant conséquemment les mêmes, la figure du mot pasigraphé, composée de ces mêmes signes employés selon les mêmes règles, demeure et se reproduit invariablement la même, s'écrit, se lit, s'entend de même, quelque diversité que la différence des idiomes ait mise dans les lettres ou dans les syllabes.

Ne sachant que le françois (on le suppose), vous ne pouvez écrire qu'en françois (1); mais vous tenez cette méthode, et en vous exerçant tout seul, sur les trois premières règles, vous pasigraphez *haut*, *nullepart*, ou les mots *à tort et à travers*, *Dieu veuille*, etc. Quelle que soit la langue de vos correspondans, établissons qu'ils n'entendent pas la vôtre, qu'il ne leur en parvint de la vie ni un son articulé, ni un trait de plume. Pourvu qu'ils aient aussi une méthode pasigraphique littéralement appliquée à leur langue, s'ils s'exercent tout seuls, comme vous, sur les trois premières règles et sur l'INDICULE, ils pasigrapheront, avec autant de facilité que vous, les mots quelconques de leur langue qui répondent aux mots françois : *haut*, *nullepart*, *à tort et à travers*, *Dieu veuille*, etc. Eux et vous aurez écrit également z, /99, τ/1, ℮7. Vous vous comprendrez à la vue de ces signes uniformes pour vous tous, résultats des mêmes opérations aussi courtes, aussi aisées pour vous tous; et vous ne vous entendrez plus dès que vous en exprimerez le sens chacun dans votre langue. De pareilles transmissions d'idées, de pensées, de sentimens, d'une langue *à l'autre*, auront lieu sans traduction, puisqu'une traduction exige la connoissance parfaite de deux langues. Ces échanges intellectuels se feront, on oseroit presque dire, en nature. Du moins s'effectueront-ils en monnoie dont le titre et le coin bientôt vérifiés, dispensent de celles qu'il faut refondre et refrapper à chaque frontière afin qu'elles circulent chez des peuples limitrophes. Les intéressans produits de la Pasigraphie acquerront plus d'évidence et de prix à mesure qu'on multipliera les expériences.

Le corps du mot pasigraphé contient-il quatre caractères? au lieu de le chercher dans l'INDICULE où ne sont que des mots *à corps de trois*, il faut le chercher dans le PETIT NOMENCLATEUR, qui n'est rempli que de mots *à corps de quatre*.

Supposons que le *corps du mot de quatre* soumis à l'analyse, soit 7ι.

1°. Son premier caractère indique le cadre du PETIT NOMENCLATEUR où doit se trouver le mot; or, il y a douze cadres marqués chacun de l'un

---

(1) Ici les méthodes pasigraphiques angloise, allemande, etc., diront : Ne sachant que l'anglois, que l'allemand, etc., vous ne pouvez écrire qu'en anglois, qu'en allemand, etc.

des douze caractères dans l'ordre direct de la *gamme*. On ne reverroit pas la *gamme* qu'on se ressouviendroit également que le premier de ses douze caractères est —.

2°. Le second caractère du mot indique la colonne ; il y a six colonnes.

3°. Le troisième indique la tranche ; il y en a six.

4°. Le quatrième et dernier indique la ligne ; il y en a six.

Or, les colonnes, les tranches et les lignes sont marquées chacune de deux caractères, et de ces deux le pasigraphe a la faculté d'en choisir un, ou dans la partie directe, ou dans la partie inverse de la *gamme*, disposée ainsi qu'on l'a vue page 7.

Le caractère de la colonne est ici le premier de la partie inverse /.

Le caractère de la tranche est ici le premier de la partie inverse /.

Le caractère de la ligne est ici le premier de la partie directe —.

Total du premier *corps de mot* du PETIT NOMENCLATEUR......... ⁻/∕⁻.

Le même *corps de mot* pasigraphé en caractères groupés............ 7ι.

Le même en caractères choisis et groupés autrement.................. 77.

Dans la dernière façon de pasigraphier le mot 77 (au lieu de 7ι), le caractère de la tranche est pris dans la partie directe, et celui de la ligne dans la partie inverse de la *gamme*. Ce choix libre sert à varier l'écriture.

PASSONS aux mots *à corps de cinq*, nombre qui les place, comme on sait, dans le GRAND NOMENCLATEUR, dont ce volume-ci contient dix cadres pour qu'on puisse y faire l'application de tous les principes.

Supposons que le *corps de mot de cinq* soumis à l'analyse soit 27.

1°. Son premier caractère indique la classe où doit se trouver le mot.

Or, le GRAND NOMENCLATEUR a douze classes, marquées chacune de l'un des douze caractères dans l'ordre *direct* de la *gamme*.

Le premier de ces douze caractères est —.

2°. Le second caractère du mot indique le cadre : il y a six cadres dans la classe. Chaque cadre est marqué de deux caractères pris l'un dans la première, l'autre dans la seconde partie de la *gamme*. Le caractère du cadre est ici le premier de la seconde partie, à l'égard de laquelle on suit l'ordre inverse, /.

Dès-lors toutes les opérations subséquentes ne seront plus qu'autant de répétitions de la même.

3°. Le caractère de la colonne est ici le premier de la partie directe —.

4°. Le caractère de la tranche est ici le premier de la partie directe —.

5°. Le caractère de la ligne est ici le premier de la partie inverse /.

Total du premier *corps de mot* du GRAND NOMENCLATEUR... ⁻ ⁻/.

Le même *corps de mot* pasigraphé en caractères groupés............ 27.

En

En s'amusant à démembrer et reconstruire ainsi, l'un après l'autre, les corps de mots d'un cadre de chacun des deux NOMENCLATEURS, l'esprit le plus inappliqué en contractera si bien les formes, qu'il les verra par-tout (1), et que, sans le secours des yeux, il parviendra mentalement à découvrir de lui-même, que le dernier corps de mot du PETIT NOMENCLATEUR doit être √ϿϿϿ, quatre caractères qui peuvent se grouper de diverses manières, ou s'abréger ainsi /Ϧ; et que le dernier corps de mot du GRAND NOMENCLATEUR ne sauroit manquer d'être /ϿϿϿϿ, cinq caractères qui peuvent se grouper de diverses manières, ou s'abréger ainsi /Ϧ϶.

Pour se borner à un exemple, qu'on parcoure les cadres du PETIT NOMENCLATEUR avec le dessein de passer du mot françois au mot pasigraphé. On verra que la périphrase triviale : *votre très-humble et très-obéissant serviteur*, se pasigraphe de cette manière : ꓮꓮꓳϿ, quatre caractères qui se groupent et s'abrègent de la sorte, ou ꓮϦϿ, ou Ϧϸ. Notre but seroit manqué, les moyens de l'art seroient nuls, les règles précédentes auroient été mal saisies et deviendroient inutiles, si nous avions besoin d'ajouter ici l'indication du cadre, de la colonne, de la tranche, de la ligne où se lit le mot qui répond à ꓮϦϿ dans le PETIT NOMENCLATEUR.

Les caracteres conduisent à la place qu'occupe le mot de quelque langue qu'il soit; le mot une fois lu, ramène aux caractères. ꓮ marque le cadre, et le titre du cadre annonce assez qu'il y est question d'*arts-sciences*, de *langue*, d'*écriture*. Le second caractère du mot ꓮ, soit qu'on l'écrive, soit qu'un point le supplée, ꓮ marque la colonne, et le premier mot de la colonne annonce expressément qu'il y sera question de *correspondance*. Enfin la descendance analogique des mots qui suivent ce premier, aboutit assez naturellement à la dernière formule par laquelle se termine une *lettre* dont *correspondance* est l'espèce et dont écriture est le genre compris dans la sphère ou le genre des *arts-sciences* que ce mot composé, *arts-sciences*, distingue

---

(1) Il sera bon de relire souvent et du haut en bas les colonnes de l'INDICULE et des NOMENCLATEURS auxquelles on aura recours, ne fût-ce que pour un seul mot; elles se graveront peu à peu dans la tête. L'apperçu même le plus vague est ici le commencement de beaucoup d'idées justes. On sait déjà de quoi il s'agit : on retient un genre ; et si les espèces et les individus sont encore dans l'obscurité jusqu'à ce qu'on voie clairement la tranche et la ligne, on conçoit du moins l'objet de la classe, l'objet du cadre, l'objet de la colonne, et chaque connoissance de plus ne fait que particulariser davantage une vérité qui n'étoit point étrangère aux acquisitions préalables, et qui même entroit comme portion nécessaire dans les idées générales bien comprises et bien retenues. L'infaillibilité du succès, son importance et l'originalité des résultats richement obtenus, maintiendront d'ailleurs en haleine l'attention la plus nonchalante et la plus rétive.

*I*ᵣₑ *Partie.*   E

des arts mécaniques, des arts libéraux et des sciences réduites aux actes de l'intelligence.

Nous expliquerons ailleurs comment le corps de mot, ꭗ5ə, ou ꭗ̃ə, ou tout autre prend, au gré des pasigraphes, et le sexe et le nombre ou duel ou pluriel, qui font signifier à celui-ci : *votre très-humble et très-obéissante servante*, ou : *vos très-humbles et très-obéissans serviteurs*, ou : *vos très-humbles et très-obéissantes servantes*, ou, par la réunion des deux sexes, *vos très-humbles et très-obéissans serviteurs et servantes*, ꭗ5ə÷; ce qui certainement est l'une des plus considérables et la moins équivoque des abréviations dont aucune tachygraphie ait jamais donné l'exemple (1).

OBSERVATIONS ET RÉFLEXIONS SUR LA TROISIÈME RÈGLE.

Toujours le cadre de l'INDICULE et des NOMENCLATEURS contiendra six colonnes, la colonne six tranches, et la tranche six lignes; toujours les colonnes seront perpendiculaires, iront et se liront du haut en bas; toujours les tranches seront horisontales et iront de la gauche à la droite, comme les lignes qui rempliront chaque tranche, quoiqu'on ne lise que par colonnes; toujours un cadre sera formé de deux pages mises l'une à côté de l'autre ; et toujours une classe du GRAND NOMENCLATEUR contiendra six cadres pareils. On comptera donc douze classes de six cadres dans le GRAND NOMENCLATEUR; douze cadres de six colonnes dans le PETIT NOMENCLATEUR; douze colonnes en deux cadres, dans l'INDICULE, et par-tout dans chaque cadre, six colonnes et six tranches, et dans chaque tranche, six lignes. Ces sous-divisions sont ce qu'il étoit possible de souhaiter de plus favorable à la mémoire, parce qu'on les imagine aisément toutes dès qu'on voit la première.

Un polyglossaire établiroit ici que le mot par lequel commence le PETIT NOMENCLATEUR signifie à-la-fois : *en, unum, odin, jédn, wienas, il* ou *en, éru, ein, one* ou *uewan, hum, uno, un, guedua, éty, égy, égly, jjnt, éckli, jek, eq, sétu, yé, aey, stoz, bir, pirr, parr, yx, aku, waete, ichtet, ottick, attick, ith, ob, oker, ockr, opp, grée, noye, nège, yga, dschyk, chuodschœ, kuisa, amka, umun, omokon, innen, xineppu, szu, sadat; ci,* etc. en grec, latin, russe, polonois, lithuanien, suédois, danois, allemand, anglois, portugais, espagnol, italien, françois, bohémien, haut et bas hongrois, transylvain, tzeckler, persan, kurde, arabe, mogol,

---

(1) Voyez dans la Partie II, page 27, colonne 4e, tranche 5e, ligne 6e. Il y a là trois termes : le premier *votre* ; le second *son* et le troisième *leur très-humble et très-obéissant serviteur.*

indou, malais, chinois, siamois, japonois, turc, tartare, ostiaque, samoyède, calmouk, mantschou, thibétain ou tangut, mongol, tongusian, kamtschadale, akare du Caucase, kaitak, gurche, circassien, etc.

Il établiroit de même, et sans contradiction, que le premier mot du GRAND NOMENCLATEUR signifie à-la-fois : *Théos*, *Deus*, *Bog*, *Bòg*, *Gud*, *God*, *Déos*, *Dios*, *Iddio*, *Dieu*, etc...., en grec, latin, russe, polonois, suédois, danois, allemand, anglois, portugais, espagnol, italien, françois, etc...... Mais qu'affirmeroit-il, que nous n'ayons démontré en principe? Qu'on entende bien les deux mots *Un* et *Dieu*, qui remplissent les premières places des NOMENCLATEURS pasigraphiques, et l'on n'aura pas le moindre doute que les deux mots *Un* et *Dieu* n'y soient les équivalens de tous les mots par lesquels ils devront être littéralement rendus dans les différens idiomes qui s'approprieront un jour la Pasigraphie.

Un et *Dieu* disent tout ce qu'il faut concevoir pour pasigraphier ces deux idées, en formant les mêmes corps de mots que formeront ceux qui voudront pasigraphier les mêmes idées en toute autre langue quelconque. *Un* et *Dieu*, 77 et 27, en apprennent suffisamment au pasigraphe qui, se bornant à se servir de la méthode, n'a pas le projet de la traduire pour les autres, pour des étrangers; entreprise indépendante de celles de pasigraphier sa propre langue et d'apprendre à lire quelque langue que ce soit pasigraphiée, ces deux dernières opérations n'en faisant qu'une (1).

Beaucoup de citations empruntées de langues ou mortes ou peu répandues au centre de l'Europe, seroient ici une affectation puérile. Elles bigareroient inutilement ces pages que la manie de compiler ne disputera point à l'impatience du lecteur qui demande, non des syllabes inintelligibles pour lui, mais des signes bien simples substitués aux seules syllabes qu'il entende, destinés à peindre les idées communes à tous, et que chaque nation revêt de syllabes qui ne sont intelligibles que pour elle. Offusqué d'un vain étalage qui n'ajouteroit pas le moindre degré d'évidence à la preuve de vérités palpables, l'esprit sage n'y verroit qu'une enluminure indigne de la gravité du sujet et de l'importance des effets ultérieurs de l'art pasigraphique et des solides proportions de ses bases. On ne peut trop les dégager de tout

---

(1) Le travail de cette traduction suppose des études qui n'ont aucun rapport aux douze règles du nouvel art, puisque l'homme du monde, le négociant, le banquier, la correspondante ingénieuse, les personnes trop occupées d'ailleurs, n'auront recours à la Pasigraphie qu'afin de s'épargner les longues peines, et de se dispenser des laborieuses et lentes moissons de mots dont se compose la faculté de traduire. Des gens de lettres se chargeront volontiers d'en faire une traduction pour chaque peuple sur les deux éditions comparées, allemande et françoise, également originales.

luxe superflu, pour que, dessinées plus nettement, elles se retracent et se fixent mieux dans l'intellect et dans le souvenir; pour que la mère puisse, sans érudition, les rendre familières à sa fille. Nous aurons moins de réserve et par les mêmes motifs, lorsque de nombreuses citations devenues nécessaires, manifesteront l'étendue des ressources et la flexibilité des moyens de la Pasigraphie (1). Arrêtons-nous un instant aux proportions des grandes parties essentielles.

Entre les masses correspondantes, entre les douze colonnes de l'INDICULE, leur titre, leur contenu, les douze cadres du PETIT NOMENCLATEUR, leur titre et leur contenu, les douze classes du GRAND NOMENCLATEUR, leur titre et leur contenu, tout doit tendre à mettre des relations logiques analogues à celles qu'on a pu remarquer entre le premier mot de l'INDICULE, le premier mot du PETIT NOMENCLATEUR, et le premier mot du GRAND NOMENCLATEUR; entre les élémens des corps de mots pasigraphés tels qu'on les a vus : 2, 77, 27; entre *haut, un* et *Dieu*; ou, dans le sens contraire, entre 27, 77, 2, *Dieu, un* et *haut*.

Si l'échelle ou la mesure relative des idées qui répondent aux mots d'une même langue, comportoit des distances, des quantités, des valeurs rigoureusement égales, il seroit fort aisé de les arranger en symétrie. Si leur arbre généalogique ne s'enchevêtroit pas de ramifications croisées où de chaque nœud poussent à-la-fois et des branches et des racines, on iroit d'une première à une dernière, du tronc aux feuilles, aux fleurs, et l'ensemble offriroit un plan régulier. Mais l'idée la plus détachée, la plus isolée en aparence, dépend de toutes et même à toutes, en naît et les engendre. Entre les plus intimes, sous certains rapports, il s'en glisse des races entières et comme des fourmillières, qu'une différente façon de voir, aussi juste, présente comme encore plus intimes. Cet enlacement, tantôt réel, tantôt illusoire, fait qu'une marche directe et conséquente pour tel raisonneur est une marche à rebours, une rebutante inconséquence pour tel autre ou pour le même autrement disposé. Ceci deviendra clair par des exemples.

Que de respectueux sentimens envers le créateur de tout, placent *Dieu* au-dessus de tout; la philosophie mettra *existence, être* avant *Dieu*, parce qu'il faut, dira-t-elle, *être, exister* pour être *Dieu*, quoique nous ne concevions l'idée abstraite de l'existence, que long-temps après avoir vu des êtres; quoique *Dieu*, éternellement *Dieu*, le soit dès qu'il existe et

---

(1) L'un des mérites de la première méthode d'un nouvel art est d'être courte; moins elle contiendra de pages, plus elle aura coûté de travail à son auteur, moins elle en exigera de ceux qui voudront l'apprendre. Les ignorans se plaindront seuls de ce qui la rendra meilleure.

avant

avant que rien n'existe ; malgré l'axiome : *prius est esse quam esse tale.*

Au milieu d'une cohue de mots techniques, usuels, même les plus vulgaires, comme au sein des sociétés livrées à l'anarchie, est-il pour de subtils sophistes un seul rang qui ne puisse devenir l'objet de discussions interminables? Sans sortir de la grammaire où tout paroît soumis à des lois, placez *cependant* avant *néanmoins*, *car* avant *mais*, *puisque* avant *parce que*, etc.; votre censeur aura vingt prétextes pour placer *mais* avant *car*, *parce que* avant *puisque*, *néanmoins* avant *cependant*. D'aussi profonds métaphysiciens tariroient-ils jamais sur la grave question du droit de préséance entre *babouche* et *pantoufle*, entre *chiquenaude* et *camouflet* ? Combien de systèmes d'étymologiste, tous séduisans, selon les goûts, s'opposeront à l'adoption définitive d'un système unique?

Il est pourtant indispensable d'en arrêter un quelconque. Fût-il mauvais ; les élémens confondus y fussent-ils entassés au hasard, il est de fait qu'une fois emboîtés dans les compartimens pasigraphiques et marqués des signes de leur place, ils se pasigrapheroient sans aucun mal-entendu, commençassent-ils par *brimborion* et finissent-ils par *girouette* (1).

Mais il faut un ordre analogique dont l'effet soit d'orienter, à chaque instant, le jugement appellé, de signe en signe, au secours de la mémoire, et d'aider, à chaque instant, à la mémoire appellée, de signe en signe, au secours du jugement.

Ecartant toute espèce de pédanterie, divisons la généralité des idées, la nature et l'art combinés, en douze classes; ce seront celles du GRAND NOMENCLATEUR. Sous-divisons ces classes en fractions similaires le plus possible. Faisons correspondre chacune des douze classes du GRAND NOMENCLATEUR à l'un des douze cadres du PETIT NOMENCLATEUR et à l'une des douze colonnes de l'INDICULE. Que les titres des colonnes de l'INDICULE se retrouvent dans les titres des cadres du PETIT NOMENCLATEUR, et ceux-ci dans les titres des classes du GRAND NOMENCLATEUR. Cet enchaînement, cette ascendance et cette descendance, ces distributions dirigées au gré du simple bons-sens éloigné de toute prétention, excité par le seul desir de se rendre utile, ramèneront les détails sous l'influence de la raison pasigraphique universelle. Or, la raison doit vouloir que les mots pères, fils et frères, aient des traits de famille plus ou moins prononcés,

---

(1) Ces deux mots, en leur seule qualité supposée ici de premier et de dernier, seroient déjà lus et entendus en toutes les langues auxquelles on aurait appliqué une méthode aussi extravagante, qui n'est, dans notre raisonnement actuel, qu'une hypothèse gratuite destinée à prouver que l'excès même de la folie ne dérangeroit rien, n'attaqueroit ni les principes ni leurs résultats.

comme les idées tiennent de leurs mères et de leurs sœurs; que tout mot de quelque importance ait pour premiers caractères les mêmes qui forment ailleurs d'autres mots dont l'idée est l'ébauche de celle que le mot dont il s'agit achève (1).

Tout mot pasigraphé exprime la pensée, l'état, l'action ou la passion, par un développement analytique progressif, sans aucun appareil d'analyse. Il en contient la définition, sans aucune des périphrases qu'on emploie pour définir; il énonce, définit et peint en se composant successivement des motifs additionnés qui déterminent sa place. Le premier caractère indique d'abord en général de quoi il s'agit; le second le désigne d'une manière plus spéciale; un troisième vous en rapproche encore; le quatrième caractère ou le cinquième, au besoin, l'*individualise* à ne pouvoir s'y méprendre, le met, pour ainsi dire, sous l'œil et dans la main de l'intelligence la plus myope et la plus gauche.

Opérons d'abord sur un mot qui n'appartienne pas au langage moral ou figuré, dont les nuances sont moins distinctes. Peu de choses l'étant plus que des villes, supposons que vous écriviez en françois : *Ratisbonne*. Né dans les murs de cette ville, je vous comprendrai tout aussi peu qu'un Algonkin, si je ne sais pas le mot françois ou si vous n'y substituez pas *Regenspurg*. Quel rapport de sens ont avec le lieu où s'assemble la diète germanique, le nom d'un animal, *rat*; le tiers de *Rati-fication*, de *Rat-atiner*, la moitié de *Ratis-soire*, les trois quarts de *Rat-e*, et les cinq dernières lettres du nom de *Lis-bonne*, capitale du Portugal, située à plus de cinq-cents lieues de la ville d'Allemagne dont nous parlons? *Ratisbonne* est un tout, et la première et la seconde moitié de son nom, bien lues séparément, ne disent rien de ce qu'elles énoncent lorsqu'on les a réunies. Si nous le pasigraphons, une expérience d'après laquelle il est fort aisé d'en faire beaucoup d'autres, mettra dans leur vrai jour les avantages de la méthode.

---

(1) Ouvrez les yeux de l'intelligence, vous êtes frappé de nombre d'objets dont les qualités vous sont inconnues, et l'ordre où vous apprendrez à les bien voir sera l'ordre pasigraphique. 1°. Dieu, des nombres et la matière inerte; 2°. les végétaux; 3°. les animaux; 4°. l'homme physique; 5°. l'homme sensible et intelligent; 6°. l'homme social et religieux; 7°. les métiers; 8°. les arts, les jeux; 9°. les sciences; 10°. le temps, les moyens de transport, les poids, les mesures, les monnoies; 11°. les divers agens qui s'occupent de tout cela; 12°. enfin les lieux qui, comme le temps, contiennent et ces objets et leurs actes. Les deux cadres de l'INDICULE, les douze du PETIT NOMENCLATEUR, et les dix cadres détachés ici du GRAND NOMENCLATEUR étant réunis deux à deux sur des cartons, forment douze tableaux. Ces douze tableaux mis à côté l'un de l'autre, sur quatre de front et trois de hauteur, font une mappemonde intellectuelle de quarante-quatre pouces de haut et de quarante-deux pouces de large, très-commode pour l'œil, pour l'esprit et pour la mémoire.

(23)

Regenspurg et *Ratisbonne* se pasigraphent également /ƆƱƆ ou /Ɔ♭. Le premier de ces quatre caractères /, douzième de la *gamme*, annonce 1°. dans le GRAND NOMENCLATEUR, qu'il sera question de géographie; 2°. dans le PETIT NOMENCLATEUR, que le mot sert à nommer un lieu de commerce, de fabrique, de banque ou de politique; 3°. dans l'INDICULE, que le corps de mot est un de ceux que les grammairiens appellent des *prépositions de lieu*, *des adverbes de lieu*, tels que les suivans : *à, dans, où, çà et là, partout, nullepart*. Voyez les titres de la douzième classe du GRAND NOMENCLATEUR, du douzième cadre du PETIT NOMENCLATEUR, de la douzième colonne de l'INDICULE; voyez sur-tout les divers mots imprimés en majuscules qui doivent être considérés comme remplissant la double fonction de corps de mots dans leur place et de titres à l'égard des mots qui les suivent jusqu'au plus prochain mot en majuscules. Ces *mots-titres* sont autant de jalons pour l'attention et pour la mémoire. Quatre caractères nous fixent ici au PETIT NOMENCLATEUR.

Le second caractère Ɔ, marque une colonne du PETIT NOMENCLATEUR intitulée : *suite d'Europe*. Le troisième Ʊ, indique une tranche qui, dans cette même colonne, est sous le mot-titre : *Allemagne*. Nous n'avons encore que trois traits /ƆƱ, que la plume forme et groupe avec moins de travail que n'en exigent les trois premières lettres de *RAT-isbonne* ou de *REG-enspurg,* et tout pasigraphe, n'entendît-il ni le françois ni l'allemand, sait déjà que nous parlons d'une ville d'Europe, d'une ville d'Allemagne. Ajoutons le quatrième caractère du mot Ɔ, et à la vue de /Ɔ♭, tous ceux qui connoissent les trois premières règles de la Pasigraphie, comprennent l'idée entière, et chacun nomme *Regenspurg* ou *Ratisbonne* dans sa langue au risque de cesser d'être intelligible dès qu'il substitue des syllabes à des signes que tous lisent, que tous conçoivent également.

Dans le GRAND NOMENCLATEUR, les trois caractères /ƆƱ, conduiront de même en Allemagne, et si l'on n'y trouve pas *Ratisbonne*, on en attribuera l'absence au dessein d'éviter une répétition inutile. Les trois caractères /ƆƱ, nous mènent, dans l'INDICULE, à un pronom de lieu. Sans trop présumer de semblables rapports généraux qu'il seroit absurde et superflu de vouloir porter jusqu'à la précision mathématique, nous les croyons appropriés au but de la Pasigraphie, et leur concours nous offre une analogie, sinon rigoureuse (impossible, vu le peu de régularité des langues) du moins praticable, suffisante et commode.

On n'ignore pas les vertus des racines celtiques, scythes ou hébraïques, et qu'elles sont d'une merveilleuse ressource à d'habiles étymologistes pour deviner et expliquer, au moyen de volumes de dissertations, le sens de mots qu'on entendoit mieux avant de lire leurs dissertations. L'Europe connoît le prodigieux talent de quelques esprits affirmatifs pour tirer de telle lettre ou du moindre crochet la signification originelle ou même anté-diluvienne de tout mot, fût-il plus long que l'*affettuosissimamente* des Italiens ou l'*incarecidissimamente* des Espagnols.

Quelques lecteurs instruits traiteront plus gravement le projet d'*Archéologue* (1), où un homme de mérite voudroit qu'on rangeât tous les mots de toutes les langues sous leur *racine organique* ou relative à l'organe de la voix. *Difficulté*, *perfection* et *confiture* y auroient pour racine *fac*. Mais les nombreux rejetons de cette féconde racine aideront-ils un marchand qui reçoit des demandes de *confiture* à trouver le mot allemand *eingemacht* ou le mot anglois *Sweetmeat*? Que les racines organiques *st* et *fl* peignent la première la *fixité* et la seconde la *liquidité*, comme l'assure l'auteur; vous faciliteront-elles l'intelligence de *firmum*, d'*aestus marinus*, où la stabilité est rendue sans *st* et la fluidité par *st*, *aestus*? *fl* vous déterminera-t-il à l'égard de *flan*, *flanc*, *fleur*; et *st* à l'égard de *stehlen* dérober, *stincken* sentir mauvais, *stuzzica* cure-dent, *step*, *stir*, *stride*, pas, remuer, enjambée, composés du signe de la fixité *st*?

De ce que les Grecs disoient *saccos*, les Latins *saccus*, les Goths *sakk*, l'Anglo-Saxon *sacc*, l'Allemand, l'Anglois, le Danois, le Belge, *sack*; le François, *sac*, l'Italien et l'Espagnol, *sacco*, *saco*, Goropius Becanus en conclut plaisamment que, lors de la confusion des langues, personne n'oublia son sac. Mais quel rapport a l'incontestable racine *sac* avec le *méckoke* et le *koulèke* des Russes, le *Saccharum* des Latins, le *costal* et le *talego* des Espagnols, leur *Sacar a luz*, mettre au jour, leur *Sacar un diente*, arracher une dent; avec mass*Ac*re, ress*Ac*, pass*Ac*aille, s*Ac*rifice, etc.

L'opération que nous avons faite sur *Ratisbonne*, faisons-la sur les deux mots à-la-fois anglois et français, *examen* et *invention*, qui, dans la mappemonde des idées, n'ont pas des places aussi nettement séparées de mots contigus, n'ont pas une longitude et une latitude fixées avec autant de justesse que des villes distantes l'une de l'autre de plusieurs lieues ou verstes; mesures positives, matérielles et physiquement vérifiées de manière à terminer toute contestation même entre des savans.

Un Allemand, un Hongrois, un Suédois, un Danois, un Russe, qui ne possède encore que quelques centaines de mots anglois et françois, simples et composés, se demandera peut-être comment et pourquoi les deux premiers

---

(1) *Traité de la formation mécanique des langues, et principes physiques de l'étymologie*; par M. DE BROSSE.

caractères

caractères d'*EX-écration*, les deux premières syllabes d'*EXA-gération*, et la dernière des trois mots *am-EN*, *hy-MEN*, *abdo-MEN* ou bas-ventre, servent à former, par leur rapprochement inattendu, l'expression de l'acte de l'esprit considérant les objets dans le détail, le mot EXAMEN, qui n'a rien de commun au bas-ventre, à l'abdomen, à hymen, à amen, à exécration, et qui signifie, en latin, *essaim* d'abeilles ; comment et pourquoi les quatre premières lettres d'*INVE-ctive*, la presque moitié de *VEN-tricule*, les deux tiers de *VEN-tre*, et les sept dernières lettres de *con-VENTION*, servent en se réunissant, à former le mot INVENTION, à peindre l'acte si rare de l'esprit imaginant, inventant, acte et mot absolument étrangers à ventre, à vent, à convention, à invective?

Faudra-t-il que notre Allemand, Hongrois, Suédois, Danois, Russe suspende son commerce pour feuilleter un archéologue en vingt volumes in-folio, ou pour étudier le celte, le scythe ou l'hébreu, et les œuvres de commentateurs qui ne sont d'accord sur rien? Devra-t-il attendre qu'ils cessent de se contredire sur leurs prétendues racines, avant de pouvoir inviter ses correspondans de Paris, de Lyon, de Londres, de Birmingham, qui n'auront ni archéologue, ni professeur de celte, etc., à *examiner*, to *examine*, des essais d'ouvrages, ou à recommander et employer une machine, une méthode, un procédé que son compatriote vient d'*inventer*, to *invent*; ou afin de pouvoir comprendre que ses correspondans lui adressent de pareilles invitations?

La plus grande, la plus tenace des difficultés que présente l'étude des langues, c'est ce tissu de logogriphes qu'un lecteur pénétrant, vif et distrait, fait sans y songer, et qui, donnant aux diverses parties du même mot des acceptions fugitives, irréfléchies, incompatibles, jettent sur le tout une obscurité, de nombreux équivoques, de fausses analogies que l'usage seul peut dissiper en détournant l'attention des élémens du mot pour la fixer sur l'ensemble. Que notre homme pasiagraphe *examen* et *invention*, il leve tous les doutes, il se dispense de soins, d'étude, il économise le temps, ne perd pas l'occasion d'une affaire utile ou pour lui ou pour d'autres ou pour le public, et ses correspondans et lui voient aussi-tôt qu'en Pasiagraphie chaque morceau du mot contient une partie de l'idée, que celle-ci commence et se complette avec le mot.

Examen s'écrit ainsi ⚹/⚹, *Invention* ainsi ⚹⚹.

A la vue de leurs cinq caractères, le correspondant que nous supposerons recevoir la lettre pasigraphée au moment où pour la première fois il vient de lire la méthode pasigraphique, sait déjà qu'il doit chercher ces deux mots dans le GRAND NOMENCLATEUR; il dit donc: *classe, cadre, colonne, tranche,* et *ligne.*

Les mots *examen* et *invention* sont dans la même classe et dans le même cadre tous les deux, comme exprimant deux actes de l'homme sensible et intelligent, car C marque la cinquième classe du GRAND NOMENCLATEUR, intitulée : *Homme sensible et homme intelligent*, et £ ou ℒ marque le troisième cadre de cette classe destiné à l'*homme intelligent*. Voilà ce que les deux mots *examen* et *invention*, à-la-fois anglois et françois, ont d'essentiellement commun entr'eux; et c'est ici, c'est à partir de ce point qu'en logique, en psychologie, comme en Pasigraphie, la différence des deux idées sépare les deux mots. Achevons d'anatomiser *examen*.

Son troisième caractère — ou / est celui de la première colonne, dont le mot-titre en chef est *esprit de l'homme*. Son quatrième caractère ℐ ou ℒ, indique la tranche qui, dans la même colonne, a pour mot-titre de tranche *réflexion*. Son cinquième et dernier caractère Ə ou Ɛ, vous conduit, par *homme, sensibilité* (fond primordial de l'esprit), *esprit, réflexion, pensée, observation, considération, contemplation,* à *examen*. Le mot ou l'idée *examen* se trouve à l'égard de ces autres dans des rapports de génération ou de famille analogues aux rapports que ses caractères conservent avec les leurs, mots et lignes pris pour autant de titres successifs toujours plus précis à mesure qu'ils approchent davantage de la fin du mot désiré. Un dernier trait, en l'achevant, en l'individualisant, en fait une addition de titre pour les mots suivans, s'ils sont de la même catégorie.

Revenons au point où *invention* ℒℐ cesse de ressembler à *examen* ℒℐℐ.

Le troisième caractère ∾ marque la seconde colonne dont le mot-titre en chef est *imagination*, issue, comme *examen*, de *sensibilité* et d'*intelligence*.

Le quatrième / indique la tranche où domine le même mot-titre. Le cinquième et dernier caractère ∾ vous met le doigt sur *invention* dans une méthode pasigraphique angloise ou françoise, sur le mot *Erfindung* placé de même immédiatement sous le mot-titre en chef *Einbildungskraft* (imagination) dans une méthode pasigraphique allemande, comme sur le mot hongrois, allemand, suédois, danois, russe, espagnol, italien, qui remplira la place et qui rendra le sens des mots *invention, Erfindung,* dans de pareilles méthodes (1).

Si, dans de premiers essais, on trouvoit qu'il y a beaucoup de mouvemens

---

(1) On conçoit maintenant ce que nous avons cru pouvoir nommer une analogie, sinon rigoureuse, du moins praticable, suffisante et commode ; et l'on doit convenir de la vérité des assertions que le mot pasigraphé exprime l'idée par un développement analytique progressif, sans aucun appareil d'analyse ; qu'il en définit l'objet sans aucune des périphrases qu'on emploie pour définir; qu'il exprime, définit, classifie et point en se formant lui-même de la réunion des motifs qui déterminent et des signes qui marquent sa place.

de la main à faire pour pasigraphier des mots de trois, des mots de quatre, sur-tout des mots de cinq caractères ou séparés ou groupés, cette illusion seroit bientôt dissipée. Elle prouveroit que la nouveauté de l'écriture pasigraphique et son peu de ressemblance avec celles auxquelles l'œil et la main sont accoutumés dès l'âge le plus tendre, empêchent d'en juger par comparaison aussi sainement qu'on jugeroit de deux ouvrages de même genre dont on auroit contracté l'habitude au même degré. Une prévention si mal fondée ne résistera pas aux exemples multipliés que fournissent déjà les trois seules règles établies.

Du bas en haut, 79 ou 5; *de fond en comble*, C̄Є ou 5϶, *de part en part* ϹƐ; *mal-à-propos* ϚϽ ou ϚϹ; *à vos souhaits* ƐⲒ; *à tout instant* Ͻ϶ſ; *quelqu'autre* ſϼ; *Dieu veuille* Ɛſ; *en conséquence* ϹƐϹ; *où que ce soit* /5. L'économie de temps, d'espace, de peine, est trop évidente ici pour qu'on y insiste.

Un 7, *deux* 2 *ou* 7, sont-ils plus longs ou plus difficiles à pasigraphier qu'à écrire en aucune langue et en toutes lettres, car il n'est pas question ici de chiffres, mais de mots ? A-t-on plus promptement écrit : *dix-huit*, en françois, *Eighten*, en anglois; *achtzhen*, en allemand, que 719, en Pasigraphie? *Soixante-et-dix*, en françois, *seventy*, en anglois, *siebentzig*, en allemand, seront-ils plus expéditifs que 5/ ou 75/? Écrirez-vous avec moins de signes en aucune langue : *cheval* ϚϲϚ; *Rhinocéros* ϚƖϹ/, ou ϚϹ/; *marmotte* ϚϹϷſ; *animal de proie* ϚϲϿ ou ϚϿ; *physionomie* ϲ/5; *adolescence* ϹϽϿ; *capitaine de vaisseau de haut-bord* ſϼϿ; *maréchal-des-logis* ſϽϹ; *major d'infanterie* ſſϽϿ; *général en chef* /ſſϚ–?

Au nombre des mots à corps de cinq, plus pénibles à former que le mot ou françois ou anglois, citeroit-on : cſ1, *indifférence*, pour les deux langues; cl/, *sensibilité* ou *sensibility*; cϚϽ, *magnanimité* ou ou *magnanimity*, tous mots plus surchargés de traits que leurs équivalens en Pasigraphie?

Enfin, quelque langue qu'on écrive, et pour n'être encore entendu que de ceux qui la savent, il n'y a presque pas de mots qui ne se composent de plus de traits de plume, de pleins, de déliés, de queues, d'accens ou de points, que la Pasigraphie n'en met dans les corps de mots les plus longs. Or, ces derniers seront entendus et lus en toutes les langues par quiconque saura les lire dans sa langue maternelle. Nous parlons des corps de mot et non des accessoires ou modificateurs ou grammaticaux, vu que ces accessoires sont ce que la Pasigraphie a de plus abrégé, ce qui la constitue une véritable Stémographie ou Tachygraphie.

Le grand usage fait oublier et le nombre et la complication des figures que nous devons employer pour tracer les quatre syllabes *entendement*, les cinq syllabes *contradiction*, les six *justification*, les sept *récapitulation*, les onze lettres du mot anglois et françois *imagination*, les seize lettres du mot allemand *Einbildungskraft*. Tel de ces mots et mille autres dont on se sert à tout propos, donnent à les écrire plus de peine qu'on n'en auroit à grouper vingt caractères pasigraphiques dont se formeroient cinq à six corps de mots qui exprimeroient chacun son idée avec toutes les nuances de ses mots-titres, avec cette physionomie déterminée que prend toute idée entourée de sa famille, et souvent plusieurs idées réduites à un mot, comme *d'autant moins, de proche en proche, de mieux en mieux, à bras tendus, portez-vous bien*, etc.

Pour ce qui est de la faculté de choisir entre deux caractères, elle n'ajoute à l'art aucune difficulté, non plus que l'ordre inverse de la seconde moitié de la gamme. Ces moyens bornés au rappel de six figures à la vue de six autres, ou à la liberté de tourner une même figure de la gauche à la droite ou de la droite à la gauche, mettent le pasigraphe en état de différencier le plus possible les mots d'une classe, d'un cadre, d'une colonne, d'une tranche, d'une ligne.

Mais, dira-t-on, deux, trois, quatre mots placés dans la même ligne et pasigraphés avec les mêmes caractères, ne donneront-ils jamais lieu à des équivoques? D'abord la question renforce les preuves de l'utilité du choix libre entre deux caractères, d'où résulteront des variantes nombreuses, régulières, faciles. Chaque mot de trois caractères a quatre, chaque mot de quatre caractères a huit, et chaque mot de cinq a seize formes possibles; ainsi les plus rigoureux synonîmes, quant au sens, peuvent n'avoir qu'un trait sur cinq de ressemblance, quant à la figure, et ne rien perdre cependant de leur fraternité logique, et conserver la totalité des signes auxquels le pasigraphe doit les reconnoître d'un coup-d'œil. Répondons maintenant à la question. Il suffira de montrer la théorie mise en pratique.

La même ligne contient les quatre corps de mots : *Cheval, cheval barbe, étalon, cheval entier*. Une autre ligne réunit les quatre corps de mots : *Bosquet, bocage, bois, forêt*. Dans une autre se lisent les quatre dénominations : *Altesse, Altesse sérénissime, Altesse royale, Altesse impériale*. On les pasigraphe ainsi : *Cheval* ꜱ7ꜱ, *cheval barbe* ꜱ7ʝ, ou ꜱ7ꜱ; *étalon* ꜱ—/ꜱ, ou ꜱ//ꜱ; *cheval entier* ꜱ//ꜱ; *bosquet* ꝺꝺ ou ꝺꝺ ou ꝺꝺ ou ꝺꝺ; *bocage* ꝺꝺ ou ꝺꝺ; *bois* ~ꝺꝺ ou ~ꝺꝺ; *forêt* ~ꝺꝺ ou ~ꝺꝺ; *Altesse* ꝺꝺ; *Altesse sérénissime* ꝺꝺ ou ꝺꝺ; *Altesse royale*

royale, ⟨pasigraphic symbols⟩ ; *Altesse impériale*, ⟨pasigraphic symbols⟩. On lit dans une même ligne: *votre très-humble et très-obéissant serviteur, son très-humble et très-obéissant serviteur, et leur très-humble et très-obéissant serviteur*; trois mots distincts qui se pasigraphent ainsi: ⟨symbols⟩, ou en trois ou en quatre mots chacun.

Plus on multipliera les exemples, plus on se persuadera qu'aucune écriture ne prête moins à l'équivoque de signes ou d'idées, que la Pasigraphie. Elle en détruit exprès les causes jusques dans les mots les plus analogues (1); tandis que toutes les langues sont pleines de mots de sens opposés ou très-distans, qui n'ont pour unique différence qu'une lettre, un accent, une cédille ou une transposition du huitième ou du dixième de leur tout, ou qui même n'ont entr'eux aucune différence.

Nous ne citerons, en françois, que BABIL et BARIL, FORCE et FORGE, *fumet*, et *fumer*, *infection* et *injection*, *contraster* et *contracter*; *Mâcon*, *maçon*; *pâte*, *pâté*; *sacrifioient*, *scarifioient*; *consentement*, *contentement*; *épanouissement*, *évanouissement*; *supputation*, *suppuration*; *air*, élément, mine, apparence, ariette; *cru*, de croire, de croître, non-cuit, de terroir; *coin*, angle, instrument pour fendre et *coin* de monnoie; *loir* animal et rivière; *palais*, maison et partie de la bouche; *vol* d'oiseau, *vol* de voleur; *souci*, fleur et inquiétude; *tour* machine, instrument, meuble, promenade, ruse, circonférence, et *chacun à son tour*; *vers*, poésie, animaux et préposition; *frais*, nouvellement éclos, et *frais* froid (de sorte qu'un françois peut se brûler en mangeant des œufs frais);... en latin, *tempus*, temps et tempe; *lectus*, lit et lu; *liber*, libre, livre, écorce et Bacchus;... en anglois, *jack*, vase à vin, tourne-broche, tire-botte, but au palet; *club*, cotterie, écot, massue;... en allemand, *marck*, frontière et moëlle; *lachen*, bourbier et rire; *tauben*, pigeons et sourds (abl.), et *thor*, porte et fou; *weihe*, oiseau de proie et consécration; *weise*, sage et modes;... en allemand, en danois, en suédois, *arm*, bras et pauvre; en danois, *maal*, borne et voix; *stamme*, tronc, talon et bégayer;... en italien et en espagnol, *ducato*, *ducado*, dignité de duc et monnoie; *legato*, *legado*, légat, legs et lié;... en espagnol, *alumbas*, faire de la lumière et accoucher heureusement; *escobilla*, vergette, herbe et limaille, etc.

Combien d'autres mots à double entente dans tous nos idiomes où la raison doit incessamment renouer le fil de l'analogie que rompt l'arbitraire

---

(1) Le pasigraphe distingue plusieurs acceptions des mots *aimable*, *haïssable*, *discipline*, *mystère*, *devoir*, *savoir*, etc.; *délectation* placée entre *plaisir* et *ébat* sensuels, et *délectation morale* à la suite de *bonheur*, *félicité*, *délice*, *délicieux* (Partie II, page 42.)

des signes, et se tenir en garde contre de fausses analogies? En Pasigraphie les idées sont séparées de toute la distance de leurs genres et de leurs objets; celles qui se rapprochent le plus, peuvent encore différer autant que le permettent deux, trois, quatre caractères à choisir au gré de ce besoin de différences; et ses procédés une fois conçus, elle les applique uniformément à toutes les langues.

QUATRIÈME HEURE.

DES SIGNES MODIFICATEURS DU SENS DU MOT, DE GRAMMAIRE ET DE QUANTITÉS.

Il ne s'agit ici que de fixer la position respective, invariable, des signes modificateurs du sens du mot, des signes de grammaire et des signes de quantités.

RÈGLE QUATRIÈME.

Les signes modificateurs du sens du mot le précèdent ou le suivent. Ceux qui le précèdent en sont toujours séparés par une apostrophe ('), et ne se forment jamais que d'un seul ou de deux caractères pasigraphiques, ce qui les distingue du corps du mot constamment composé de trois, de quatre ou de cinq caractères. Quand on ne voit pas d'apostrophe avant le corps du mot, on n'a que faire de consulter le tableau des signes modificateurs destinés à précéder le corps du mot.

Pour les signes de grammaire et de quantités, ils suivent toujours le corps du mot considéré comme ne formant qu'un tout avec les autres signes, et ont toujours pour fondement, pour centre d'unité et pour lien commun le trait horizontal, le premier caractère de la gamme, ou simple — ou double =, trait qu'on ne place jamais au milieu de la ligne, que lorsqu'il est signe de grammaire.

TABLEAU

DES SIGNES MODIFICATEURS DU SENS DU MOT, QUI LE PRÉCÈDENT AVEC UNE APOSTROPHE.

1. Action de devenir ou de faire que ce dont on parle devienne ce que dit le mot.............. ɛ'

— Action directement opposée à la précédente.. ʋ'

2. Action de faire exercer, exécuter, produire, une fois, ce que dit le mot; (avec le genre), *faiseur* ou *faiseuse* de)........ ʋ'

— Action de faire, etc. souvent ce que dit le mot.. ʋ̇'

— Action de faire, etc. habituellement ce que dit le mot.............. ʋ̃'

— Instrument avec lequel on fait, exerce, exécute ou produit ce que dit le mot.............. ʋ̄'

3. Action d'éprouver en soi ce que dit le mot (une fois)............... ʒ'

— Action de l'éprouver en soi souvent ...... ʒ̇'

— Action de l'éprouver en soi habituellement. ʒ̃'

4. Action de mettre ce dont on parle dans ou sous ce que dit le mot....... ɣ'

— Action de l'en ôter. ɫ'

5. Action de couvrir, joncher, revêtir, frotter ou enduire superficiellement ce dont on parle de ce que dit le mot....... ɣ'

— Action de l'en dépouiller............ ɫ'

6. Manie de ce que dit le mot............. ɣ'

— Antipathie....... ɫ'

7. Commerce ayant pour objet ce que dit le mot... ɣ'

— Art ou science ayant pour objet ce que dit le mot. ɫ'

8. Substance, essence, quintessence de ce que dit le mot............... ʋ'

— Composition, mélange dont la principale matière est ce que dit le mot,.............. ʋ'

9. Genre, espèce, classe, sorte de ce que dit le mot.. ʋ̃'

— Apparence de ce que dit le mot......... ʋ'

10. Action, emploi, usage ou résultat de ce que dit le mot............ ɛ'

— Bruit ou cri de... ɛ̄'

— Coup de ce que dit le mot............... ɛ̃'

11. Essai de ce que dit le mot............. c'

— Fabrique, manufacture de (avec le genre *fabricant*) .... ɔ'

— Instrument, métier à .... ɔ̄'

12. Recueil, collection de .... ɔ'

— Magasin de ce que dit le mot........... ɔ'

13. Abondance de.... ɛ'

— Disette, manque, besoin de .... ʒ'

14. Temps, saison, durée de.............. ʃ'

15. Lieu ordinaire de.. /'

16. Duplicatif ou itératif .... //'

— Augmentatif..... //'

17. Diminutif........ ʃ'

— Privatif ou négatif. ʔ'

18. L'action de faire, devenir, être ou cesser d'être vainement, ou d'avoir beau faire, etc. ce que dit le mot............. ʔ̃'

APPLICATION DE LA QUATRIÈME RÈGLE.

Les signes modificateurs du sens du mot, destinés à précéder le mot, sont toujours séparés du corps du mot par une apostrophe, comme : *Pierre*, ᴣυ/, *pétrification*, ℓ'ᴣυ/ ; *pierre précieuse*, ᴣϑ/, *action de devenir pierre précieuse*, ℓ'ᴣϑ/ ; *action de cesser d'être pierre précieuse*, ᴣ'ᴣϑ/ ; *Pasigraphie*, ხᴣ ; *art de la Pasigraphie*, ℓ'ხᴣ ; *sculpture* ᴣ/ϑ/, *art de la sculpture*, ℓ'ᴣ/ϑ/ ; *astre*, ᴢϑɔ, *astronomie*, ℓ'ᴢϑɔ ; *fourrage* ხ/, *magasin de fourrage*, ხ'ხ/ ; *gomme*, ℰℯ/, *fabrique de gomme* ɔ'ℰℯ/ ; *végétal* ᴢ/ ou ᴣι, *abondance de végétaux* ℰ'ᴣι ; *disette de végétaux* ᴣ'ᴣι. Les autres règles donneront lieu à divers exemples de l'application de celle-ci, quant aux signes de grammaire et de quantités.

OBSERVATIONS ET RÉFLEXIONS SUR LA QUATRIÈME RÈGLE.

Sans doute le principal fondement de l'art pasigraphique est dans le moyen si simple de substituer le signe de la place des mots aux syllabes dont toutes les langues composent leurs mots. Ces syllabes diffèrent d'un idiome à l'autre par l'effet de conventions locales auxquelles un étranger n'est admis qu'après beaucoup d'étude et le plus long usage. Chaque mot y a sa généalogie, ses aventures, ses alliances, ses anecdotes, qu'il faut savoir pour bien posséder une langue soumise d'ailleurs à des règles très-nombreuses, peu fixes, souvent contradictoires, et noyées dans un océan d'exceptions. La place du mot pasigraphé demeurant la même pour tous les peuples, ceux-ci s'entendront nécessairement, puisque les signes de la place du mot devenus le corps du mot, seront les mêmes, de quelques lettres que le mot placé dans la ligne soit formé, si d'ailleurs la méthode est réduite à douze règles qui n'éprouvent aucune exception. Mais l'expérience démontrera que les signes modificateurs du sens du mot ouvrent la source des plus grandes richesses à la Pasigraphie, à la logique et à la grammaire universelle.

Grâces à ces modificateurs, une très-petite provision de mots sert à exprimer un nombre prodigieux de pensées. La faculté de transmettre celles-ci n'est plus gênée par la pauvreté des idiomes. D'ingénieux expédiens qui font le charme trop peu médité des plus belles langues, mais quelles bornent à des cas particuliers et rares, sont appropriés à toutes les langues et généralisés dans chacune d'elles en Pasigraphie. Elle peint avec précision et clarté ce que la langue qu'on sait le mieux ne peut rendre qu'en recourant à des circonlocutions ; elle prête au langage le moins souple, le plus misérable, le plus ingrat, une flexibilité, une opulence généreuse, qu'aucune langue écrite

n'eut

n'eut jamais, sous tant de rapports à-la-fois, et que, pasigraphées de génie, elles contracteront toutes pour des cas innombrables auxquels on appliquera des procédés communs; car, ainsi que tous ses aînés, l'art pasigraphique, dont la méthode n'est ici qu'un premier germe, deviendra véritablement l'ouvrage des bons esprits qui le cultiveront. Quelques réflexions sur deux exemples pris entre mille vont donner le dernier degré d'évidence aux utiles effets des signes modificateurs.

Pasigraphez les mots si différens: *Théos, Deus, Dio, Iddio, Dios, Dieu, Gott, God, Bog*, vous tracerez les cinq caractères 27, autrement 7. Joignez-y celui des signes modificateurs que leur tableau désigne par: *action de devenir ou de faire que ce dont on parle devienne ce que dit le mot*. C'est le premier, ſ'. Vous aurez : ſ'27, qui signifiera incontestablement: *apotheosis*, en grec; *deificatio*, en latin, *endiosar*, infinitif du verbe espagnol que le pasigraphe prendra substantivement; *apothéose*, ou *déification*, en françois; *vergœtterung*, en allemand; *deifiing*, en anglois, *abojénie*, en russe, et : *l'action de devenir* ou *l'action de faire qu'un autre devienne Dieu*, en toute langue qui n'auroit pas un mot destiné à tenir lieu de cette périphrase intelligible pour tous, dès que les mêmes règles connues de tous la renferment dans ce peu de figures ſ'27, ou plus briévement encore dans celles-ci ſ'7.

Les finales *fication*, *faction*, *sation*, *ation*, *fiing*, *ung*, etc., qui remplacent ſ' en françois, en anglois, en allemand, exigent plus de temps et de peine qu'il n'en faudroit pour écrire de six à dix caractères pasigraphiques. Encore ces finales régulièrement employées dans déi*fication*, ossi*fication*, liqué*faction*, crystalli*sation*, amélior*ation*, Deif*iing*, Zerschmertz*ung*, Vergœtter*ung*, Verbesser*ung*, etc., ne vont-elles jamais sans de grands changemens faits au mot radical *Dieu, os, mieux, Gott, besser*, et ne s'appliquent-elles pas à tous les mots que l'analogie des idées en rendroit susceptibles.

En françois, l'action de la chenille devenant chrysalide, l'action de la chrysalide devenant papillon, s'exprime aussi peu par un seul mot que la promotion d'un officier au grade de capitaine, de colonel, de général. Cependant le signe modificateur ſ' mis avant les mots pasigraphés *chrysalide, papillon, capitaine*, etc., suffit pour rendre ces idées de manière qu'elles soient saisies du premier coup-d'œil et entendues dans toutes les langues des peuples à l'usage desquels on aura traduit la méthode pasigraphique. Il est vrai que des périphrases seront l'unique équivalent des mots chrysalidi*fication*, papillonni*fication*, capitaini*fication*, etc., qui ne se disent point et qui peuvent avoir leurs corrélatifs dans tels patois plus riches que nos langues ruinées de luxe.

De même le signe de l'*action opposée*, ɩ', adapté au mot *papillon*, ɛɹƆ, donne ɩ'ɛɹƆ, *dépapillonnisation*, qu'une jolie femme trouvera franchement très-intelligible, tandis que des pédans s'efforceront de lui prouver, ce qu'elle sait et sent mieux qu'eux, qu'il faut dire ou penser : *l'action du volage corrigé qui cesse d'être papillon*, ou *l'action et le triomphe du sentiment et de la beauté qui le font cesser de papillonner*.

Le signe de l'*action de faire, exercer, exécuter, produire ce que dit le mot*, et le signe de l'*action d'éprouver en soi ce que dit le mot*, ɩ' et ɹ' lèvent d'innombrables difficultés attachées aux idiotismes relatifs à ces sortes d'actions. Que le françois, usant ou abusant de son *faire* (1), dise : *faire des sauts, des gambades, des cabrioles*; le latin : *saltus edere*, produire, mettre au jour des sauts; l'espagnol : *dar saltos, dar brincos*, donner des sauts, des cabrioles; l'anglois : *to cut capers*; l'allemand : *capriolen schneiden*, couper, tailler, trancher, détacher des sauts, des cabrioles. Les mêmes traits pasigraphiques rendront à-la-fois ces différentes expressions de la même idée. Voyez dans la huitième classe du GRAND NOMENCLATEUR, CLASSE des ARTS, le cinquième cadre, des ARTS LIBÉRAUX, la cinquième colonne, des ARTS AGRÉABLES, tranche première, ligne première; le premier et le second mot sont DANSE ᴣɔ⁊ et *saut* ᴣɔ⫽. Plus bas, dans la même tranche, sous le même mot-titre *danse* ᴣɔ⁊, est *gambade* ᴣɔ/ᴄ, qui, porté à la seconde place, donne *cabriole* ᴣɔ/Ɔ. Joignez à ces mots le signe modificateur et son apostrophe ɩ', et vous aurez : *l'action de faire un saut* : ɩ'ᴣɔ⫽; *l'action de faire plusieurs sauts* : ɹ'ᴣɔ⫽; *l'action de faire habituellement des sauts* : ɩ̃'ᴣɔ⫽; *l'action de faire une gambade* : ɩ'ᴣɔ/ᴄ ou ɩ'ᴣɔ/ᴄ; *l'action de faire plusieurs gambades* : ɩ̃'ᴣɔ/ᴄ; *l'action de faire habituellement des gambades* : ɩ̃'ᴣɔ/ᴄ; *l'action de faire une cabriole* : ɩ'ᴣɔ/Ɔ, etc. (2).

D'autres règles, d'autres procédés donnent les moyens de pasigrapher expressément *sauter, gambader, cabrioler, se porter*, d'indiquer le nombre duel ou pluriel, d'imprimer à la pensée les formes interrogatives, etc.

---

(1) Ce *faire* si fâcheux pour les étrangers, qui ne *se font* qu'avec peine aux *il fait chaud, faire des armes, faire l'amour, faire la barbe, faire les ongles, faire le sot, faire faire*!

(2) Les Suédois disent : *fadderskap*, l'action d'être parrain, de tenir un enfant sur les fonts baptismaux. Ces richesses locales ne peuvent être rendues universelles qu'en Pasigraphie.

Pour *coup de corne, de poignard, de lance, de poing, de pierre*, l'espagnol dit : *cornada, puñalada, lanzada, puñada, petrada*. L'allemand dit, en deux mots réunis : *Faust-streich*, coup de poing ou plutôt *de poing-coup*, et par un monosyllabe : *coup d'épée, hieb*. La Pasigraphie rend chacune de ces locutions composées par un seul mot précédé du signe modificateur $\tilde{\mathfrak{C}}$' ; *coup de pierre* : $\tilde{\mathfrak{C}}$'ɔɔ/; *coup de pied* : $\tilde{\mathfrak{C}}$'τϲϵ; *coup de patte* : $\tilde{\mathfrak{C}}$'rϛɔ.

Les duplicatif, itératif, augmentatif, diminutif, privatif ou négatif, donneront, au gré du pasigraphe ingénieux, toutes les dimensions imaginables à la même idée ; ils la tailleront sur tous les degrés de la double échelle intellectuelle et sentimentale. Dès-lors, chaque langue aura, comme le françois, ses *nain, géant, colosse* ; comme l'allemand, ses *zwerg, riese*, son *lein*, son *che* final saxon, comme le turc, son *schuck* (oglan, enfant, *oglan - schuck*, petit enfant); comme le portugais, ses *zarrao* et *zinho, homem, homemzarrao*, grand homme, *Irmaon*, ami, *irmaozinho*, petit ami ; comme l'espagnol, ses *hombrezillo, mocico, cucilejo, ventezico*, petit homme, petit garçon, petit couteau, petit vent, et son *peñasco*, grand rocher; comme l'italien, ses *ino, éto, ineto, inetino, asso, issimo*, etc. Mais chaque langue pasigraphée les aura réduits au moins de traits possible, et pourra les appliquer à l'universalité des idées (1).

Ce laconisme de signes devenus familiers par l'habitude acquerra la clarté qu'ont toujours les opérations de l'intelligence quand elles sont restreintes au jeu régulier d'un métier simple à l'aide duquel les mêmes procédés assurent toujours une égale justesse aux mêmes résultats. Ainsi de bonnes tablatures mécaniques organisées feroient de l'ouvrier un émule d'Euclide et d'Archimède pour l'exécution. Dirigé par l'instrument, dès qu'il en connoît bien l'usage, il se méprend aussi peu que l'automate qui joue de la flûte ou qui dessine.

---

(1) Plus riche et plus précise que celle d'aucune langue en particulier, cette écriture, cette *langue humaine oculaire*, la Pasigraphie n'en sera que mieux l'image fidèle de toutes, la mesure commune de leur opulence et le supplément de leur pauvreté. La pensée de l'écrivain passera toujours bien nette dans l'esprit du lecteur ; ce dernier manquât-il de termes, en un seul mot, pour l'exprimer, et dût-il recourir à des combinaisons de mots ; comme à la vue d'une couleur, d'une plante, d'un animal, l'embarras d'en trouver vîte le nom n'en obscuroit nullement l'idée ; comme à la vue du vin, l'Européen et l'Iroquois le reconnoissent également, quoique l'un le nomme en une ou deux syllabes, et que l'autre dise : ONÉHARADÉSÁKO ENGASIRAOHERIE, *liqueur faite avec du jus de raisin* ; prolixité que ceux qui écrivoient jusqu'à présent : *votre très-humble et très-obéissant serviteur* en trente-neuf lettres, n'ont guère le droit de traiter d'iroquoise.

La Pasigraphie promet donc aux penseurs de nouveaux progrès dans la métaphysique, l'avantage de répandre dans le commerce ordinaire de la société beaucoup plus de formes, de nuances d'idées, de porter la justesse et la lumière au milieu des conceptions vigoureuses ou profondes trop souvent vagues ou obscures. Elle promet sur-tout aux ames tendres de multiplier ces tournures originales, ces tropes animés qui leur sont si chers, sans lesquels la pensée écrite ne seroit que l'ombre froide de la nature morte.

CINQUIÈME HEURE.
DES GENRES, DES NOMBRES ET DES DIVERS ÉTATS DE RÉGIME QUE SUBIT LE MOT PASIGRAPHÉ.

RÈGLE CINQUIÈME.

Tout corps de mot est, en Pasigraphie, un substantif énonciatif, c'est-à-dire un mot qui nomme ou énonce la substance individuelle d'une idée, au nombre singulier et sans genre ni masculin ni féminin, même *cheval*, etc.

Tout signe modificateur peut aussi séparément être considéré comme un substantif.

Il n'y a de genre, en Pasigraphie, que le sexe exprimé par un signe ajouté au corps du mot.

Le signe pasigraphique du genre masculin est un point mis au-dessus du trait grammatical toujours placé après le corps du mot ⨪.

Le signe du feminin est un point mis au-dessous du même trait ⨪.

La marque du pluriel est toujours le signe de quantité / placé à l'extrémité droite du trait grammatical —, ainsi ⁊.

Les autres signes de quantité sont indiqués dans le petit tableau ci-joint, et se mettent constamment au-dessous du trait grammatical qu'on peut prolonger à volonté afin que plusieurs de ces signes s'y placent dans leur ordre naturel.

Les divers états de régime que subit le mot pasigraphé (1) sont les différentes manières dont un mot est sous la dépendance des mots qui l'entourent, soit exprimés, soit sous-entendus.

Un ou deux caractères pasigraphiques marquent ces divers états, conformément à la seule DÉCLINAISON UNIVERSELLE qui suit; caractères qu'on place toujours après le trait grammatical : —ᒋ, —ᒉ, —ᒐ, —ᒐ, —ᑕ, —ᑐ, —/, —ꝑ, —⁊, —ᒐ, —⁊, —ᒉ.

---

(1) C'est ce que les grammairiens ont appelé les *cas* des noms, du latin *casus*, chûte, terminaison, finale.

TABLEAU

TABLEAU
DES SEPT MODES D'ÉNONCIATION PASIGRAPHIQUE.

On énonce, on nomme d'une manière plus ou moins particularisée, plus ou moins généralisée, un, deux ou plusieurs objets ou sujets de l'idée ou de la pensée.

Voici ces nuances déterminées en Pasigraphie pour tous les idiomes, qu'ils aient ou non des moyens de les rendre.

Énonciatifs ou Nominatifs.	Singulier sans genre.	Énonciatifs ou Nominatifs.	Pluriel sans genre.
Exemples.		*Exemples.*	
Animal (le mot seul).		Animaux (le mot)	⌐
Un animal (1)	∠	Des animaux	∠⌐
L'animal	∠	Les animaux	∠⌐
Cet animal	z	Ces animaux	z⌐
Cet animal-ci	ẑ	Ces animaux-ci	ẑ⌐
Cet animal-là	z	Ces animaux-là	z⌐
Tel ou certain animal	z	Tels ou certains animaux	z⌐

TABLEAU
DES SIGNES PASIGRAPHIQUES DES QUANTITÉS.

Pluriel (plus de deux)	⌐	Autant, aussi	≃
Duel ou deux	⌐	Tant, si, tellement	≃
Quelque, du, de l', de la	⌐	Trop	≃
Plus, davantage	⌐	Peu, un peu	≃
Beaucoup, très, fort	⌐	Moins	≃
Assez	⌐	Pas, point, ne pas, nul, aucun	≃

Le masculin a toujours pour signe un point placé sur le trait horisontal ∸, le féminin un point placé au dessous ∸, que ce trait porte ou non d'autres signes.

---

(1) *Un animal* se dit ici sans aucune intention de commencer un compte : *un, deux,* etc. On verra ailleurs que le signe 7 marque le *duel* et un autre signe *quelque.*

1re Partie. K

DÉCLINAISON UNIVERSELLE,

OU LES SEPT ÉTATS DE RÉGIME PASIGRAPHIQUE.

1°. ETAT DE RÉGIME répondant aux questions : *qui, quoi* ce dont on parle est-il supposé concerner, indiquer, toucher, embrasser, contenir, couvrir, soutenir, accompagner, devancer, acquérir, perdre, avoir perdu, éviter, frapper, placer, déplacer, surpasser, au moyen des prépositions expresses : *sur, sous, avec, sans, avant, après,* ou de tout verbe actif, de manière que ce dont on parle soit l'objet de l'action? *l'amour, l'ami,* etc. . . . . —ɔ

2°. Répondant aux questions : *de qui, de quoi* ce dont on parle est-il la partie, le tout, la cause, la source, la suite, le contenant, le contenu, la propriété, le corrélatif, l'accessoire? *d'amour, de l'amour, d'ami, de l'ami, d'un amour, d'un ami,* etc. . . . . —ɕ

3°. Répondant aux questions : *à qui, à quoi* ce dont on parle est-il imputé, adressé, destiné, adapté, comparé, joint, annoncé, soumis, promis, demandé, donné, disputé, refusé, opposé; *à qui, à quoi,* va-t-il, tend-il? *A l'amour, à l'amitié,* etc. . . . . —ɣ

4°. Répondant aux questions : *pour qui, pourquoi* (dans l'intérêt de qui, en vue de quoi; au lieu de qui, de quoi; à quel titre, à quel prix) ce dont on parle est-il nommé, évalué, fait, supposé, traité, jugé, décidé? *pour l'amour, pour un florin, pour rire, pour un fou,* etc. —ɹ

5°. Répondant aux questions : *de qui, de quoi* ce dont on parle peut-il éloigner, priver, tirer, emprunter, recevoir quoi que ce soit? *de quoi* peut-on le louer, blâmer, punir, récompenser, payer, délivrer, dégager? *de qui, de quoi* vient-il, naît-il, sort-il, préserve-t-il, guérit-il, est-il déduit, vuidé, soulagé, rempli? *d'amour, d'amitié, d'or, d'argent,* etc. . . . . —c

6°. Répondant aux questions : *par qui, par quoi* ce dont on parle est-il fait ou modifié, conduit, porté, lié? *par qui, par quoi* y tend-on, en triomphe-t-on, s'en délivre-t-on, l'obtient-on? *par amour, par un ami, par erreur, par vertu,* etc. . . . . —ɔ

7°. Répondant aux questions : *où, en qui, en quoi, entre, parmi lesquels, au milieu desquels, autour de qui, de quoi* ce dont on parle est-il, va-t-il, consiste-t-il, se traduit-il, se change-t-il? *à Londres, en Prusse, en fureur, dans le chagrin, parmi les oiseaux, au milieu de la chambre, en grec, en cendre,* etc. . . . . —ʅ

Apostrophe ou exclamation adhérente au mot —ý. Exclamation de surprise et d'admiration —ɤ. Exclamation de douleur —ι. Exclamation d'attendrissement —ɤ. Exclamation de peur, d'horreur —ι.

APPLICATION DE LA CINQUIÈME RÈGLE.

Tout mot inscrit dans les deux NOMENCLATEURS doit être tenu pour *substantif* ou pris *substantivement*, comme *caillou, amour, coup, bonheur*, etc., toujours au singulier et sans genre. Le pasigraphe a donc besoin de savoir discerner un substantif de tout autre mot, et de bien concevoir substantivement, de bien *substantifier* tous les mots de sa langue qui ne sont pas des substantifs. Voilà ce que la Pasigraphie offre de plus difficile. Mais en se dégageant de toute préoccupation déplacée, on dissipera jusqu'à l'apparence de difficulté.

Il ne s'agit que de saisir la substance de l'idée, par quelque bout qu'on puisse l'atteindre, et de jetter toutes les idées saisies de la sorte, dans un moule commun, pour les soumettre aux opérations promptes, simples, sûres d'un mécanisme qui soit toujours le même et qui fasse des substantifs de toutes les autres espèces de mots.

Action, parole, grandeur, production, port, allée, venue, flétrissure; dégénération, etc., sont évidemment des substantifs; *faire, parler, grand, produire, porter, aller, venir, flétri, dégénéré*, n'en sont point. Rien de plus clair. Or, il est très-possible que les divisions élémentaires pasigraphiques obligent l'un des traducteurs de la Pasigraphie à inscrire ces derniers mots au lieu des autres, comme plus courts, plus réguliers dans certaines langues, mieux assortis à leurs mots-titres, ou comme étant les seuls, vu la pauvreté de l'idiome, ou pour des raisons qui demanderoient un volume d'explications inutiles (1).

De quelque biais que se présente une idée, emparez-vous-en toujours; prenez le mot, et s'il n'est pas un substantif, mettez-le dans les formules que voici:

Le......dont il est question. Un......que dit le mot. Ce ou cet....... qui est l'objet de ma pensée isolé de tout autre objet.

Vous aurez: *le* FAIRE *dont il est question* (2). *Un* PARLER *que dit le*

---

(1) Parmi ces explications inutiles à quiconque n'aspire qu'à se servir de la Méthode et non à la refaire, se trouveroient telles réflexions subtiles ou profondes qu'à peine cent personnes comprendroient en Europe; métaphysique étrangère au commerce social dont les véritables amis préfèrent une expérience et o moindre procédé matériel aux plus sublimes théories.

(2) Comme on dit le *faire* d'un peintre, comme les Italiens disent: *il divino far niente*; le divin ne rien faire.

mot. Ce GRAND, *ce* PRODUIRE, *cet* ALLER, *ce* VENIR, *ce* FLÉTRI, *ce* DÉGÉNÉRÉ *qui est l'objet de ma pensée isolé de tout autre objet.*

Pénétrez-vous bien du sens que chacun de ces mots FAIRE, PARLER, ou tel autre contracte dans ces moules ; répétez-en l'épreuve assez souvent pour que l'habitude vous la rende familière. Lorsque vous serez assuré de tenir le sens du mot ainsi fondu, cassez le moule, supprimez la formule, et ce qui vous restera dans l'esprit sera le corps du mot entendu substantivement, substantifié, devenu substantif pasigraphique, la substance de l'idée, l'expression de cette substance, le mot radical, le mot brut, le mot crud, le mot enfin dans l'état primitif où il doit être pour que la Pasigraphie le travaille ; c'est le lingot, le flan qui va lui servir à frapper quelques médailles et beaucoup de pièces de monnoie.

Elle le modifie. Il reçoit d'elle un sexe, des degrés de valeur ou de quantité. Des signes de régime annonceront de quelle manière il dépendra de ses voisins. Ces signes l'accompagneront dans toutes les places que lui assignera le caprice des langues (1), et les règles suivantes lui feront successivement remplir toutes les fonctions auxquelles un mot est appellé par le bons-sens qui préside en secret même à l'éloquence du sentiment exalté comme aux heureux écarts du génie.

Les mots de l'INDICULE peuvent aussi se substantifier. Pour le démontrer, choisissons ceux qui paroissent les plus éloignés du nom substantif. *A vos souhaits, bonjour, oui, non, si, car, mais, sens dessus dessous, sens devant derrière, et au-delà de toute idée,* ne se prennent-ils pas, ne figurent-ils pas substantivement, ne sont-ils pas de vrais substantifs dans les six phrases que nous allons composer ?

« Les fréquens *à vos souhaits* de nos bons ayeux, ne sont plus dans nos » mœurs. — Tel qui vous dit de plus affectueux *bonjour* qu'à l'ordinaire, a » quelque besoin de vous. — Un *oui* ou un *non* décide souvent de la vie » d'un homme. — Des *si*, des *car*, des *mais*, trop répétés impatientent. » Vous avez dit : *sens dessus dessous*, au lieu de dire : *sens devant der-* » *rière*. — On peut pasigrapher, en un seul mot : *au-delà de toute idée* »....
Ces exemples ne sauroient être complettement pasigraphés avant qu'on ait expliqué d'autres règles. Mais on conçoit assez que les prépositions ou locutions substantifiées doivent porter leur signe de régime.

Un pasigraphisme qu'il ne faut pas omettre, c'est *et* pris substantivement

―――――――――――――――

(1) D'autres signes lui imprimeront jusqu'à l'accent inarticulé de l'acte d'apostropher, de la surprise, de l'attendrissement, de la terreur, indépendamment des points d'exclamation et d'admiration communs à toutes les langues.

et

et signifiant *envoi*, d'où se fait *envoyer* ⁊⁊=⁊—. *A* ou *au* pour *vers* devenu substantif, ne peut offrir que les trois prépositions *à*, *au*, *vers* exprimant l'action d'*envoyer à*, *au*, *vers*, comme la finale angloise *àble* signifie la totalité du mot *capable* dans : *j am not àble of it*.

Les signes modificateurs pasigraphiques, avec leur apostrophe, deviennent aussi séparément d'abord des noms substantifs, et ensuite tout ce que la Pasigraphie fait des noms substantifs. Exemples : ℒ' *action de devenir ou de faire que ce dont on parle devienne ce que dit le mot*; ℒ'ᶻ— *cette action*, etc.; ℒ'ᶻ—⁊ *ces actions*, etc.; ℒ'ᶻ—ℂ *de l'action*, etc.; ℒ'ᶻ—ℑ *à l'action*, etc.; ⁊' *manie de ce que dit le mot*; ⁊'ᶫ— *la manie*, etc.; ⁊'ᶫ—ℂ *de la manie*, etc.; ⁊'ᶫ—⁊ *à la manie*, etc.; Ɔ' *fabrique de ce que dit le mot*; Ɔ'ᶫ— *la fabrique*, etc.; Ɔ'ᶫ—ℂ *de la fabrique*, etc.; Ɔ'ᶫ—⁊ℂ *des fabriques*, etc., soit en général, soit que le mot déjà écrit particularise l'idée générale.

Observations et Réflexions sur la cinquième Règle.

Le masculin et le féminin réservés aux deux sexes, et la faculté de combiner l'un et l'autre dans le même sujet, lèvent d'innombrables équivoques et font disparoître les difficultés vraiment impatientantes qu'on rencontre pour les genres dans l'étude des langues, où presque chaque mot est l'objet d'une règle séparée.

Quelle raison tirée de la nature a voulu que le françois fît *soleil* masculin, *lune* féminin, et l'allemand *soleil* féminin et *lune* masculin; qu'en françois *fleur* fût au féminin, *arbre* au masculin, quoique dérivés des mots latins *flos*, *floris*, masculin, et *arbor*, féminin; que l'allemand dit : la bouleau, *die Bircke*; la chêne, *die Eiche*; la tilleul, *die Linde*; la raisin, *die Traube*; le pomme, *der Apfel*; que l'italien dit : *le bon pomme* et *les bonnes pommes*, comme le françois : *un bel orgue* et *de belles orgues*?

En langue turque, les noms ne sont ni masculins ni féminins; un homme, une femme, cet homme, cette femme, cet animal, *bir er*, *bir affareth*, *bir haiban*; *bu er*, *bu affareth*, *bu hairan*. De *Dziewica*, fille, au féminin, le polonois fait vieille femme méprisable, au masculin, *Dziewezą* (qui se prononce à-peu-près comme *Dziewezain*).

Beaucoup de substantifs arméniens n'ont aucun genre, quoique destinés à nommer des êtres doués d'un sexe. Les Arméniens disent *jschan*, prince ou princesse, et *kin-jschan*, femme-prince, comme les Romains disoient *princeps femina*. Ce *kin* distingue seul la curatrice du curateur, la nourrice du père nourricier. Les deux mots *khadz-schryn*, chien femelle, suppléent le mot chienne, et l'on dit encore en Arménie *ed-mard*, homme femelle, ainsi qu'en anglois, un homme serviteur, *a man servant*, une femme serviteur, *a woman servant*, pour un serviteur et une servante; un lui cousin, une elle cousin, *a he cousin*, *a she cousin*, pour un cousin et une cousine; un lui bouc, une elle bouc, *a he goat*, *a she goat*; un cocq moineau, une poule moineau, *a cok sparow*, *a hen sparow*; un chat mâle, un chat femelle, *a male cat*, *a female cat*, etc.

Dans le langage shanscrit, de l'Inde, tout nom, même d'un animal, est d'abord du genre inconnu; on le fait ensuite ou masculin ou féminin par l'addition des finales *aa*, *éé*. Tigre, *baagh*; tigre mâle, *baaghaa*; tigresse, *baaghéé*; cocq ou poule, *kookoor*; cocq, *kookookaa*; poule, *kookookéé*; monarque, homme ou femme, *raajon*; roi, *raajaa*; reine, *raanéé* (1). La Pasigraphie rend communs à toutes les langues ces fruits mûrs du vieux bon-sens indien; elle tient ses corps de mots pour être tous du genre inconnu, puis les divers crémens qu'emploie chaque idiome à distinguer le masculin du féminin, elle les remplace par le simple usage du point que détermine une règle générale.

Ainsi le pasigraphe ne donnera pas de sexe aux mots *ami* et *ennemi* dans les phrases: « le bon vin est *ami* du cœur, le feu et l'eau sont d'irréconciliables *ennemis* ». Dans celles-ci: « *personne* ne fut blessé. *On* n'a pu résister. *Nous* reprîmes l'écharpe »…. Si ce sont des propos de militaires, il fera *personne*, *on* et *nous* masculins. Une dame écrit-elle à sa correspondante: « *Personne* aujourd'hui ne porte plus l'écharpe. *On* a repris la perruque. *Tout le monde* s'habille à la grecque. *Nous* avons les bras nuds »… *Personne*, *on*, *tout le monde* et *nous* sont du féminin. J'accouchai hier et je me fais la barbe chaque jour, ne paroissent être du même genre ou ne se distinguent par aucune marque de sexe, que faute d'assez de perfection dans les langues. Qu'en raisonnant des hommes et des femmes à-la-fois, le pasigraphe écrive: « *Personne* n'est heureux. *On* ne voit que folies ou crimes. Viendra-t-il *quelqu'un*? *Nous* tirerons-*nous* de là? *Les amans* se boudent pour avoir le plaisir de se raccommoder »… *Personne*, *on*, *quelqu'un*, *nous*, *les amans* auront les signes du masculin et du féminin réunis, et l'écriture en peindra d'autant mieux toutes les circonstances de la pensée.

Le nombre *Duel* ou de deux, n'a probablement lieu que dans le vieux

---

(1) *When individuals are mentioned indefinitly, it is absurd to specify the sex. We see an animal at a distance; must we know wether it be a he-goat or a she-goat, before we venture to pronounce that it is a goat?* — *A grammar of the Bengal language. By Nathaniel Brassey Halhed, Printed at Hoogly in Bengal.* 1778, in-4°.

scithe, le franco-théotisque ou le franco-teuton, le médo-persique; le meso-gothique, l'islandois, l'anglo-saxon (voyez les œuvres de *Georges Hickesius*), le grec, l'arabe et le shanscrit. Ce nombre donne à l'expression une justesse à laquelle n'atteignent point le singulier et le pluriel dans les langues privées d'un nombre intermédiaire; car on dit : Etiez-vous seul? non. Etiez-vous plusieurs? non, nous n'étions que deux. *Duel* pasigraphé remplace le *both* et l'*either* des Anglais, l'*ampho* des Grecs, et avec le signe négatif, *ni l'un ni l'autre* ou le *neither* des Anglais.

En chinois le pluriel n'est souvent qu'un duel; il a pour marque ou la répétition du même mot, *se* couleur, *sese* couleurs, ou les mots additionnels *autre* et *multitude*. L'hébreu et l'arabe expriment le pluriel par des substantifs collectifs tels que *pluralité, totalité, multitude, foule, armée*; delà peut-être le surnom de *Dieu des armées* pour *Dieu des mondes, Dieu de tous*. On dit, en russe : un cheval, deux de cheval, trois et quatre de cheval, cinq de chevaux, six de chevaux »... en françois : un cheval, deux chevaux, etc., sans que rien annonce au françois le changement d'état des mots dans : « *un cheval* galope, *deux chevaux* tirent ce char » et dans « je viens d'acheter *un cheval* et de vendre *deux chevaux* ». N'ayant jamais de caprices, et dispensée de recourir aux petits expédiens de la misère, prêtant aux langues les plus pauvres les ressources des plus riches, applanissant les bisarres aspérités de leurs milliers d'anomalies sous le niveau de ses douze règles invariables, la Pasigraphie joint au corps du mot les signes de l'unité, de la dualité, de la pluralité, et les noms de nombre séparés y prennent le genre et l'état de régime du mot auquel ils répondent.

Un chou 7ι 2ι, ou 7 2ι; *deux choux* 77 2ι7; *un arbre* 2ι J̃7; *deux grands arbres* 77 //J̃7—; *quatre-vingt petits arbrisseaux* 72 ℘J̃//—; *un citron* 7ι J̃?; *une demi-douzaine de citrons* 2ᵇᶜ J̃?—7; *un bœuf* 77— ℓι—; *une vache* 7ι— ℓι—; *cinquante bœufs* 7ᵇ— ℓι—.

Qui est traîné par quatre chevaux 2ι/ι—ι— 27—ᴏ ℓ7ι—7ᴏ.

Qui est traînée par quatre jumens 2ι/ι—ι— 27—ᴏ ℓ7ι—7ᴏ.

Les quatre caractères du corps de mot 2ι/ι, vous conduiront au mot *traînage*. Avec les signes de la seconde espèce d'adjectif —ι—, *actuellement l'objet de l'action* de ce que dit le mot, *traînage* signifie *qui est actuellement traîné*, comme *amour* ℓι devenu de même adjectif de la seconde espèce, fait ℓι—ι—, *aimé, qui est actuellement aimé*. Quatre et *chevaux*, 27 et ℓ7ι, ont les mêmes signes de genre et d'état de régime ⁻ͻ , *par quatre chevaux mâles* ⁻ͺͻ , *par quatre chevaux femelles ou jumens* ⁻ͽͻ . Il ne manque au nom de nombre *quatre* ʐɪ que le signe du pluriel que portent seuls ici le mot *chevaux* et le mot *jumens*. La règle relative aux mots composés donne un moyen plus abrégé d'adapter les noms de nombre aux noms substantifs. Revenons à l'état de régime.

Combien une DÉCLINAISON UNIVERSELLE n'écarte-t-elle pas de difficultés ? On pourroit presque les compter en multipliant par dix un grand tiers de tous les noms réguliers ou irréguliers de toutes les langues, à l'égard de chacun desquels c'est comme une science entière à recommencer.

Homo, homme, uomo, hombre, mann, man, tchelovèke, adém, figurent ainsi dans leurs divers *cas* ou états de régime, seulement au singulier :

En latin : *homo, hominis, homini, hominem, homine.*

En françois : *homme, de l'homme, à l'homme, l'homme, de l'homme.*

En italien : *uomo, dell' uomo, all' uomo, l'uomo, dall' uomo.*

En espagnol : *hombre, del hombre, al hombre, el hombre, del hombre.*

En allemand : *Mann, des Mannes, dem Manne, den Mann, von dem Manne.*

En anglois : *Man, of the man, to the man, the man, from the man.*

En russe : *Tchelovèke, tchelovèka, tchelovèkou, tchelovèkome, tchelovèkè.*

En turc : *adém, adémung, adéme, adémi, ja adém, adémdan.*

Pour l'arménien, que recommandent si puissamment et trop vainement des considérations que des souvenirs du cœur nous feront esquisser ici dans une note (1), il tire ses adjectifs, ses verbes, ses adverbes de ses substantifs, règle que la Pasigraphie applique à toutes les langues; et il donne à ses noms les dix cas suivans au singulier, dix cas autrement marqués au pluriel, ce qui ne laisse pas d'en faire vingt pour chaque nom : *nominatif, génitif, datif, accusatif, vocatif, ablatif, narratif* (de, sur, au sujet), *commoratif* ou *local* (en, dans, entre, parmi), *instrumental* (comme le russe, *au moyen, par, avec l'homme, tchelovèkome*) et *circumlatif* (au tour, au près).

---

(1) Le climat enchanteur, les beautés naturelles, les richesses effectives, les mœurs patriarcales et hospitalières d'un pays et d'un peuple dont les négocians trafiquent avec toutes contrées marchandes de l'Asie, de l'Afrique et de l'Europe, ces motifs rendent très-recommandable la langue arménienne, l'une des plus anciennes du monde, même sans remonter à Noë sortant de l'arche sur le mont Ararat. De sages commerçans anglois et hollandois ont le bon esprit d'envoyer leurs fils l'apprendre à sa source. Son écriture facile, rectiligne, horisontale de la gauche à la droite, expéditive et dérivée de majuscules peintes en personnages et en animaux aisés à retenir, en feroit l'instrument des échanges de l'Orient et de l'Occident, du Nord et du Midi.

Observons

Observons que le françois, l'italien, l'espagnol et l'anglois désignent les *cas* par des mots ou articles souvent plus longs que le nom, *de la loi, dell' di, delos ilos, from the man*; le latin et le russe par des terminaisons sans articles; l'allemand et le turc par des articles, des terminaisons et des changemens de lettre jusques dans le corps du mot; et l'arménien, par tous ces signes combinés selon une vingtaine de déclinaisons; encore est-ce une langue très-facile à apprendre et d'une utilité plus commerciale que le méso-gothique, où Ihre a trouvé trente-six déclinaisons (1). La Pasigraphie exprime toutes ces différences par les mêmes sept signes pour toutes les langues, d'après une déclinaison unique, et des exemples y suppléent l'attirail grammatical.

Souvent le régime n'est indiqué que par la place du mot. Exemple françois, italien, anglois: *mon frère aime votre père; my brother loves your father; mio fratello ama vostro padre*. Changez l'ordre des mots, vous changerez la pensée. Mais une fois pasigraphés, ces mots seront susceptibles de former entr'eux vingt combinaisons qui n'altéreront en rien la pensée, comme les trois mots latins: *Petrus amat Paulum*, peuvent se placer de six façons sans offrir la moindre équivoque; avantage que n'ont pas les trois mots françois: *Pierre aime Paul*, car *Paul aime Pierre* signifient autre chose. Aucune inversion ne changeroit le sens en pasigraphie, parce que dans la première phrase *Paul* auroit seul le signe du régime qui sert à caractériser l'objet de l'action ⊥, et que dans la seconde phrase *Pierre* porteroit seul ce même signe, quelle que fût la place du mot.

Pasigraphez: *homines amat Paulus*, le mot *homines* ayant le signe de l'objet de l'action, toute équivoque seroit d'autant moins possible, que quoiqu'en latin *homines* au nominatif, ressemble à *homines* à l'accusatif (comme *mon frère, my brother, mio fratello, votre père, your father, vostro padre*), en pasigraphie ces différences font partie du mot, le suivent partout, en font reconnoître la valeur grammaticale au premier coup d'œil. Un autre moyen de précision logique et morale se tire encore de la dissemblance essentielle que la Pasigraphie établit seule régulièrement et sans commentaires entre les mots ambigus, tels qu'*aimer* d'amour, *aimer* de bienveillance, *aimer* d'amitié; *sagesse* de l'esprit, *sagesse* du cœur; *pudeur* opposée à impudicité, *pudeur* relative à la vanité; *curiosité* désir, *curiosité* chose curieuse; *délectation* sensuelle et *délectation* de l'âme, savourant le bonheur, etc.

(1) *Analectes d'Ihre*, Upsal, 1763; *Essai sur les Antiquités du Nord, et les anciennes Langues septentrionales*, par *Charles Pougens*. Paris, 1797.

Ire Partie.

SIXIÈME HEURE.

DES QUALIFICATIFS PASIGRAPHIQUES DE NOMS.

Tableau des sept espèces de noms adjectifs ou d'épithètes.

1°. Celle qui peint le sujet dans la disposition de devenir incessamment l'objet de l'action de ce que dit le mot. Exemples : *Peur, peureux ; crainte, craintif ; chatouillement, chatouilleux ; flamme, inflammable ; mort, moribond* . . . . —ɕ—

2°. Celle qui le peint comme étant l'objet sur lequel s'exerce actuellement l'action de ce que dit le mot. *Amour, aimé ; haine, haï ; coup, frappé* . . . . —ɕ—

Celle qui le peint comme en ayant été l'objet. *Aimé, frappé*... —ɕ—

3°. Celle qui le peint comme exerçant ou éprouvant activement en soi l'action qu'exprime le mot. *Amour, aimant ; coup, frappant* . —J—

4°. Celle qui le peint dans la possibilité d'être l'objet de ce que dit le mot. *Calcul, calculable ; accès, accessible ; mort, mortel* . . —⅃—

5°. Celle qui le peint comme possédant en soi ce que dit le mot, comme tenant de la nature de ce que dit le mot, comme étant du pays, de l'espèce, de la classe, de la qualité et dans le degré de l'échelle numérique, de compte, de poids, de quantité, qu'exprime le mot. *Grandeur, grand ; dureté, dur ; beauté, beau ; majesté, majestueux ; bois, ligneux ; farine, farineux ; un, premier ; poids, lourd ; excès, excessif* . . . . —c—

6°. Celle qui le peint digne de ce que dit le mot. *Pendaison, pendable ; amour, aimable ; coup, digne d'être frappé ; desir, desirable* —ɔ—

7°. Celle qui le peint propre à communiquer, à produire, à provoquer, à causer, à opérer, à effectuer, ce que dit le mot. *Danger, dangereux ; fruit, fructueux ; profit, profitable ; mort, mortel ou mortifère* . . . . —/—

RÈGLE SIXIÈME.

Les noms qui servent à qualifier d'autres noms en sont constamment distingués par deux traits — —, au milieu desquels se place toujours un caractère qui détermine l'espèce de l'épithète, caractère qu'on appellera *qualificatif*.

I.

Il y a sept espèces d'épithètes ou d'adjectifs ou de qualificatifs de noms. En voici les signes expliqués par le tableau précédent :

—ſ—, —ʕ—, —Ɉ—, —⅄—, —ᴄ—, —Ɔ—, —/—.

Tout corps de mot pasigraphé, tout signe modificateur pris substantivement, peut devenir ou servir à faire un adjectif ou une épithète.

Les substantifs et leurs épithètes doivent toujours s'accorder ensemble en genre, en nombre (singulier, duel ou pluriel) et en état de régime.

APPLICATION DE LA SIXIÈME RÈGLE.

Du corps du mot *amour* cı on fait cı —ſ— *amoureux*, disposé à l'amour; cı —Ɉ— *amoureux*, qui éprouve en soi l'action de l'amour; au féminin, cı —ſ— *amoureuse*, ou cı —Ɉ— *amoureuse*; *aimé* cı —ʕ—, *aimée* cı —ʕ—; *aimant* cı —Ɉ—, *aimante* cı —ʕ—; *aimable*, qui peut être aimé cı —⅄—; *aimable*, qui mérite d'être aimé cı —Ɔ—; *amoureux*, qui tient de la nature de l'amour (*dépit amoureux, vers amoureux, correspondance amoureuse*) au singulier cı —ᴄ—, au pluriel cı —ᴄɈ; *amoureux*, qui cause de l'amour cı —/—. En ajoutant les signes de quantité, vous ferez : *très-aimable* cı —Ɔ⅄; *moins aimable* cı —Ɔ½; *beaucoup plus aimable* cı —ƆɈ—⅄.

OBSERVATIONS ET RÉFLEXIONS SUR LA SIXIÈME RÈGLE.

Les Chinois ne distinguent l'adjectif du substantif que par la place (1) : jamais la place d'un mot, même chinois, ne fera rien au sens de ce mot pasigraphé s'il demeure entre ses points ou virgules.

Tout substantif a la faculté de devenir adjectif, et n'est tel que par les signes qui le constituent adjectif. Dans cette phrase : « Un prodigue époux et père, est plus blâmable qu'un prodigue qui n'a ni femme ni enfans ». *Époux* et *père* sont de vrais adjectifs, des épithètes ajoutées (*adjecta*) au nom *prodigue*. Au lieu de pasigrapher *époux et père* ɛ/ɔ/— ʕ/ ɛı—, on écriroit ɛ/ɔ/—ᴄ— ʕ/ ɛı—ᴄ— si l'on préféroit la rigoureuse exactitude logique à l'élégante briéveté des substantifs qui rend ici la pensée avec autant de clarté.

Le françois donne quatre acceptions très-diverses au mot *aimable* : 1°. qui peut être aimé d'amour; 2°. qui peut être aimé d'amitié (comme

---

(1) *Hiao* est également *obéissance* et *obéissant*; *tun* également *obscurité* et *obscur*; mais l'adjectif précède toujours le substantif : *hiao gin*, homme obéissant ou obéissant homme, *gin hiao*, obéissance humaine; *hao gin*, bon homme; *gin hao*, bonté humaine; *ki gin*, homme vil; *gin ki*, vileté humaine; *se tun*, obscurité colorée; *tun se*, couleur obscure.

(48)

la matière est *divisible* et *mesurable*); 3°. qui mérite de l'amour ou qui en inspire ; 4°. qui mérite de l'amitié ou qui en fait naître. Quatre acceptions au mot *amoureux* : 1°. disposé à l'amour ; 2°. brûlant d'amour ; 3°. qui tient de la nature de l'amour ; 4°. qui excite à l'amour ; et même une cinquième, car plus d'une belle reproche à son *amoureux* de ne l'aimer guère. *Mortel* signifie sujet à la mort et qui cause la mort. C'est par des différences élémentaires dans tout le tissu du mot que la Pasigraphie distingue, pour les yeux et pour l'esprit, de nombreuses idées qu'en toutes les langues on ne discerne que par l'ensemble du discours. Le pasigraphe exercé pourra n'employer que deux mots à rendre les deux idées suivantes : *qui a été beaucoup aimé.... de personnes du sexe très-dignes d'être aimées*, cɪ–ϟː cɪ–ͻ–ᴢ–ᴈ (1).

SEPTIÈME HEURE.

DU VERBE, DES SIGNES QUI LE CONSTITUENT PASIGRAPHIQUEMENT VERBE DANS SES TROIS CLASSES ET DANS LEURS SEPT ESPÈCES.

La parole par excellence, l'âme, la vie du discours est ce qu'on appelle VERBE. Il unit l'idée de la qualité et de l'état à l'idée de l'objet. Aussi tout verbe se réduit, en dernière analyse, au mot *être* ; *parler*, *aimer*, *être parlant*, *être aimant*, et conséquemment *être aimé*, *être amoureux*, *être aimable*, *être devenant* ou *devenu*, *être cessant* ou *cessé*, être tout ce que peut signifier un mot, c'est un verbe en Pasigraphie. Sans verbe on n'a que des images. Les sept espèces d'adjectifs sont comme les sept couleurs primitives, et le verbe est le pinceau ; ce sont comme les sept notes, et le verbe est la voix. Il exprime seul une sorte particulière d'idée qui fait de deux ou de plusieurs autres idées une pensée, une proposition, une assertion, un jugement, un acte de la faculté qui juge, et de plusieurs pensées un raisonnement.

---

(1) Ces accessoires de l'idée enchâssés parmi les accessoires du corps du mot, complettent l'image sans l'obscurcir, puisque chaque trait a sa destination, sa forme et sa place invariablement déterminées. Ils rappelleront à l'homme de qui les études ne se bornèrent pas aux brochures de Londres ou de Paris, l'originalité de la composition de certains mots turcs, telle que : *ommak*, espérer ; *ommamak*, ne point espérer ; *katschmak*, fuir ; *katschmamak*, ne pas fuir ; *jtschmek*, boire ; *jtschmemek*, ne pas boire ; *sevmek*, aimer ; *sevmemek*, ne pas aimer ; *baschung*, de la tête ; *baschmung*, de ma tête ; *baschunung*, de ta tête, etc., où s'incorporent les négations ᴀᴍ, ᴇᴍ, et les pronoms possessifs ᴜᴍ, ᴜɴ.

RÈGLE

RÈGLE SEPTIÈME.

Il n'y a que trois verbes pasigraphiques : DEVENIR *ce que dit le mot*, ÊTRE *ce que dit le mot*, et CESSER D'ÊTRE *ce que dit le mot*, qui se subdivisent naturellement ainsi :

1°. DEVENIR *ce que dit tout nom substantif*, et DEVENIR *ce que dit tout adjectif ou qualificatif de chacune de leurs sept espèces*.

2°. ÊTRE *ce que dit tout nom substantif*, et ÊTRE *ce que dit tout adjectif ou qualificatif de chacune de leurs sept espèces*.

3°. CESSER D'ÊTRE *ce que dit tout nom substantif*, et CESSER D'ÊTRE *ce que dit tout adjectif ou qualificatif de chacune de leurs sept espèces*.

Signe de DEVENIR —=; signe d'ÊTRE =—; signe de CESSER D'ÊTRE ==.

Ces signes se placent toujours après le corps du mot ou ils le suppléent s'il n'a pas d'autres sens que ces signes. On considère ici le verbe indépendamment de ses modifications relatives aux modes, aux temps, aux personnes, objets des huitième et neuvième règles.

APPLICATION DE LA SEPTIÈME RÈGLE.

DÉVELOPPEMENT SYNOPTIQUE DE TOUT VERBE EN PASIGRAPHIE.

DEVENIR...... —=	ÊTRE...... =—	CESSER D'ÊTRE.... ==
Ce que dit tout nom substantif...... —7=	Ce que dit tout nom substantif...... =7—	Ce que dit tout nom substantif...... =7=
Ce que dit tout nom adjectif de la	Ce que dit tout nom adjectif de la	Ce que dit tout nom adjectif de la
1re espèce...... —ℒ=	1re espèce...... =ℒ—	1re espèce...... =ℒ=
2e espèce...... —ℒ=	2e espèce...... =ℒ—	2e espèce...... =ℒ=
3e espèce...... —ᒉ=	3e espèce...... =ᒉ—	3e espèce...... =ᒉ=
4e espèce...... —𝔏=	4e espèce...... =𝔏—	4e espèce...... =𝔏=
5e espèce...... —C=	5e espèce...... =C—	5e espèce...... =C=
6e espèce...... —ℐ=	6e espèce...... =ℐ—	6e espèce...... =ℐ=
7e espèce...... —/=	7e espèce...... =/—	7e espèce...... =/=

Tous les exemples porteroient ici sur le même mot, si le même mot françois pouvoit se *verbifier* aussi régulièrement que le peut chaque mot de toute langue pasigraphée.

Ire *Partie.*

De *fripon* З₇, *devenir fripon* З₇—₇=, *être fripon* З₇=₇—, *cesser d'être fripon* З₇=₇=. D'*empereur* ⨍z⁻, *devenir empereur* ⨍z—∶⁼, *être empereur* ⨍z=₇⁻, *cesser d'être empereur* ⨍z=⁼. D'*impératrice* ⨍z⁻, *devenir impératrice* ⨍z—∶⁼, *être impératrice* ⨍z=⁻, *cesser d'être impératrice* ⨍z=₇⁼. Il s'agit ici de DEVENIR, ÊTRE ou CESSER D'ÊTRE *ce que dit tout mot substantif*. Venons aux sept espèces d'adjectifs ou d'épithètes.

DEVENIR. 1°. d'*amour* cɪ, *devenir amoureux* ou *disposé à l'amour* cɪ—ſ=; 2°. *devenir aimé* ou *se faire aimer* cɪ—Ƭ=; 3°. *devenir aimant* ou *commencer à aimer* cɪ—Ɉ=; 4°. *devenir aimable* (comme *accessible*, *divisible*, *calculable*), ou *tel qu'on puisse être aimé* cɪ—ʔ=; 5°. *de grandeur* ɪɜ, *devenir grand* ou *grandir* ɪɜ—c=; 6°. d'*amour* cɪ, *devenir aimable* ou *digne d'amour* cɪ—Ɔ=; 7°. *de peste* ɜɛ, *devenir pestilentiel* ɜɛ—/=, *de mort d'homme* ɾɜɜɔ, *devenir mortel pour un ou pour plusieurs hommes* ɾɜɜɔ—/=, *de mort de bête ou d'animal, crever* ɾɜɛɛ, *devenir mortel pour un ou pour plusieurs animaux* ɾɜɛɛ—/=.

ÊTRE 1°. d'*amour* cɪ, *être amoureux* ou *disposé à l'amour* cɪ=ſ—; 2°. *être aimé* cɪ=Ƭ—, *être aimée* cɪ=Ƭ⁻; 3°. *être aimant* ou *aimer* cɪ=Ɉ⁻, *être aimante* ou *aimer*, au féminin, cɪ=Ɉ⁻, *être aimans*, *aimer*, au masculin et au pluriel, cɪ=Ɉ⁻₇; 4°. *être aimable* ou *pouvoir être aimé* cɪ=ʔ—; 5°. *de grandeur* ɪɜ, *être grand* ɪɜ=c—; 6°. d'*amour* cɪ, *être aimable* ou *digne d'amour* cɪ=Ɔ—; 7°. *de peste* ɜɾɛ, *être pestilentiel* ɜɾɛ=/—, de *trépas d'homme* ɜɜɔ, *être mortel* ou *de nature à causer le trépas d'un homme* ɜɜɔ=⁻; de *mort de bête* ou *crever* ɾɜɜɔ, *être mortel* pour les animaux ɾɜɜɔ=/—.

CESSER D'ÊTRE passe de même par toutes les sept classes d'adjectifs en changeant de *qualificatif*, et conserve toujours son signe = = qui tient d'*être* et de *devenir*. La physique, la logique, la religion attestent également que rien n'est anéanti, et la Pasigraphie rappelle aux yeux que *cesser d'être* se compose d'*être tel* et de *devenir tel autre*.

OBSERVATIONS ET RÉFLEXIONS SUR LA SEPTIÈME RÈGLE.

Cette règle donnera beaucoup à penser aux dignes amis de la véritable science, et ne doit pas effaroucher les esprits moins habitués au travail et aux plaisirs de l'attention. Ici bien comprendre est tout bonnement savoir lire ou savoir ce qu'on écrit.

Si le mot pasigraphé combine en soi le sens de plusieurs mots, *être homme, être monarque, cesser d'être aussi aimable*, etc.; le pasigraphe n'en est pas moins libre d'exprimer les mêmes idées au moyen d'autres mots séparés. DEVENIR zɛ, ÊTRE zɪ/, *non-continuation* ʔɪɜ, *non-plus*, *ne*

(51)

plus, ᵽ⁊/ ou ᴄᴇ⁊ ⅂/, *faire*, ᴢ⅃⁊, etc., lui serviront à former ses trois verbes DEVENIR, ÊTRE, CESSER D'ÊTRE, *devenir étant, être étant, cesser d'être étant; devenir faisant, être faisant, cesser d'être faisant*, c'est-à-dire, *commencer à faire, faire, cesser de faire, discontinuer d'être* ou *de faire, ne plus être, ne plus faire*, etc.; qu'il emploiera, suivant sa pensée, avec tout autre mot aussi séparé marqué de son état de régime (1).

Le latin ne dit-il pas en un seul mot : *être aimé* ou *aimée*, AMARI, équivoque de genre que lève la Pasigraphie ; être absent ou absente, *abesse*; être présent ou présente, *adesse*; être malade, *œgrotare*; avoir la fièvre, *febrile*; être sage, *sapere*; devenir pubère, *pubescere*; redevenir enfant, *repuerascere*; devenir public ou notoire, *patefieri, pernotescere*; ils étoient adorés ou elles étoient adorées, *adorabantur*, etc. ? Dans la plus riche des langues vivantes, en allemand, ne disons-nous pas : rendre heureux, *beglücken*; être furieux, *toben*; devenir furieux, *ergrimmen*; être en deuil, *trauren*; faire de la dentelle, *kleppeln*; devenir ou demeurer muet, *verstummen*; devenir sauvage, *verwildern*, etc.? Les Anglois ne disent-ils pas : aimer, *to love*, ou être aimant, *to be loving*; chanter, *to sing*, ou être chantant, *to be singing*; penser, *to think*, ou être pensant, *to be thinging*?

HUITIÈME HEURE.
DES FORMES QUE PREND TOUT VERBE EN PASIGRAPHIE.

Un verbe quelconque exprime l'événement ou dans le passé ou dans le présent ou pour l'avenir ou dans divers temps composés ou conditionnels. Les lui faire parcourir, c'est *conjuguer* le verbe.

RÈGLE HUITIÈME.

Il n'y a qu'une seule CONJUGAISON pasigraphique. Les modes et les temps du verbe y sont distingués par un ou deux caractères attachés à l'extrémité supérieure du côté gauche d'un ou de deux des traits horisontaux simples — ou doubles = qui le constituent verbe, conformément au tableau suivant, et le mot ainsi figuré porte avec lui le pronom JE (sans genre) par-tout où ce tableau l'articule.

Tout verbe peut être au masculin, au féminin, au singulier, au duel, au pluriel et dans l'un des sept états de régime, comme *je veux* AIMER, *je tends A bien* VIVRE, *renoncez A* PLAIRE, *il a pris le parti DE CÉDER*.

---

(1) L'apparente confusion de ces formes ne vient que de leur nouveauté. C'est, au fond, l'ordre simple et naturel rétabli dans toutes les langues pour que chacune s'approprie les trésors de toutes.

CONJUGAISON UNIVERSELLE PASIGRAPHIQUE.

Devenir.	Infinitif.		Devenir.	Indicatif.	
Être devenu (un Substantif),	⌐7⌐		Je deviens (un Substantif),	⌐7⌐
Avoir été devenu,	⌐7⌐		Je devenois,	⌐7⌐
Devenant ou qui devient,	⌐7⌐		Je suis devenu,	⌐7⌐
En devenant,	⌐7⌐		Je devins,	⌐7⌐
Qui est devenu,	⌐7⌐		J'étois devenu,	⌐7⌐
Étant devenu,	⌐7⌐		Je fus devenu,	⌐7⌐

Être aimant,	aimer, Infinit.		Être.	Indicatif.	
Avoir été aimant,	avoir aimé,		Je suis aimant,	j'aime,	
Avoir eu été aimant,	avoir eu aimé,		J'étois aimant,	j'aimois,	
Étant ou qui est aimant,	qui aime,		J'ai été aimant,	j'ai aimé,	
En étant aimant,	en aimant,		Je fus aimant,	j'aimai,	
Qui a été aimant,	qui a aimé,		J'avois été aimant,	j'avois aimé,	
Ayant été aimant,	ayant aimé,		J'eus été aimant,	j'eus aimé,	

Cesser d'être aimé. Infinitif.			Cesser d'être. Indicatif.		
Avoir cessé d'être aimé,			Je cesse d'être aimé,		
Avoir eu cessé d'être aimé,			Je cessois d'être aimé,		
Cessant ou qui cesse d'être aimé,			J'ai cessé d'être aimé,		
En cessant d'être aimé,			Je cessai d'être aimé,		
Qui a cessé d'être aimé,			J'avois cessé d'être aimé,		
Ayant cessé d'être aimé,			J'eus cessé d'être aimé,		

APPLICATION DE LA HUITIÈME RÈGLE.

Dans la Conjugaison universelle que l'on vient de lire, un corps de mot quelconque, *amour* cɪ, ou *amitié* CCG, est supposé précéder tous les signes horisontaux ou grammaticaux qui le constituent verbe ; et le qualificatif, ce caractère qui se met toujours au milieu du vuide laissé entre les traits horisontaux ⌐ ⌐, ⌐ ⌐, ou ⌐ ⌐, est toujours supposé changer d'une espèce de verbe à une autre espèce de verbe.

En devenant plus vertueux cɔ7⌐-C⌐, *je deviendrai plus digne d'estime* ⌐ɔ/ɔ⌐)⌐. *Si j'étois assez inconsidéré* ⌐/ ⌐ɔ⌐=)⌐ *pour cesser d'être frugal* CƆ/ CGC⌐=)⌐, *je serois bientôt très-malade* ⌐/⌐=)⌐ ɪɔ/ɪ. *Si je*

(53)

Suite et fin de la Conjugaison universelle pasigraphique.

Devenir. Indicatif.		Devenir. Suite du Subjonctif.	
Je deviendrai (un Substantif),	∟7∟	Que je devinsse (un Substantif.),	∟7∟
Je serai devenu,	∟7∟	Que je sois devenu,	∟7∟
Je deviendrois,	∟7∟	Que je fusse devenu,	∟7∟
Je serois devenu,	∟7∟	J'eus été devenu (Conditionnel),	∟7∟
Devenir aimant (Impératif),	∟7∟	J'avois été devenu,	∟7∟
Que je devienne (Subjonctif),	∟7∟	J'aurois été devenu,	∟7∟

Être. Indicatif.		Être. Suite du Subjonctif.	
Je serai aimant, j'aimerai,	∟J∟	Que je fusse aimant, que j'aimasse,	∟J∟
J'aurai été aimant, j'aurai aimé,	∟J∟	Que j'aie été aimant, que j'aie aimé,	∟J∟
Je serois aimant, j'aimerois,	∟J∟	Que j'eusse été aimant, que j'eusse aimé	∟J∟
J'auroi été aimant, j'aurois aimé,	∟J∟	J'ai eu été aimant, j'ai eu aimé(Cond.)	∟J∟
Être aimant, aimer (Impérat.)	∟J∟	J'avois eu été aimant, j'avois eu aimé,	∟J∟
Que je sois aimant, que j'aime (Subj.)	∟J∟	J'aurois eu été aimant, j'aurois eu aimé	∟J∟

Cesser d'être. Indicatif.		Cesser d'être. Suite du Subjonctif.	
Je cesserai d'être aimé,	∟ᘏ∟	Que je cesse d'être aimé,	∟ᘏ∟
J'aurai cessé d'être aimé,	∟ᘏ∟	Que j'aie cessé d'être aimé,	∟ᘏ∟
Je cesserois d'être aimé,	∟ᘏ∟	Que j'eusse cessé d'être aimé,	∟ᘏ∟
J'auroia cessé d'être aimé,	∟ᘏ∟	J'ai eu cessé d'être aimé,	∟ᘏ∟
Cesser d'être aimé (Impératif),	∟ᘏ∟	J'avois eu cessé d'être aimé,	∟ᘏ∟
Que je cesse d'être aimé (Subjonct.),	∟ᘏ∟	J'aurois eu cessé d'être aimé,	∟ᘏ∟

---

je les avois rencontrées ɛʃ ɩ3ɩ∟ʃ∟ ɩɛ⌐7L, *je leur aurois présenté mes respects* ɛɩ/∟J∟ ɩɛ⌐7J c̃ɛ̃ʃ ɛʃ7J.

Observations et Réflexions sur la huitième règle.

Du mot *vertu* cɛ7 vous faites *vertueux* en y ajoutant ⌐c⌐ signe de l'adjectif qui peint le sujet comme possédant en soi ce que dit le mot. De *vertueux*, vous faites *devenir vertueux* par le signe du verbe *devenir* ⌐⌐, adapté à l'adjectif au moyen du même qualificatif ⌐c⌐. Le verbe *devenir vertueux* donne l'expression *en devenant vertueux* lorsqu'on le met dans la sixième ligne de son INFINITIF ᴸc⌐; c'est-à-dire lorsqu'on le rend exac-

Iʳᵉ *Partie.*   O

tement tel qu'il est dans toutes les langues. Le point supérieur, signe du masculin, et le *plus* mis à leur place, complettent le sens du membre de phrase: *en devenant plus vertueux*. Les autres mots se démonteront de même pièce à pièce.

Dans: *elles auroient été toutes les deux beaucoup moins* PU*Rifiées*, il n'y a réellement qu'un seul mot dont PUR fait le corps, et dont l'armée de lettres: *elles auroient été toutes les deux beaucoup moins...ifiées*, n'offre que les modificateurs. Or les quarante-huit lettres d'accessoires et les trois de *pur* demandent plus de temps, d'espace et de peine qu'il n'en faudroit pour écrire soixante et quinze caractères pasigraphiques groupés, l'habitude étant supposée égale, et l'on n'auroit besoin que de ce peu de traits: $92\cancel{\angle}\frac{\angle}{7}C^{\frac{1}{2}}\frac{1}{z}\frac{1}{2}\cancel{\imath}$.

N'avez-vous jamais réfléchi à toutes les sortes de masques qui déguisent un mot pour lui faire jouer ses divers rôles de grammaires dans la même langue, et combien peu ces changemens laissent entrevoir de sa forme originelle? *Lecture* ne conserve qu'une lettre dans *lisons*; *boire* que son pauvre *b* dans: *elles auroient bu*; *être* disparoît entiérement pour figurer *je suis*; le *to be* des Anglais est-il reconnoissable dans *j was*? et quel rapport le *ferre* des latins conserve-t-il avec leur *tuli* et leur *latum*? Personne d'ailleurs n'a-t-il été tenté de relever l'incohérence des mots qui servent à composer les verbes de toute langue où la conjugaison roule sur des auxiliaires entassés? *Avoir aimé, avoir été, avoir dit, il a oublié, j'ai marché, nous devons avoir, avemos de tener, nous avons perdu, être anéanti, ils ont été détruits*, etc., fourniroient matière à de très-ridicules et très-graves in-folio.

Ici des traductions littérales prouveroient que, dans la moitié des langues de l'Europe, les meilleurs raisonnemens ont pour unique moyen d'expression, des réunions de termes qui, mal-à-propos, rappelés à leur sens naturel, ne seroient pas exempts de quelque absurdité (1); et que l'autre moitié ne s'en abstînt qu'en préférant des singularités non moins absurdes. Avouons que les Européens auroient mauvaise grâce de se moquer des Chinois qui disent: moi recevoir son aimer, *ngo pi ta ti ngai*, pour *je suis aimé*; et moi recevoir son aimer, au passé, pour

---

(1) Comment *avoir*, posséder à présent, et *aimé*, état passif de ce qu'on aime actuellement, signifient-ils ensemble l'action d'aimer au temps passé? Que peut-on *avoir*, que peut-on *devoir* à l'égard de paroles dites, oubliées, de choses qui sont encore à recevoir, de pas à faire, d'objets qu'on ne tient point ou qu'on a perdus? Comment *être* et *avoir* font-ils partie du néant, de rien, *être anéanti, avoir anéanti*?

j'ai été aimé; de l'Arabe qui dit : *il est futur que vous m'aimez, il est passé que je vous aime* (1).

Tant d'incontestables élémens de galimatias que le mycroscope de l'analyse découvre dans le tissu du langage le mieux entendu, attestent que l'usage fait disparoître ou même finit par embellir jusqu'à des monstruosités. Eh! pourquoi nous aviserions-nous aussi de ne voir le tein d'une belle qu'au mycroscope? Mais sans indiscrétion soyons justes : les mots latins *amare, ama, amamus, amavisse, amaverint, nolo, purificaverimus,* etc., présentent de beaux filons de la vraie richesse des langues, et la Pasigraphie en dote surabondamment tous les idiomes.

NEUVIÈME HEURE.

DES PERSONNES ET DES PRONOMS PERSONNELS ET POSSESSIFS MIS AU NOMBRE DES ACCESSOIRES DU CORPS DU MOT.

La première personne est celle qui parle, la seconde celle à qui l'on parle, la troisième celle ou ce dont on parle. En arabe celle-ci précède les deux autres. *Je, tu, lui,* etc., sont des pronoms personnels; *mon, ton, son, leur,* des possessifs.

RÈGLE NEUVIÈME.

Le signe de la personne s'attache toujours à l'extrémité inférieure du côté droit du trait horisontal simple — ou double =, qui précède le *qualificateur* servant à caractériser le verbe; le trait horisontal simple — ou double = qui suit le *qualificatif* étant réservé à porter les signes de genre et de quantité.

Ces signes de personnes ont les figures que voici : /, ⁄, ι, ι, ι, ι.

Ils se combinent comme les signes de quantité : alors le premier agit sur le second, et ils s'accordent en genre et en nombre.

On peut réduire tout pronom possessif à un signe qui se place toujours après le corps de mot de l'objet possédé, et après une apostrophe, ainsi : 'ι, 'ι, 'ι, 'ι, 'ι, 'ο, 'ι, 'ο, 'ι, 'ι, 'ε, 'ε, conformément au tableau suivant.

---

(1) L'anglais dit : je voulois, je voudrois aimer, *j would love*; je veux aimer, *j will love*, pour *j'aimerois* et *j'aimerai*, qui dépendent si peu de la volonté! Laissez-nous aimer, *let us love*, pour *aimons*; je fais aimer, je ne fais pas aimer, *j do love,* '*j do not love*, pour *j'aime* et *je n'aime pas*. Nous disons en allemand : je deviens aimé devenir, *ich werde geliebt werden*, pour *je serai aimé*. On ne voit que le sens collectif de ces expressions que l'usage finit par rendre naturelles.

(56)

La Pasigraphie fait un pronom possessif accessoire d'une espèce unique du mot CHEZ, qui renferme et complette l'idée de la possession et de la personnalité sociale. Son signe est ≈ que, pour plus de commodité, les pasigraphes suppléeront à leur gré par celui-ci ≈. Il se place toujours après les mots qu'il régit revêtus de leurs énonciatif, genre et nombre ou trait grammatical ; et c'est CHEZ qui subit seul alors l'état de régime qui lui convient, comme *de chez, par chez, pour chez,* etc.

TABLEAU DES PRONOMS
EXPRIMÉS PAR DES ACCESSOIRES DE CORPS DE MOT.

SINGULIER				PLURIEL — MASCULIN		DUEL — FÉMININ	
MASCULIN		**FÉMININ**					
Je,	⊣ɈΞ	Je,	⊣ɈΞ	Nous,	⊣Ɉ⇌	Nous deux,	⊣Ɉ⇌
Tu,	⊣₇ɈΞ	Tu,	⊣₇ɈΞ	Vous.		Vous deux.	
Il,	⊣₇ɈΞ	Elle,	⊣₇ɈΞ	Ils, eux.		Elles deux.	
Moi-même,	⊣OΞ	Moi-même.		Nous-mêmes.		Nous deux mêmes.	
Toi-même,	⊣₇OΞ	Toi-même.		Vous-mêmes.		Vous deux mêmes.	
Lui-même,	⊣₇OΞ	Elle-même.		Eux-mêmes.		Elles deux mêmes.	
Je me,	⊣ᴜCΞ	Je me.		Nous nous.		Nous deux nous nous.	
Tu te,	⊣₇CΞ	Tu te.		Vous vous.		Vous deux vous vous.	
Il se,	⊣₇CΞ	Elle se.		Ils se.		Elles deux se.	
On,	⊣₂CΞ	On.		Quelques-uns.		On (deux).	
Il (Impers.),	⊣₂CΞ	Elle.		La plupart.		La plupart (par deux).	
Ce, cela,	⊣₂CΞ	Ce, cela.		Ce, cela.		Ce, cela (pour deux).	
L'un,	⊣₂ΛΞ	L'une.		Les uns.		Les deux-ci.	
L'autre,	⊣₂ΛΞ	L'autre.		Les autres.		Les deux-là.	
L'un l'autre,	⊣₂ΛΞ	Les unes les autres.		Les uns les autres.		Les 2 mutuellement.	
Qui que ce soit qui,			⊣ɈΞ	Vous *pour tu, au singulier,*			⊣Ɉ⇌
Aucun, nul, personne,			⊣ɈΞ	Vous, il, *très-respectueux*,			⊣Ɉ⇌, ⊣Ɉ⇌
Mon (*de lui*),			'ϲ	Notre (*d'eux*),	'ϲ	Son (*de lui*)	'7
Mon (*d'elle*),			'2	Notre (*d'elles*),	'ͻ	Son (*d'elle*)	'ϒ
Ton (*de lui*),			'2	Votre (*d'eux*),	'ϲ	Leur (*d'eux*),	'ϛ
Ton (*d'elle*),			'Ɉ	Votre (*d'elles*),	'2	Leur (*d'elles*),	'8

APPLICATION

APPLICATION DE LA NEUVIÈME RÈGLE.

Je deviens plus circonspect ⟨pasigraphy⟩, *tu deviens plus circonspect* ⟨pasigraphy⟩, *il étoit devenu très-circonspect* ⟨pasigraphy⟩. *Je suis agriculteur* ⟨pasigraphy⟩, *tu es pasteur* ⟨pasigraphy⟩. *Je pasigrapherai* ⟨pasigraphy⟩, *tu pasigrapheras cette page-ci* ⟨pasigraphy⟩, *ils ont pasigraphé quelques mots de cette phrase-là* ⟨pasigraphy⟩. *Nous avons été beaucoup trop désintéressés* ⟨pasigraphy⟩, *elles se détestent* ⟨pasigraphy⟩. *On avoit cessé de se battre* ⟨pasigraphy⟩; *il est fâcheux d'être en butte à des insolences* ⟨pasigraphy⟩. *Il y a un homme* ⟨pasigraphy⟩, *il y a des hommes* ⟨pasigraphy⟩; *c'est cet homme-ci* ⟨pasigraphy⟩; *c'étoient ces hommes-là* ⟨pasigraphy⟩. *Ce sont deux manchots privés chacun de ses deux bras* ⟨pasigraphy⟩. On reconnoît ici 1°. le troisième terme de la ligne où est le mot *manchot*; 2°. le verbe *être ce que dit le substantif*; 3°. le présent de l'indicatif; 4°. et le pronom impersonnel *ce* au nombre duel, ainsi que le substantif et le verbe.

Les unes déjeûnent, les autres sommeillent ⟨pasigraphy⟩, ⟨pasigraphy⟩; *ils se sont souffletés l'un l'autre, tous les deux,* ⟨pasigraphy⟩; *elles se sont injuriées les unes les autres* ⟨pasigraphy⟩.

Mon cheval (si je suis homme), *mon cheval mâle* ⟨pasigraphy⟩, *ma jument* ⟨pasigraphy⟩; (si je suis femme) *mon cheval mâle* ⟨pasigraphy⟩, *ma jument* ⟨pasigraphy⟩; *votre chapeau*, d'un homme, ⟨pasigraphy⟩; *votre chapeau*, d'une femme, ⟨pasigraphy⟩.

Chez un ami ⟨pasigraphy⟩, *chez mon amie* ⟨pasigraphy⟩; *je viens de chez mon ami*, si c'est une femme qui parle, ⟨pasigraphy⟩. Ici CHEZ et tout ce qu'il régit sont à l'ablatif (1), au cinquième état de régime C.

OBSERVATIONS ET RÉFLEXIONS SUR LA NEUVIÈME RÈGLE.

Le *tu* que les Français changent en *vous*, que les Anglais rendent par *you*, les Italiens par *vossignoria*, les Espagnols par *vuestra merced* (2), auquel les Allemands substituent plus respectueusement encore les troisièmes personnes du pluriel, *s'il plaît à eux, s'il plaît à elles*; le *tu*

---

(1) Le régime imposé au possessif par excellence CHEZ, sert à le faire correspondre exactement aux questions du latin *ubi, quo, qud* et *undè*, et aux formes analogues des autres langues.

(2) *Votre mérite* qu'ils font masculin ou féminin : *votre mérite est vertueux* ou *vertueuse*. En Espagne *tratar de vos*, dire *vos haueys*, vous avez, est aussi familier ou tient autant du mépris que tutoyer en France.

1re Partie.   P

poli a son signe en Pasigraphie, signe qui dispense d'autres tournures (1).

La Pasigraphie exprime tout ce que ces manières de parler ont d'affectueux, d'honnête, d'honorable ou d'utile dans la classification soit naturelle soit artificielle des sociétés ; elle laisse aux idiotismes composés de plusieurs mots qu'elle fournit aussi, à rendre les formes de la pensée où le trait caractérisique ne tient pas au choix de telle ou telle locution pronominale.

Comment vous portez-vous, au lieu de *comment te portes-tu ?* c/Ɔ ιƐɔ⸗̄₇cꞋ⸗? ou c/Ɔ ιƐɔ⸗̄₇Jꞌ⸗? En voici l'analyse (2).

Comment c/Ɔ ou c/C mot à corps de trois, à chercher dans l'INDICULE. ιιƐɔ ou ἐc, mot à corps de quatre, dans le PETIT NOMENCLATEUR. Les caractères vous conduiront à la ligne du cadre de *l'homme physique*; où vous lirez : *santé*. Le signe —C— est celui de l'espèce d'épithète destinée à peindre le sujet comme *possédant en soi ce que dit le mot*; ιιƐc —c— signifient donc *possédant santé*. Le signe ⹀C⹀ est celui du verbe *être possédant* ou *posséder*. Or, posséder une santé quelconque, c'est *se porter*. *Tu possèdes santé* signifie donc : *tu te portes*. Au *tu* familier, substituez le *vous* plus respectueux, le *tu* poli, ce sera : *vous vous portez* ιƐɔ⸗̄₇cꞋ⸗, pour le masculin au singulier, et ιƐɔ⸗̄₇CꞋ⸗₇, pour le féminin au pluriel. Ajoutez *comment* c/Ɔ, donnez à la phrase la tournure interrogative, ainsi que l'expliquera la Règle douzième, vous aurez peint, avec toute l'exactitude possible, en toutes les langues à-la-fois, une pensée triviale qu'elles défigurent presque toutes : *comment vous portez-vous ?* c/Ɔ ιƐɔ⸗̄₇cꞋ⸗?

Son autre forme pasigraphique c/Ɔ ιιƐɔ⸗̄₇JꞋ⸗? contient d'abord le même mot *comment*, ensuite le corps du mot ιιƐɔ, troisième de la ligne où se lit *santé*, et qui se rend, en français, par *se porter*, l'action ou l'état

---

(1) Dans tout l'Orient, vous ne trouverez pas un homme bien-né qui ne rougît de vous nommer sa femme légitime autrement que *la mère d'un tel*, en désignant ou leur fils unique ou leur fils aîné, ou *votre sœur*, s'il vous respecte et vous aime ; aucune femme ne nomme son mari autrement que *le père d'un tel*, en désignant ou leur fils unique ou leur fils aîné, ou *le maître de la maison*. A peine une mère ose-t-elle dire : *le père de ma fille*. Le seigneur russe emploie les diminutifs de *père* et de *mère* envers son esclave.... Malheur au cœur sec qui ne sentiroit rien d'aimable, rien de moral dans ces nuances de l'estime que le *vous* et le *tu* bornent aux inflexions fugitives de la voix ou du regard.

(2) On a remarqué dès-long-temps que la manière de s'informer de l'état de la santé offroit quelque singularité dans plusieurs langues. Le *comment vous portez-vous* du françois paroît peu convenir au malade gissant qui ne se soutient ni ne se porte. Le *com sta* des Italiens a l'air d'une aussi mauvaise plaisanterie quand on l'adresse à l'homme couché. Pour le *comment faites-vous faire* des Anglais, *how do you do ?* Rien ne démontre mieux l'incongruité des traductions littérales, mot à mot, et l'utilité logique de la Pasigraphie que rend les idées sans traduction.

de celui qui se porte bien ou mal ; enfin ⸺, le signe du verbe *être éprouvant* ou *éprouver en soi ce que dit le mot*. La personne, le genre, l'accent interrogatif et le point (?) font dire au tout : *comment éprouvez-vous en vous-même l'action ou l'état de vous porter ?*

Troisième façon d'exprimer cette pensée : à *santé* ↄ, joignez le signe modificateur Ɜ' *l'action d'éprouver en soi ce que dit le mot*, vous aurez Ɜ'ↄ; faites du mot un verbe *être exerçant*, etc., vous aurez Ɜ'ↄ=Ɜ⸺, *être exerçant l'action d'éprouver en soi ce que dit le mot SANTÉ*, définition rigoureuse de *se porter*. Avec *comment*, le mode, la personne, le nombre, le genre et l'interrogation, nécessaires en toutes les langues, vous ferez : *comment vous portez-vous*, Ɜ'ↄ=Ɜ⸺?

On pasigraphe en un seul mot : *vous portez-vous bien ?* ⸺? du second mot de la ligne de l'INDICULE : *adieu, portez-vous bien*, pris substantivement, avec le verbe *être exerçant ce que dit le mot*.

Ainsi sont résolues, et par divers moyens, des difficultés que plus d'un esprit très-éclairé tenoit pour insolubles.

Devenir, *être*, *cesser d'être* ; *je me*, *tu te*, *il se*, *elle se* ; *nous nous*, *vous vous*, *ils se*, *elles se* ; *il* impersonnel (*il* pleut, ⸺ ; *il* gèle, ⸺) ; *ce* (comme dans *c'est*, *ce sont*) ; le dix-huitième signe modificateur *avoir beau faire*, etc., dispensent évidemment le pasigraphe de s'occuper de la théorie si compliquée et si peu nette des verbes actifs, passifs, neutres, réfléchis, réciproques. Ce qu'il lui faut et ce qui lui suffit consiste à bien entendre sa propre idée.

DIXIÈME HEURE.
DE L'ADVERBE EN PASIGRAPHIE.

Si les substantifs ont leurs épithètes ou adjectifs, les verbes ont aussi les leurs, et ceux-ci sont des adverbes, vraies épithètes indéclinables qu'on met auprès du verbe, *ad verbum*.

Ami, *amitié*, noms substantifs ; *amical* ; *aimant*, *aimé*, *aimable*, adjectifs ; *devenir ami*, *amical*, *aimant*, *aimé*, *aimable*, etc. ; *être ami*, *amical*, *aimant* (ou *aimer*), *aimé*, *aimable*, etc. ; *cesser d'être ami*, *amical*, *aimant* (ou *d'aimer*), *aimé*, *aimable*, etc., verbes pasigraphiques ; *en ami*, *à la manière d'un ami*, *avec amitié*, *amicalement*, *comme celui qui aime*, *comme celui qui est aimé*, *en objet aimable*, etc., adverbes pasigraphiques.

Règle dixième.

En Pasigraphie il y a autant de sortes d'ADVERBES qu'il y a d'espèces de verbes et d'adjectifs. Le signe de l'ADVERBE est toujours *un point dessus et un point dessous* le premier trait horisontal simple ou double du petit système d'accessoires qui constitue toute sorte de verbe ou d'adjectif, ainsi ÷ =, ÷ —, ÷ =, tout *qualificatif* ou caractère du milieu demeurant constamment tel qu'il doit être pour distinguer les huit espèces d'ADVERBES dérivées des verbes ou des adjectifs, 7, ɼ, ɿ, ɿ, ɿ, c, ɔ, /.

Application de la dixième Règle.

Dieu 7ℓ, *divin* 7ℓ—c—, *devenir Dieu* 7ℓ—7=, *être Dieu* 7ℓ=7—, *cesser d'être Dieu* 7ℓ=7=, *en objet qui devient Dieu* 7ℓ÷7=, à *la manière de celui qui est Dieu*, *divinement* 7ℓ ∴ 7—, *comme celui qui cesse d'être un Dieu* 7ℓ ∴ 7=, ou à *la manière de celui qui tient de la nature de Dieu; divinement* formé de l'adjectif *divin* sans signe du verbe, 7ℓ÷c—.

Flamme ɿCc, *inflammable* ɿCc—ɼ—, *inflammablement* ɿCc÷ɼ—.

Amour cɿ, *en objet aimé*, le français ne dit point *aimément* cɿ÷ɿ—.

Fanfaronnade, ɕɕ, *avec fanfaronnade*, ɕɕ÷C—; on ne dit point en français, *fanfaronnément* (quoiqu'on dise *étourdiment* ɕɿ/∴-c—), *en fanfaron*, *avec fanfaronnade*. *Calcul* ƀɿ/, *calculable* ƀɿ/—ɿ—, *incalculable* ꝑƀɿ/—ɿ—, *incalculablement* ꝑƀɿ/÷ɿ—.

Un 7ℓ, sans genre; *un*, au masculin, 7ℓ⁓; *une* 7ℓ⁓; *uns*, au pluriel, comme le disent les Portugais (*huns reys*, quelques rois), ce qui serviroit à rendre l'idée de plusieurs unités isolées; de plusieurs fois *un*, 7ℓ—⁊. *Premier* 7ℓ—C÷, *premiers* 7ℓ—C—⁊, *première* 7ℓ—Cㅜ, *premièrement* 7ℓ÷C—, à *la manière de ou comme ce qui cesse d'être premier* 7ℓ÷C=.

Aimable cɿ—ɔ—, *punissable* ɛ/3ɘ—ɔ—; *aimablement* cɿ÷ɔ—, *punissablement* ɛ/3ɘ÷ɔ—.

Mort ɿ3ɘɔ, *mortel*, qui cause la mort, ou *mortifère* ɿ3ɘɔ—/—, *mortellement* ɿ3ɘɔ÷/—, *peste* ɛ/ɘ, *pestilentiel* ɛ/ɘ—/—, *pestilentiellement* ɛ/ɘ÷/—; *danger* ɛɿɼ, *dangereux* ɛɿɼ—/—, *dangereusement* ɛɿɼ÷/—, *très-dangereusement* ɛɿɼ÷/ɿ, *plus dangereusement* ɛɿɼ÷/ɿ, *beaucoup plus dangereusement* ɛɿɼ÷/ɿ—ɿ, *en objet* ou *comme ce qui devient très-dangereux* ɛɿɼ÷/=ɿ.

Observations et Réflexions sur la dixième Règle.

Beaucoup d'adverbes paroissent manquer à la plupart des langues. On dit *amoureusement*, en personne qui aime; pourquoi n'oseroit-on pas dire en français, *aimablement*, en personne aimable ? Horace, Cicéron, Quintillien lui-même auroient-ils repoussé le néologisme expressif et laconique *amatè* pour dire, d'un mot, *en objet aimé*, comme ils disoient, d'un mot, *en objet aimable*, *amabiliter* ?

En Pasigraphie, tout adverbe est susceptible de porter les signes de quantité, *très-amoureusement*, *plus admirablement*, *trop grandement*, *moins charitablement*; les signes du pluriel et du nombre duel : *en hommes désespérés*, *comme deux bœufs attelés*, *comme une couple de tourtereaux*; les signes augmentatif, diminutif, négatif ; les signes de l'ironie, de l'emphase, de l'interrogation, et jusqu'aux signes des modes, des temps et des personnes des verbes : *comme ceux qui deviennent riches*, *comme quiconque a cessé d'être puissant*. Ici la méditation fera découvrir dans le nouvel art des moyens toujours distincts, un ordre constant qui ne fait craindre aucune confusion, et des ressources simples, expéditives, inépuisables.

ONZIÈME HEURE.

DES MOTS COMPOSÉS DE PLUSIEURS CORPS DE MOTS.

Les mots composés sont le luxe des langues riches, et le nécessaire des pauvres. Dans les compositions de mots, ou le premier régit le second, comme *tire-bouchon*, *cure-dent*, *porte-feuille*, en français ; ou le second régit le premier, comme *horse-man*, cavalier ; *foot-man*, valet de pied ; *town-house*, maison de ville ; *butter-pot*, pot à beurre, en anglais ; *bierbrauer*, brasseur ; *bildhauer*, sculpteur ; *buchbinder*, relieur ; *perückenmacher*, perruquier ; *wachslichtzieher*, cirier, en allemand ; ou l'un est lié à l'autre sans que l'un impose aucun régime à l'autre, mais uniquement pour former ensemble un seul mot qui en régisse d'autres ou qui soit régi par d'autres, comme *contre-marche*, *anti-scorbutique*, *présupposition*, *anté-pénultième*, *post-dater*, *refaire*, *défaire*, *ex-président*, *ci-devant général*, en français ; comme nos innombrables mots allemands formés d'une préposition et d'un substantif, d'un adjectif, d'un verbe ou d'un adverbe, tels que *durchblættern*, feuilleter du commencement à la fin ; *durchflechten*, entrelacer ; *abgehen*, s'en aller ; *abschreiben*, copier ; *hinterlassen*, laisser en arrière, etc. ; *auslœndisch*, étranger ; *durchlœchert*, criblé ; *durchleuchtigkeit*, transparence ou altesse, etc.

RÈGLE ONZIÈME.

Dans toute composition de mots pasigraphés, celui qui régit les autres sera toujours le dernier, afin que ce dernier puisse porter immédiatement les signes de l'état de régime commun au tout ; et les autres mots, ses conjoints, porteront chacun le signe de son propre état de régime, avant le trait d'union ⁓, ou par licence ⁓. Quand un des corps de mots réunis est une préposition ou une expression adverbiale ou numérique, celle-ci n'impose aucun signe d'état de régime au reste, à moins que ce reste ne soit directement et uniquement régi par elle seule et le tout ensemble absolument indépendant d'autres mots quelconques.

Si le reste du mot composé n'est pas soumis à la préposition qui en fera partie, le tout régira les autres mots environnans, comme les régiroit la préposition, ou comme les régiroit le reste si elle n'impose pas de régime.

La Pasigraphie compte au nombre de ses mots composés idiotiques le QUE NE du desir ou du regret, qu'elle rend par *pourquoi non* ou *pourquoi ne pas* (QUE NE *vient-il !* ou POURQUOI NE *vient-il PAS ?*); comme elle rend le NE QUE (*je* NE *fais* QUE) par *rien sinon*, ou *ne sinon*. Le QUE après un verbe (*je veux* QUE *tu y sois*) se rend par le subjonctif du verbe régi, mis au régime —ℒ.

APPLICATION DE LA RÈGLE ONZIÈME.

Ce seroit tomber exprès dans l'absurde et montrer un esprit faux, que d'affecter de pasigrapher *cavalier* ?ɔƆ⸗ par les deux corps de mot *cheval* et *homme*, sous le prétexte qu'en anglais *cavalier* se dit *cheval-homme*, *horseman* ; ou *faiseur de gants*, *gantier* ʋ'?3⸗ par les trois corps de mot *main*, *soulier*, *faiseur*, sous le prétexte qu'on dit en allemand, *faiseur de souliers de main*, pour *gantier*, d'un seul mot, *handschuhemacher*. Ainsi que tous les arts utiles, la Pasigraphie n'admet point l'extravagance.

Vous plaît-il de composer un mot des deux corps de mot *cheval* et *dompter*, pour exprimer l'acte de dompter un cheval ? Pasigraphez d'abord *un cheval* avec son signe de l'état de régime où doit être l'objet de l'action, ɛ⸳ɟᴜ⸳ ɛ ; pasigraphez *dompter* ?ɟ⸗ʏ⸺, joignez ces deux mots par le trait d'union ⁓ ou ⁓ ; vous aurez ɛ7ɟᴜ⸺ℒ⁓?ɟ⸗ʏ⸺, *dompter un cheval mâle*.

Dompter deux chevaux mâles, ɛ7ɟᴜ⸺ʏℒ⁓?ɟ⸗ʏ⸺ ; *dompter deux chevaux entiers* ɛ//ɟᴜ⸺ʏℒ⁓?ɟ⸗ʏ⸺ ; *dompteur* ʋ'?ɟ⸗, *dompteur d'animaux de proie de l'un et de l'autre sexe* ɛ/ɜ/ᴜ⸺ʏℒ⁓ʋ'?ɟ⸗. Ici le premier des deux corps de mot conserve son état de régime imposé par le second corps de mot, et ce second demeure capable de recevoir, pour la totalité du mot composé, tel état de régime que lui imposera le sens de la phrase.

Qu'elle est bonne ɜɟ/⁓ɕ⸳ɟɟ/⸗ɟɕ⸺! *Que n'est-il sultan* Ϭʋ/⁓?ɟ//⸗ɟ7⸺¼! *Je permets, moi, femme, qu'ils viennent tous les deux* ɵɟɛ/⸗ɟᴜ⸺ʏϬɒ/ɛɟᴜ⸺ℒ.

Nous ne savons que pleurer, ou nous ne savons sinon pleurer ҁ/c/=y⊥⊣⎯⏋
ᴄᴄ/⌁ᴄ/⋚⋺⎯ ᴛ.

OBSERVATIONS ET RÉFLEXIONS SUR LA RÈGLE ONZIÈME.

Il résulte de cette règle, qui, comme les autres, embrasse l'universalité des langues, qu'aucune préposition n'entre que pour ce qu'elle vaut dans la composition du mot pasigraphé, et qu'aucune ne doit influer sur l'état de régime du tout, état imposé à ce tout par l'enchaînement des idées. *Marcher avec*, devenu mot composé, fera *avec-marcher*, afin que *marcher* conserve la liberté de ses accessoires de grammaire, ᴛ/ᴐ⌁ᴄ̇ɿᴐ=J⎯ , et le tout ensemble régira les autres mots qui en dépendront, comme les auroit régis la préposition *avec* supposée seule : *s'entr'aimer l'un l'autre à la folie* β/⌁ᴄ⋚=⥎⎯ , forme un tout, un mot composé qui régit d'autres mots comme les régiroit *aimer* s'il étoit seul, attendu qu'*à la folie*, pris dans l'acception pasigraphique d'une préposition, n'est pas de nature à imposer un régime.

Toute préposition qui peut être rendue par des accessoires, ne fournit ici matière à aucune réflexion qu'on n'ait pas déjà faite.

Les nombres joints aux objets comptés, forment des mots composés où les nombres ne prennent que leur signe grammatical, ainsi : *un million de perdrix* 39ᴸ⌁£3⎯⏋, *des millions de perdrix* 39ᴸ⎯⏋⌁£3⎯⏋. *Perdrix* est alors au pluriel, et portera seul les signes d'état de régime pour la totalité du mot composé.

DOUZIÈME ET DERNIÈRE HEURE.

DES ACCENS, DE L'INVERSION OPTATIVE ET DE L'ALPHABET.

RÈGLE DOUZIÈME ET DERNIÈRE.

L'accent aigu (′) placé, n'importe comment, sur le corps de tout mot pasigraphé, donne à ce mot un sens ironique. Ce même accent doublé donne au mot un sens dérisoire, goguenard, burlesque, ignoble.

L'accent grave (`) placé, n'importe comment, sur le corps de tout mot pasigraphé, donne à ce mot l'expression de l'emphase, du style élevé, noble, pompeux. Ce même accent doublé donne au mot une sorte d'enflure, d'exagération outrée.

L'accent grave placé, n'importe comment, sur les signes de grammaire qui suivent immédiatement le corps de tout mot pasigraphé, donne à l'ensemble du mot la forme interrogative que le point final d'interrogation (?)

(64)

n'indique jamais que pour la phrase entière. On répète le même accent grave sur le corps de mot de la négation lorsque celle-ci est exprimée par un corps de mot au lieu de l'être par un accessoire ; et l'inversion interrogative ou optative qui met la personne après le verbe (*peut-il ? allons-nous ? puissé-je ?*) a pour signe l'un de ceux de l'action d'*apostropher adhérente au mot*, indiqués par la DÉCLINAISON UNIVERSELLE.

Ces accens placés doubles, n'importe comment, sur des accessoires grammaticaux mis à la suite de tout mot pasigraphé, font du mot ou une métaphore, ou un idiotisme, du style bouffon si les accens sont aigus, du style sérieux si les accens sont graves.

L'accent circonflexe (^) placé sur l'*un des caractères du corps d'un mot*, y tient lieu du plus de hauteur que devroit avoir ce caractère pour marquer le mot comme second, troisième, quatrième, etc., dans la même ligne. Placé sur les signes de quantité, l'accent circonflexe sert à les différencier. Voyez le tableau des quantités.

Quand on veut employer les caractères pasigraphiques comme lettres de l'alphabet, ils ne forment plus ni corps de mot ni accessoires, et ne sont plus soumis à aucune des règles précédentes ; ils remplacent uniquement la lettre au-dessous de laquelle on les place ici.

A, B, C, D, E, F, G, H, I, J, K, L, M, N, O, P, Q, R, S, T, U, V, W, X, Y, Z.

Le mot écrit avec ces caractères devenus alphabétiques est toujours précédé et suivi de guillemets, pour que l'on distingue où commence l'écriture alphabétique ; et alors tout accent n'a plus sur de tels mots que sa valeur connue dans la langue qu'on transcrit.

APPLICATION DE LA DOUZIÈME ET DERNIÈRE RÈGLE.

C'est un grand général, avec l'accent ironique ; avec emphase ; en style burlesque ou goguenard ; du ton de l'exagération outrée ; Avec l'accent d'interrogation et l'action d'apostropher adhérente au mot (*Partie I, page* 39) pour signe de l'inversion interrogative : *est-ce, ou c'est-il un grand général* ? La négation étant exprimée par un corps de mot avant ou après le verbe : *n'est-ce pas un grand général*, ? ou bien ?

Il y a très-loin d'un poëtereau à un poëte, *Laite* ou *laitance* de poisson se rend, dans presque toutes les langues, comme

comme en latin ; par deux mots, *partie laiteuse, lactea pulpa,* poisson laité, *piscis lacteam pulpam habens;* en allemand, *milch der fische,* lait de poisson. La Pasigraphie caractérisera la métaphore au moyen des deux accens, cj7⸚, mis sur le trait grammatical.

LEIBNITZ regretta beaucoup d'être trop vieux pour entreprendre une espèce de Pasigraphie qui n'auroit été utile que pour quelques savans du premier ordre (1).

«7ɔʟ⁄ɛʟɪɪ⸚ cʁʒ⁄⸗ʒɪ⸗ ʟɪ⁄Ɛ=c⸗⁴⁄ɾ ɘɘɔ⁄=ɪ—ɪ Ɛ⁄ʓ⁷ʟ ⁄ʋ⁄' ⁷ɘ⁄⁄ʟ⸗ʒcᵀ ɟʒ ɛ'ʒ⁷⸗ᶻ⸚ʒʌ.

Les ouvrages de Wilkins et de Trithême n'ont aucun rapport à la Pasigraphie. ʒ²ᴸ—ʒ «ʟʟʒ⁷ʟɪʟɪ—ʟ ʔ⁄ «ʟɪʟɪɘɔ̂⁄ɔ»—ʟ ɘ⁷=cᴸ⁻²⁄⁷ ʒ⁷ᴸɟ (2).

OBSERVATIONS ET RÉFLEXIONS SUR LA DOUZIÈME ET DERNIÈRE RÈGLE.

Rien ne contribuera plus à la clarté des pensées écrites que ces indications opérées par des moyens si simples, par un ou deux accens.

Comment deviner, sans le secours des signes de métaphore et d'idio-

---

(1) Nous ne connoissons de l'*écriture universelle* vulgairement attribuée à Leibnitz, que ce peu de mots, qui n'en sont pas même le projet, qui n'en énoncent que le desir et les difficultés : « Si j'avois été moins distrait, ou si j'étois plus jeune ou assisté de jeunes-gens bien disposés, » j'espèrerois donner une manière de *spécieuse générale*, où toutes les vérités de raison seroient » réduites à une façon de calcul. Ce pourroit être, en même temps, une manière de langue ou » d'écriture universelle, mais infiniment différente de toutes celles qu'on a projettées jusqu'ici ; » car les caractères et les paroles même y dirigeroient la raison, et les erreurs, excepté celles » de fait, n'y seroient que des erreurs de calcul. Il seroit TRÈS-DIFFICILE de former ou » d'INVENTER cette langue ou caractéristique (ces mots attestent que Leibnitz, qui en conçut » le vœu, ne l'a pas même *inventée*.), mais très-aisé de l'apprendre sans aucuns diction- » naires. Elle serviroit aussi à estimer les degrés de vraisemblance lorsque nous n'aurions » pas *sufficientia facta* pour parvenir à des vérités certaines, et pour voir ce qu'il faut pour » y suppléer. Et cette estime seroit des plus importantes pour l'usage de la vie et pour les » délibérations de politique, où, en estimant les probabilités, on se mécompte le plus souvent » de plus de la moitié ». *XI Lettres de M. G. G. Leibnitz à MM. Remond de Montmort*. Lettre I.re. *Gothofredi Guillemi Leibnitz Opera omnia collecta studio Ludovici Dutens*, in-4°., t. V, pag. 7 et 8. Genevae, apud fratres de Tournes, 1768.

(2) *An Essay towards a real character and philosophical langage. By John Wilkins, D. D. Dean of Ripon, and felow of the Royal society London. Printed for Sa : Gellibrand, and for John Martyn, Printer to the Royal society,* 1668, in-folio. Une méthode très-compliquée, d'autres bases, un autre but, des caractères nombreux et un vocabulaire alphabétique anglais rendent impraticable tout rapprochement entre cet essai et la Pasigraphie usuelle.

La Poligraphie et universelle écriture cabalistique de M. J. Trithême, abbé, traduite par Gabriel Collange, imprimée chez Jacques Kerner, rue Saint-Jacques, à la Licorne, in-4°, 1561, est un ramas d'absurdités mêlées au merveilleux secret d'écrire de plusieurs manières la seule langue qu'on sache pour n'être déchiffrée que par ceux qui la savent. On y met tout simplement une lettre à la place d'une autre.

I.re Partie. R

tisme, que, parce qu'il est reçu chez les Chinois que 5 fois 5 ou 25 sont le *nombre céleste* ou *du ciel*, le jésuite Ricci ayant composé en langue chinoise un livre intitulé: *Vingt-cinq paroles*, il faut traduire ce titre par *Paroles du ciel, doctrine céleste?* Les lettrés du pays ne s'y trompent pas (1); un livre fameux, l'*Y-king*, contient et explique ce *nombre céleste*. Mais le docte Fourmont a traduit *Vingt-cinq paroles*.

Les anciens ont traité les habitans de l'île de Ceylan de *gens à deux langues*. Quelques interprètes en ont conclu que les Ceylandois pouvoient tenir à-la-fois deux discours différens. Traduisez l'*Antipelargein* des Grecs, de *pelargos*, cigogne, d'après les mœurs ou vraies ou supposées de cet oiseau; au lieu de: *rendre la pareille à ses parens en les assistant dans leur vieillesse*, vous aurez en mauvais françois: *récigogner*. Un Anglois vous dira qu'il est en amour par-dessus la tête et les oreilles, *over head and ears in love*; qu'il veut un homme ou une souris, *a man or a mouse*, pour *tout ou rien*; qu'il a le cœur à ses talons, *at my heels*, etc.

Qu'un Italien vous dise: *il morte è in su la barra*; soupçonnerez-vous que son intention soit de vous dire: *la chose est manifeste, le fait est évident?* Un François se trouve au coin d'une rue *entre chien et loup*, même en Angleterre, où il n'y a pas de *loups*; vous lui mettez *martel en tête* et *la puce à l'oreille*.

Ici le véritable sens des idées disparoît sous les images. Un signe a-t-il averti que ce sont des métaphores de pur idiotisme? on n'entend plus au physique ce qui est pris au figuré; la singularité de l'image est attribuée à l'idiome, et l'on conçoit la pensée, ou du moins on n'en conçoit pas de fausses.

Pour le signe d'ironie, combien de contre-vérités il eût révélées! Les accens pasigraphiques deviendront peut-être un jour le ton de voix, le geste et la physionomie écrite de la raison, du sentiment et de l'histoire.

---

(1) Les lettrés chinois qu'ont un peu flattés, en politique, des écrivains qui desiroient que les littérateurs eussent une influence personnelle dans l'état, ces lettrés sont obstinément nommés *mandarins* par les Européens, comme si le mot *mandarin* étoit chinois, et quoiqu'il n'y ait jamais eu de *mandarins* en Chine. *Mandarin* vient du portugais *mandar*, commander, employé par les premiers voyageurs pour désigner entr'eux tous les Chinois qui leur parurent exercer un commandement quelconque, idiotisme portugais dont nos savans ont fabriqué leur *mandarinat* que les courtiers érudits chinois supposent exister en Portugal.

FIN DE LA PREMIÈRE PARTIE.

A PARIS, DE L'IMPRIMERIE DE C.-J. GELÉ,
rue du Temple, n° 22.

PASIGRAPHIE,

ꙮꙮ ou 37.

SECONDE PARTIE,

CONTENANT,

1°. L'INDICULE, en deux cadres ou quatre pages, formant ensemble douze colonnes;

2°. Le PETIT NOMENCLATEUR, en douze cadres, chacun de deux pages, comme ceux de l'INDICULE;

3°. Dix cadres détachés du GRAND NOMENCLATEUR divisé en douze classes, composées chacune de six cadres pareils à ceux de l'INDICULE et du PETIT NOMENCLATEUR.

AVERTISSEMENT.

Tous les cadres sont également formés de deux pages placées l'une à côté de l'autre, de six colonnes perpendiculaires allant du haut en bas, et de six tranches, de six lignes chacune, tranches qui coupent horisontalement les six colonnes.

Chacun des titres des douze colonnes de l'INDICULE se retrouve dans le titre de celui des douze cadres du PETIT NOMENCLATEUR, qui porte le même caractère pasigraphique ; et ces deux titres se retrouvent en substance dans le titre de la classe du GRAND NOMENCLATEUR, à laquelle correspondent le cadre du PETIT NOMENCLATEUR et la colonne de l'INDICULE.

Pour faire distinguer au premier coup-d'œil les trois sortes de cadres, on a mis un filet simple autour des deux cadres de l'INDICULE, un filet double autour des douze cadres du PETIT NOMENCLATEUR, et un filet triple autour des dix cadres détachés de diverses classes du GRAND NOMENCLATEUR.

Les notes de l'INDICULE et des NOMENCLATEURS sont toutes renvoyées à la fin des deux cadres du premier, des douze cadres du second, et des dix cardres détachés du troisième.

INDICULE PASIGRAPHIQUE

EN DEUX CADRES OU QUATRE PAGES,

FORMANT ENSEMBLE DOUZE COLONNES.

On observera que si les mots d'une colonne de L'Indicule ne se bornent pas tous exclusivement au genre d'idées indiqué par le titre de la colonne, ils y conviennent d'une manière plus spéciale qu'à d'autres, auxquelles ils s'appliquent moins qu'ils ne s'y prêtent en passant du sens naturel au sens figuré.

Une rigoureuse exactitude est impossible; elle ne saurait s'accorder avec le génie de toutes les langues, et conduirait à des sous-divisions trop inégales pour ne pas fatiguer l'attention et rebuter la mémoire.

Ier CADRE. INDICULE DE MOTS SERVANT DE LIEN OU DE COMPLÉMENT

Ire COLONNE. Matière, Positions et Modifications.	IIe COLONNE. Végétaux.	IIIe COLONNE. Animaux.
—	∾	ℒ
— Haut, en haut.	À fleur, - de terre.	Avant terme, à terme.
∾ Au haut, par en haut.	Au bord, sur le bord.	A plat, à plat ventre.
ℒ Bas, en bas.	En terre, en pleine terre.	Sur le dos, à la renverse.
ℒ Au bas, par en bas.	Au fond, à fond, du fond.	A terre, par terre.
ℭ Du haut en bas.	A l'abri, à couvert.	En rond, à croupetons.
ℭ Du bas en haut.	Au vent, à l'air, en plein -.	A rebrousse poil.
— Sur, dessus.	Vers, sur (direction).	Terre à terre.
∾ Au dessus, par dessus.	Près, proche, de près.	Pas à pas, pied à pied.
ℒ Sous, dessous.	Joint, contre, à bout portant.	A 2 -, à 3 -, à 4 pattes.
ℒ Au dessous, par dessous.	Ras, au ras, rez, - de chaussée.	A clochepied, clopin, clopant.
ℭ Entre, parmi.	A, après (adhérence).	A tire d'aîle, d'une aîle.
ℭ Sens dessus dessous.	De proche en proche.	En haleine, hors d'haleine.
— Devant, sur le devant.	Le long, en long, au long.	Avant, en avant.
∾ Au devant, par devant.	En large, au large, à l'aise.	Loin, de loin, à perte de vue.
ℒ Derrière, sur le derrière.	A l'étroit, en pointe.	Après, à la suite.
ℒ Au derrière, par derrière.	Autour, aux environs.	A la file, à la queue.
ℭ A rebours, au rebours.	Vis-à-vis, à l'opposite.	A la trace, à la piste.
ℭ Sens devant derrière.	A travers, au -, outre.	A l'affût, aux aguets.
— Au commencement [1].	A côté, de côté.	En tapinois, en cachette.
∾ Au milieu, au centre.	En deçà, de ce côté, - ci.	A la dérobée, à la sourdine.
ℒ Au bout, à la fin.	Au-delà, de ce côté, - là.	A la ronde, en tournoyant.
ℒ En tout sens, pêle-mêle.	A droite, vers la -, sur la -.	D'un saut, d'emblée.
ℭ A la fois, d'un coup, d'un seul -.	A gauche, vers la -, sur la -.	En arrêt, en défaut.
ℭ Tout à coup, coup sur coup.	De tout côté, de toute part.	A reculons, de retour.
— En quantité, en nombre.	Droit, en droite ligne.	A la nage, à vau-l'eau, à gué.
∾ A verse, à flots.	De biais, de guingois.	En l'air, au haut des airs.
ℒ Par torrent, en masse.	De travers, en travers.	A la volée, à vol d'oiseau.
ℒ D'une seule pièce.	Au revers, à l'envers.	Par sauts, - bonds, - saccades.
ℭ En totalité, en tout.	En croix, en zig-zag.	Ventre-à-terre, à corps perdu.
ℭ De fond en comble.	De part en -, d'outre en - [2].	Aux abois, à bout.
— Peu à peu, par degrés.	Brin à -, feuille à feuille.	A jeun, sur les dents.
∾ Tour à tour, tantôt.	Grain à grain.	Contre, sur, sus.
ℒ Bout à bout.	En abondance, à foison.	En chaleur, en rut.
ℒ Goutte à goutte.	A tout rompre.	A coup, d'un coup (de).
ℭ Couche à couche.	A temps, à point.	A belles dents, d'une bouchée.
ℭ En morceaux, en poudre.	De garde, en réserve.	En pièces, en lambeaux.

DE SENS ENTRE LES AUTRES PARTIES DU DISCOURS. Ier CADRE.

IVe COLONNE. HOMME PHYSIQUE.	Ve COLONNE. HOMME SENSIBLE ET INTELLIGENT.	VIe COLONNE. HOMME PIEUX ET SOCIAL.	
ʊ	c	e	
Debout, droit, sur pied.	Ah! ahi! oh! hem!	Plaise -, s'il plaît à Dieu.	⎫
A tâtons, en bronchant.	Eh! eh bien! hoho! holà!	Dieu veuille, Dieu aidant.	
A tort et à travers [3].	O! quoi! las! hélas!	Au nom, - de Dieu.	⎬ /
A part, en particulier.	Bah! bz, fi, ouf!	Dieu garde,-préserve,-sauve.	
Sans, à défaut, manque.	Certes, comment? peste!	A la bonne heure.	
A l'abandon, à dire.	Qu'est-ce?mal-peste!morbleu!	Ainsi soit-il, patience.	⎭
En présence, face à face.	De gré, volontiers.	De -, en bonne foi.	⎫
Tête à tête, à la tête.	De cœur, de bon cœur.	De -, en bonne part.	
De front, de face.	Malgré, en dépit.	De -, en bonne grace.	⎬ ✗
De compagnie, côte à côte.	A contre-cœur, à regret.	De grace, en grace.	
Avec, ensemble.	Au gré (de), à volonté.	Daignez, s'il vous plaît.	
Par bande, en foule.	Comme, de même, en guise.	Graces, grand-merci.	⎭
Sur le séant, en (son) séant.	Et, aussi, et cetera.	Bonjour, bon matin.	⎫
A genoux, à deux genoux.	Ou, ou bien, soit [6].	Bon soir, bonne nuit.	
A pied, à toutes jambes.	Concernant, touchant.	A vos souhaits, à (la) santé.	⎬ ʌ
A cheval, à toute bride.	A propos, quant (à).	Au plaisir, à l'honneur.	
A crud, à poil, en selle.	Mal à propos, à tort.	A revoir, au retour.	
En croupe, en trousse.	A contre-sens, par -.	Adieu, portez-vous bien.	⎭
A pleine main, à poignée.	Pour, afin, pourquoi.	De la part, de part.	⎫
D'un tour de main.	A cause, attendu, vu.	A l'occasion, au sujet.	
A tour -, à revers de bras.	Par, parce que, puisque.	Par rapport, eu égard, à l'-.	⎬ ɾ
A bras tendus, - ouverts.	D'autant, - plus, - moins.	A titre, en qualité.	
De force, de vive force.	Quoique [7], loin (de, que).	A juste titre, à bon droit.	
En eau, en nage [4].	Excepté, hormis, sauf.	Pour, en faveur, envers.	⎭
Prêt (à), à même (de).	Si, sinon, au cas.	De manière, de façon.	⎫
Après (à), en train (de).	Mais, d'ailleurs.	En sorte, de sorte.	
Au dépourvu, en sursaut.	A la vérité, au reste.	En -, par considération.	⎬ ɔ
En butte, à la merci.	Car, cependant, pourtant.	A condition, à la charge.	
En proie, à quia.	Néanmoins, nonobstant.	En forme, pour la forme.	
A l'extrémité, sans retour.	En vain, vainement.	Sous prétexte (de, que).	⎭
Bien, mieux, au mieux.	Oui, soit, d'accord, tope.	De peur, de crainte.	⎫
Tant mieux, pour le mieux.	Exprès, à dessein.	Au risque, en danger.	
De mieux en mieux.	Au vu, au su, de bon.	Malheur (à)! contre.	⎬ ə
Mal, au pis, au pis-aller.	Non, - pas, - point.	Gare, au secours, au feu.	
Tant pis, pour le pis.	En conséquence, donc.	Pardon! merci! trêve! quartier!	
Dommage, de mal en pis [5].	Encore, enfin, à la fin.	Tout beau, paix, silence.	⎭

IIe Partie.   B

(6)

IIe Cadre. INDICULE DE MOTS SERVANT DE LIEN OU DE COMPLÉMENT

	VIIe COLONNE. Métiers, Commerce.	VIIIe COLONNE. Arts, Agriculture, Plaisirs, Jeux.	IXe COLONNE. Sciences, Grammaire, Calculs.
	ꝺ	ꝺ	ꝼ
—	D'a plomb, à pic.	A l'unisson, d'accord.	En matière, en fait (de).
∾	De niveau, au niveau.	En chœur, de concert.	En question, en doute.
ℒ	En équilibre, en suspens.	En mesure, avec -.	A raison, en raison (de).
ʊ	A faux, porter à -.	Piano, andante, adagio.	A plus forte raison.
C	A jour, de rapport.	Largo, presto, allégro.	En -, à proportion.
Є	A l'essai, à l'épreuve [1].	A reprises, da capo.	Sur-tout, après tout.
—	A la tâche, à la pièce.	D'un trait, trait pour -.	Selon, suivant, d'après.
∾	A neuf, par entreprise.	Au naturel, d'après nature.	A supposer, ce semble.
ℒ	A l'aventure, au hasard.	De profil, en racourci.	Pourvu, toutefois.
ʊ	D'occasion, de hasard.	En perspective.	Au moyen, moyennant.
C	A l'épreuve, à toute -.	Pizzicato, arpège.	Indépendamment [5].
Є	En échange, de rechange.	Voici, voilà, *tenez* [2].	Par conséquent, - ment.
—	Au poids, à la mesure.	A loisir, à - commodité [3].	Par exemple, c'est-à-dire.
∾	A mesure, au fur et -.	A plaisir, par plaisir.	Par comparaison, en -.
ℒ	A l'œil, à vue d'œil.	En bonne -, - belle humeur.	A l'instar, en conformité.
ʊ	Pièce à pièce, ric à ric.	A souhait, à cœur joie.	Au positif, - propre, en effet.
C	En détail, par le menu.	A gogo, à tire-larigot.	En réalité, -nature, -substce.
Є	En barre, - bloc, - tas, - pile.	A gorge déployée [4].	Au figuré, en apparence.
—	A haut prix, cher, cherté.	A longs traits, boire -.	Combien, *que*, que [6].
∾	A bas -, à vil prix.	En train, en plein.	A peine, presque, quasi.
ℒ	A bon marché, - compte.	Allons, - gai, alerte !	Tant soit peu, pour peu.
ʊ	A juste prix, au juste.	Courage, vive la joie !	A peu près, peu s'en faut.
C	En conscience, - honneur.	*Bis*, de rechef, *ter*.	En partie, à demi.
Є	Par forfait, à prix fait.	*Bravo*, à merveille.	Reste, en reste, au -.
—	*Idem, item, dito*, savoir.	A la folie, - fureur, - rage.	Tant, autant, non moins.
∾	En ordre, en règle.	A tourner la tête, - les -.	Si, aussi, à ce point.
ℒ	A cela *près* (*de, que*).	A fendre la tête, - les -.	Au point, à tel -, en tout -.
ʊ	A compte, en ligne de -.	Au-delà de toute idée.	Moins, au -, du moins.
C	Au bout, en fin de -.	Vive ! *vivat ! proficiat !*	De moins, pour le -.
Є	En gros, l'un portant l'autre.	Heureux ! houzó ! évohé !	Seulement, non-seulement.
—	A profit, au -, à l'avantage.	Avoir -, donner beau jeu.	Plus, au plus, de plus.
∾	En valeur, en produit.	A coup sûr, après coup.	En sus, au surplus.
ℒ	Comptant, au comptant.	Passe, baste, va.	Ni plus ni moins.
ʊ	En commission, en dépôt.	A deux de jeu, but à but.	De plus en -, de moins en -.
C	A crédit, à découvert.	7 -, 15 -, 30 et le va.	Beaucoup, bien, très, fort.
Є	A perte, en -, en pure -.	Partie remise, à refaire.	Force, à -, trop, à l'excès.

DE SENS ENTRE LES AUTRES PARTIES DU DISCOURS. IIe CADRE.

Xe COLONNE. Temps, Époques.	XIe COLONNE. Pronoms personnels, possessifs.	XIIe COLONNE. Pronoms de lieux.	
⒧	⨯	⁄	
Quand, alors, lorsque.	Je, moi, - même, - seul.	A ou au (pour *vers*).	⁄
De tout temps, - immémorial.	Tu, toi, - même, - seul.	A ou au (pour *dans, en*).	⨯
D'avance, d'abord [7].	Il, lui, - même, - seul.	A la place, au lieu (*de*).	⒧ ⁄
Au commencement, dès.	Soi, soi-même, - seul.	Par (pour *au travers*).	Ɔ
Dès-lors, déjà, de longue main.	Nous, - autres, - mêmes, - seuls	Aux environs, par les -.	Ↄ
Long-temps, à la longue.	Vous, - autres, - même, - seul.	Ailleurs, autrepart.	Ꙙ
Tandis, durant, pendant.	Même, le -, de -, seul.	Dans, dedans, en dedans.	⁄
A la minute, à l'instant.	Quel, quelque, quelqu'un.	Au dedans, du -, par dedans.	⨯
A l'heure, au jour, à la s. [8].	Quelque chose, quoi.	Hors, dehors, en dehors.	⒧ ⨯
Au mois, à l'année.	Certain, quidam.	Au dehors, du -, par dehors.	Ɔ
En moins (*de*), au bout (*de*).	On ne sait quel, - quoi.	Du dedans au dehors.	Ↄ
De tems en temps, par temps.	Aucun, nul, personne.	Du dehors au dedans.	Ꙙ
Autrefois, anciennemt., jadis.	Gens, bonnes -, monde.	Où, y, en, dont [14].	⁄
Antérieurement, précédemmt.	Sujet, objet, matière.	D'où, par où, pour où.	⨯
Ci-devant, ex-, dé-, ou dés-[9].	Chose, telle -, toute -.	Ici, - haut, - bas, - près.	⒧ ⒧
Depuis, après, ensuite.	Tel, tel que, tel quel.	D'ici, par -, pour ici.	Ɔ
Derniérement, récemment.	Ce (*cet*), - même, - seul.	Là, - haut, - bas, - près.	Ↄ
Hier, avant-hier [10].	Celui, - même, - seul.	Delà, par là, au-delà.	Ꙙ
A présent, présentement.	Qui, que, quoi.	Çà et là, par-ci par-là.	⁄
Maintenant, actuellement.	Quelconque, qui que ce soit.	D'ici là, delà ici.	⨯
Aujourd'hui, journellement.	Chaque, chacun.	Par-tout, en tout lieu.	⒧ Ɔ
Incontinent, incessamment.	Plusieurs, maints.	Quelque part, de -, par -.	Ɔ
A l'avenir, dorénavant [11].	La plupart, - *du temps*.	Où que ce soit, d'où -, par -.	Ↄ
Demain, après-demain [12].	Tout, en tout, au total.	Nulle part, de -, par -.	Ꙙ
Tôt, au plutôt, trop tôt.	Autre, autre chose, autrui.	*Où, y, en, dont* [15].	⁄
D'abord, sur-le-champ, vite.	L'un, l'autre, tiers, en -.	*D'où, par où, pour où.*	⨯
Tout-à-l'heure, tantôt.	Quelqu'autre, - chose.	*Ici, - haut, - bas, - près.*	⒧ Ↄ
A la veille, sur le point.	Tout autre, - chose.	*D'ici, par -, pour ici.*	Ɔ
Veille, surveille [13].	Qu'est-ce ? qu'y a-t-il ?	*Là, - haut, - bas, - près.*	Ↄ
Tard, au plus tard, trop tard.	Rien, à rien, en rien.	*Delà, par-là, au-delà.*	Ꙙ
Avant peu, dans -, sous -.	Mien, mon, - propre, à moi.	*Çà et là, par-ci par-là.*	⁄
A tout instant, - bout de champ.	Tien, ton, - propre, à toi.	*D'ici là, delà ici.*	⨯
Fois, quelquefois.	Sien, son, - propre, à soi.	*Par-tout, en tout lieu.*	⒧ Ꙙ
D'ordinaire, communément.	Notre, - propre, à nous.	*Quelque part, de -, par -.*	Ɔ
Souvent, fréquemt, toujours.	Votre, - propre, à vous.	*Où que ce soit, d'où -, par -.*	Ↄ
Rarement, jamais, pour -.	Leur, - propre, à eux.	*Nulle part, de -, par -.*	Ꙙ

NOTES DE L'INDICULE.
PREMIER CADRE.

[1] *Au commencement*, n'est pas ici le premier point du temps, mais celui d'une étendue.

[2] *De part en -*, *d'outre en -*, pour : *de part en part, d'outre en outre*, par abréviation.

[3] *A tort et à travers*, avec le signe du burlesque, *ab hoc et ab hac*, etc.

[4] De *sueur*.

[5] De *dommage* on fait : *c'est dommage*, etc.

[6] Ce *soit*, n'est pas *soit*, *oui*, mais le *soit* qui se double, *soit blanc, soit noir*.

[7] *Quoique* ou *bien que*, comme *oui* et *non*, ont pour équivalens *si* et *nenni*.

DEUXIÈME CADRE.

[1] *A l'épreuve* ou *à éprouver*. Plus bas, *à l'épreuve* signifie *éprouvé*.

[2] Sans aucune idée de tenir, comme dans, *tenez, croyez-moi, réjouissez-vous*.

[3] *A-commodité*, fait *à sa, à ta, à ma, à notre commodité*, avec le pronom lié au mot.

[4] Un second terme donne : *à ventre déboutonné*.

[5] Un second terme donne : *abstraction faite de*.

[6] Les deux *que*, QUE diffèrent de sens.

Le premier a toujours la même valeur que dans ces manières de parler : « *Que de mal il a fait ! Que vous êtes difficile à persuader ! Que de méchans* » !

Le second a toujours la même valeur que dans ces autres manières de parler : « Il est plus grand QUE vous, moins grand QU'elle, plus petit QU'eux, aussi grand QUE nous. Nous avons tant souffert QUE nous n'en pouvons plus ».

[7] Ici *d'abord* n'est pas l'expression de la célérité, mais d'une idée de commencement et de début qui peut se joindre à celle de la lenteur comme à celle de la vitesse ; car on dit : « Il y mit *d'abord* trop de lenteur ».

[8] *A la s.* Par abréviation, faute de place. Lisez : *à la semaine*.

[9] *Ex-, dé-* ou *dés-*, se joignent à tous les mots qui en sont susceptibles, tels que ceux-ci : « *Ex*-président, *ex*-ministre ; *dé*ployé, *dé*garni ; *dés*altéré, *dés*enchanté ».

[10] Un troisième terme donne ici : *Le jour d'avant avant-hier*.

[11] Un troisième terme donne ici : *Désormais*.

[12 et 13] Deux troisièmes termes donnent ici : *Le jour d'après après demain*, et *le jour d'avant l'avant-veille*, indications précises et claires que jusqu'ici leur défaut de simplicité rendit embarrassantes et confuses dans l'usage ordinaire de presque toutes les langues.

[14] Les douze lignes, à partir de [14], contiennent des pronoms de lieux auxquels l'esprit n'attache aucune idée de mouvement, comme dans les phrases : « *Où* est-il ? *Y* demeurez-vous ? *En* sommes-nous ? *D'où* sont-ils ? Nous nous voyons *par* la fenêtre. Ce paquet est *pour ici*. M'entendez-vous *delà* ? Je le distinguois *au-delà* du fleuve ».

[15] Les douze lignes, à partir de [15], contiennent les mêmes pronoms de lieux avec l'expression du mouvement de l'objet de la pensée d'un lieu à un autre, tels que ceux-ci : « *Où* va-t-il ? *Y* arriverez-vous ? *En* reviendrons-nous ? *D'où* sont-ils partis ? Nous nous *y* rendrons *par* la Saxe. Acheminez-vous *pour ici*, quand vous irez *au-delà* du fleuve ».

On observera qu'il n'y a point de mouvement dans la pensée qu'expriment les mots : « Quand vous serez *au-delà* du fleuve », ni dans celle du curieux, qui, à propos d'une carrière, d'un champ-clos, d'un espace déterminé, d'un jeu de bague, demande à quelqu'un : « *Y* courez-vous » ? Il s'agit ici de tout mouvement par lequel l'objet quitte un lieu pour passer dans un autre lieu distinct du premier. Ceci est suffisamment expliqué dans la méthode.

PETIT NOMENCLATEUR

PASIGRAPHIQUE,

EN DOUZE CADRES OU VINGT-QUATRE PAGES.

Les douze cadres du PETIT NOMENCLATEUR sont en tout semblables aux deux cadres de l'INDICULE.

Dans l'un comme dans l'autre, chacun des cadres se forme de deux pages prises ensemble, et contient six colonnes perpendiculaires qui vont toutes du titre au bas de la page, et six tranches horisontales de six lignes ; tranches qui coupent également toutes les six colonnes.

C'est des titres réunis des six colonnes de chaque cadre du PETIT NOMENCLATEUR que se compose le titre général du cadre qui les renferme : on y retrouve toujours, ou littéralement, ou en substance, le titre de la colonne de l'INDICULE correspondante au même cadre du PETIT NOMENCLATEUR.

Ainsi, le titre général des premier, second, troisième, etc. cadres de celui-ci contient le titre des première, seconde, troisième, etc. colonnes de l'INDICULE : — MATIÈRE, POSITIONS, MODIFICATIONS, — VÉGÉTAUX, — ANIMAUX, etc. Il ne sera pas inutile de les lire d'abord tous de suite, pour se former une idée de l'ensemble du système pasigraphique.

IIe Partie.

Ier Cadre. PETIT NOMENCLATEUR.

—	NOMBRE, NUMÉRATION, FRACTIONS.	MATIÈRE, DIMENSIONS, CORPS, PIERRES.	MINÉRAUX, MÉTAUX, COULEURS.
	— ou /	∾ ou ⁄	ℒ ou ⅄
— { — ∾ ℒ ℭ C ℭ	Un, unité, unique [1]. Deux, moitié, demi, double. Trois, tiers, triple. Quatre, quart, quadruple. Cinq, 5ᵉ, quintuple [2]. Six, 6ᵉ, sextuple.	Règne, genre, espèce. Spécial, - cialité, sorte. Matière, matérialité. Etendue, dimension. Longueur, largeur, grosseur. Grand -, profond -, épaisseur.	Fossile, mine, minéral. Bol, sel gemme, alun. Nitre, magnésie, salpêtre. Souffre, houille, charbon. Aimant, magnétisme, pyrite. Calamine, mine de plomb.
∾ { — ∾ ℒ ℭ C ℭ	7, - ième, - 7 fois. 8, - ième, - 8 fois. 9, - ième, - 9 fois. 10, - ième, - 10 fois. 11, - ième, - 11 fois. 12, - ième, - 12 fois.	Circonférence, circuit. Diamètre, rayon, segment. Partie, portion, pièce. Morceau, fragment, éclat. Bloc, masse, intégrité. Principal, capital, accessoire.	Vitriol, - blanc, - bleu, - vert. Couperose, sanguine, gangue. Ochre, éméri, colombin. Bitume, pétrole, asphalte. Naphte, mumie. Jaï, jayet, ambre, - gris.
ℒ { — ∾ ℒ ℭ C ℭ	13, - ième, - 13 fois. 14, - ième, - 14 fois. 15, - ième, - 15 fois. 16, - ième, - 16 fois. 17, - ième, - 17 fois. 18, - ième, - 18 fois.	Corps, corpuscule, atôme. Sable, grain de -, molécule. Limon, vase, glaise [4]. Sel, - marin, salure. Gravier, caillou, gluten. Grès, silex, galet, jalet.	Métal, minerai, gubr. Or, argent, vermeil. Cuivre, - rouge, laiton, potin. Rosette, bronze, airain. Fer, acier, marcassite. Etain, plomb, calin [7].
ℭ { — ∾ ℒ ℭ C ℭ	19, - ième, - 19 fois. 20, - ième, - 20 fois. 30, - ième, - 30 fois. 40, - ième, - 40 fois. 50, - ième, - 50 fois. 60, - ième, - 60 fois.	Pierre, - à feu, carrière. Tuf, roc, roche, rocher. Pierre ollaire, lavège, moëlon. Pierre calcaire, chaux. Quoquolòs, lave, ponce. Ardoise, - sière, feuille.	Mercure, vif-argent, zing. Platine, sputer, bismuth. Cobalt, orpin, manganèse. Litharge, safre, cinabre. Arsénic, ver-de-gris, rouille. Paille, mâchefer, scorie.
C { — ∾ ℒ ℭ C ℭ	70, - ième, - 70 fois. 80, - ième, - 80 fois. 90, - ième, - 90 fois. Cent, - ième, cent fois. Mille, - ième, mille fois. Million, milliard, billiard.	Craie, plâtre, gyps, céruse. Talc, tripoli, mica. Amiante, albâtre, stuc. Granit, quartz, spath. Marbre, - carare, basalte. Portor, porphyre, jaspe.	Couleur, teinte, nuance. Noir, brun, gris, - cendré. Blancheur, blanc, - châtre. Bleu, - céleste, azur, pers. Vert, - de mer, - pomme, - iris. Violet, rouge, feu, nacarat.
ℭ { — ∾ ℒ ℭ C ℭ	Primitif, primordial. Individu, - alité, secondaire. Dernier, pénult., antép. [3]. Nombre, pair, totalité. Itération, pluralité. Multitude, multiplicité.	Pierre précieuse, crystal. Agathe, sardoine, onix [5]. Lapis, grenat, opale, camée. Turquoise, amétiste, topase. Emeraude, saphir, rubis, b. Escarboucle, diamant [6].	Pourpre, ponceau, cramoisi. Ecarlate, vermillon, - meil. Jaune, orangé, souci. Roux, fauve, isabelle. Alezan, bai, marron. Tigré, pommelé, bariolé [8].

PETIT NOMENCLATEUR. — 1er CADRE.

EXTÉRIEUR, Forme, Beauté, Laideur.	POSITIONS, Rapports, Analogie, Opposition.	INTÉRIEUR, Qualité, Mouvement, Quantité.	
ℓ ou ꞁ	ᒪ ou ᒧ	Ɛ ou ꓱ	
Extérieur, externe.	Position, situation, état.	Intérieur, interne.	/
Apparence, aspect.	Assiette, exposition, sens.	Intrinsèque, centre, - tral.	⨯
Superficie, surface.	Direct, direction, rectitude.	Orifice, ouverture, pore.	ꞁ
Construction, structure.	Vertical, perpendiculaire.	Conduit, issue, sortie.	ꓴ
Configuration, figure, - ré.	Pente, penchant, incliné.	Félure, fente, gerçure.	ᒧ
Conformation, contour.	Oblique, transversal.	Lézarde, crevasse, trou.	ꓱ
Forme, point, ligne.	Rapport, relation, - latif.	Qualité, propriété [9].	/
Angle, - obtus, triangle.	Corrélation, corrélatif.	Humid -, fluid -, liquidité.	⨯
Rondeur, rond, ovale.	Proportion, - proportionnel.	Transparence, limpide [10].	ꞁ
Carré, losange, cube.	Séparation, distance.	Mollesse, flasque, flexible.	ꓴ
Cône, pyramide, - dal.	Eloigner, écart, isoler.	Moëlleux, onctu -, visqueux.	ᒧ
Régularité, baroque.	Dispersé, épars, éparpillé.	Sec, fermeté, solide, - ité.	ꓱ
Base, soutien, support.	Intermédiaire, mitoyen.	Force, dureté, roideur, - dir.	/
Extension, volume.	Médiat, im -, milieu.	Ressort, élasticité, - tique.	⨯
Aspérité, raboteux, brut.	Interposer, entremise.	Mobile, - lité, volubilité.	ꞁ
Elevure, bouffé, rebondi.	Interception, intersection.	Légéreté, subtilité, volatilité.	ꓴ
Convexe, bombé, cambré.	Entre-deux, entrecoupé.	Esprit, *capiteux*, mousse.	ᒧ
Bord, rebord, saillie.	Lacune, vain, VUIDE.	Exhalaison, évaporation.	ꓱ
Elévation, hauteur, haut.	Proximité, réunion.	Odeur, senteur, parfum.	/
Sommet, cime, faîte.	Jonction, lien, liaison.	Puanteur, infect, fétide.	⨯
Extrémité, bout, pointe.	Communication, attenance.	Goût, saveur, fumet, exquis.	ꞁ
Tranchant, aigu, fil.	Contact, contiguité.	Douceur, fadeur, *affadir*.	ꓴ
Mince, étroit, élancé.	Adhérence, inhérence.	Sur, acide, aigreur, amertume.	ᒧ
Epaté, écrasé, platitude.	Participer, continu, PLEIN.	Apre, âcre, causticité.	ꓱ
Cavité, concavité, creux.	Ressemblance, parité.	Mouvement, coup, choc.	/
Abaiss -, enfoncement, fond.	Assimilation, conformité.	Remuement, secousse.	⨯
Courbe, sinuosité, gauchi.	Comparaison, parallèle.	Agitation, ébranlement.	ꞁ
Tour, pourtour, tortueux.	Convenance, quadrer.	Monter, ascension, ascendant.	ꓴ
Côté, paroi, pan, talus.	Analogie, comporter.	Descente, chûte, ébouler.	ᒧ
Couche, rang, rangée, assise.	Uniformité, identité, ORDRE.	Repos, inaction, inertie.	ꓱ
Plane, uni, égalité.	Dissemblance, différence.	Quantité, tas, pile.	/
Lisse, poli, luisant.	Distinction, diversité.	Monceau, amas, ramas.	⨯
Brillant, éclat, splendeur.	Variation, variété, variable.	Abonder, affluer, foule.	ꞁ
Joli, beauté, agrément.	Opposition, antagoniste.	Copieux, ample, vaste [11].	ꓴ
Laideur, difformité.	Contraste, incompatibilité.	Augmenter, progrès, surcroît.	ᒧ
Hideux, monstre, - truosité.	Contraire, confus, DÉSORDRE.	Diminution, déchet [12].	ꓱ

IIe CADRE.	PETIT NOMENCLATEUR.		
~	VÉGÉTAUX, Légumes, Grains, Fourrages.	PLANTES PARASITES, RAMPANTES, PIQUANTES, MAUVAISES, AQUATIQUES, CURIEUSES	FLEURS, Teintures végétales, Aromates, Epices.
	— ou /	~ ou ⚹	ℒ ou ⁊
— { — ~ ℒ ʅ ɢ ℰ	Végétal, plante, verdure. Légume, herbe, - bage, - bacé. Chou, chou capu, chou frisé. Chou-fleur, broccoli, colza. Oignon, porreau, ciboule. Ail, moly, rocambole, échalote	Byssus[9], moisiss^re, mousse. Champig^n, mousser^n, oronge. Vesse-de-loup, oreille de Judas Morille, truffe, pilulaire. Lichen, agaric, *amadou*. Gui, noix de galle, *éponge*[10]	Fleur, *fleurir*, perce-neige. Primevère, violette, muguet. Marguérite, pensée, immort. Barbot, coquelicot, pavot[14]. Tulipe, campanule, capucine. Belladone, - de nuit, jasmin.
~ { — ~ ℒ ʅ ɢ ℰ	Rave, radis, raifort, navet. Bête-rave, chervis, panais. Carote, salsifix, scorson^re [1] Oseille, épinard, poirée. Cerfeuil, céleri, asperge. Artichaut, *foin d'*-, carde, -don	Cuscute, épityme, jungermane Chiendent, conserve, lierre. Lierre terrestre, liseron, bihai Houblon, traînasse, renouée. Lianne, bétel, vigne de Judée. Filipendale, convolvule [11]	Lys [15], narcisse, hyacinthe. Tubéreuse, souci, jonquille. Oreille d'ours, passe-velours. Barbe-de-bouc, passe-fleur. Bouton-d'or, verge -, aster. Œillet, renoncule, anemone.
ℒ { — ~ ℒ ʅ ɢ ℰ	Salade, mâche, râiponce. Chicorée, -sauvage, endive[2] Pourpier, cresson, -alenois[3] Corne de cerf, alleluia. Laitue, - pommée, - romaine. Persil, estragon, pimprenelle.	Ortie, chardon, - d foulon. Ronce, bourguespine, épine. Yvraie, zizanie, nielle. Gerzeau, laîche, napel. Orobanche, chicotin, ciguë. Ciculaire, carêche, aconit.	Rose, -ier, églantine, grate-cul. Passerose, violier, géroflée. Chevrefeuille, germandrée. Impériale, œil de christ, -bœuf. Grenadille [16], réséda. Tournesol, héliotrope, syringa.
ʅ { — ~ ℒ ʅ ɢ ℰ	Grain, bled, froment, seigle. Bled barbu, épeautre, *méteil*. Orge, escourgeon, avoine. Sarrasin [4], millet, maïs [5] Riz, sorgo, *sagou*, *gruau*. Vesce, gesse, orobe, lentille.	Plante aquat., -de marais. Epi -, trèfle -, lentille d'eau. Nayade, nostoc, grassette. Algue, pain d'étang, ruban. Papyrus, persicaire, flèche. Jonc, roseau, spart, *bambou*.	Teinture *végétale*, gaude. Garance, safran, carthame. Orseille, sarrette, sumach. Indigo, vouéde, rocou, kouan. Bois de Brésil, - fustel, - gayac. Campach, fernambouc.
ɢ { — ~ ℒ ʅ ɢ ℰ	Pois, - chiche, - de merveille. Pois velu, lupin, haricot. Fève, -de marais, féverole, ers. Anis, aneth, cumin, fenouil. Roquette, senevé, moutarde. Lin, *chanvre*, *coton* [6].	Canneberge, hépatique, mâcle Scordium, prêle, queue de ch^l. Saligot, tithymale, eupatoire. Pédiculaire, scrophulaire. Fève d'Egypte, panicaut. Criste marine, bassile, varec.	Aromate, baume, copal. Thym, serpolet, romarin. Lavande, mélisse, menthe. Basilic, marjolaine, valériane. Iris, angélique, vanille, nard. Absinthe, sauge, *tabac*.
ℰ { — ~ ℒ ʅ ɢ ℰ	Fourrage [7], foin, sainfoin. Fenu-grec, trèfle, luserne. Fromental, rai-grass, painvin. Turneps, pomme de t. pat^e [8] Igname, manioc, *cassave*. Boursette, mouron, seneçon.	Cierge pascal, aloès, glaciale Boranetz, fromager [12]. Sensitive, attrape-mouches. Herbe à laine, - à soie, - à cire. Herbe du Paraguais, *ginzeng* *Moté*, *soap*, *mangle*, *rima*[13]	Epice, - rie, poivre, piment. Girofle, muscade, canelle. Gingembre, genièvre, câpre. Sucre[17], cassonade, mélasse. Thé, thé - bou ; café ; cachou. Cacao, caraque, chocolat.

PETIT NOMENCLATEUR. *IIe Cadre.*

ARBRES, Arbustes, Arbrisseaux, Fruits.	PLANTES MÉDICINALES, Semences, Racines, Herbes, Bois, Fleurs, Fruits.	PARTIES, Formes, Divers états, Huiles, Gommes, Résines.	~
ʟ ou ꞁ	C ou Ɔ	Є ou Ɛ	
Arbre, arbuste, arbrisseau.	Sémencine [21], chouan.	Graine, pepin, semence,	/ ⎫
Bruyère, pyrole, brande, genêt.	Aurone, séslèi, amnis, thlaspi.	Racine, enraciné, pris, germe.	⌿ ⎪
Géronium, bois-gentil [18].	Daucus, saxifrage, coriandre.	Végétation, pousse, poindre.	ɿ ⎬ /
Laurier, - rose, - alexandrin.	Magalep [22], staphisagr. [23]	Surgeon, rejeton, plan, provin.	ɾ ⎪
Lauréole, myrthe, buis.	Ambrette, amone, cardamone.	Sauvageon, crue, excroissance.	Ɔ ⎪
Lilas, troëne, vitex [19].	Scille, acore; *semence froide.*	Bouton, bourgeon, -geonner.	Ɛ ⎭
Fufain, aulne, hièble, sureau.	Ipécacuanha, vipérine, ésule.	Oignon, cayeu, bulbe, pelure.	/ ⎫
Saule, osier, obier, coudrier.	Rhubarbe, rhapontic, jalap.	Suc, sève, jus, verdeur.	⌿ ⎪
Hêtre, frêne, érable, bouleau.	Bryone, turbith, ellébore.	Calice, ombelle, pistil, pétale.	ɿ ⎬ ⌿
Epine-vinette, aubépine, houx.	Doronic, cartine, gentiane.	Feuille, -age, follicule, vrille.	ɾ ⎪
If, cyprès, térébinthe, -*enthine*.	Fraxinelle, pirettre, bistorte.	Pampre, touffe, bouquet.	Ɔ ⎪
Peuplier, mélise, tremble [20]	Orcanette, réglisse, squine.	Epi, panicule, gousse, cosse.	Ɛ ⎭
Orme, - eau, charme, - mille.	Salsepareille, fougère, souchet.	Baie, grappe, corymbe, paquet.	/ ⎫
Tilleul, mûrier blanc, platane.	Aristoloche, orvale, spic-nard.	Coque, écale, brou, zest.	⌿ ⎪
Accacia, acajou, mahoni, ébène	Rue, argentine, nénufar.	Ecorce, aubier, nœud, *rabougri*	ɿ ⎬ ɿ
Chêne, - vert, yeuse, *liège*.	Agripaume, ormin, brunelle.	Silique, cœur, noyau.	ɾ ⎪
Palmier, latanier, sycomore.	Aigremoine, joubarbe, orpin.	Côte, épine, piquant, *écharde*.	Ɔ ⎪
Pin, sapin, cèdre, sandal.	Scabieuse, fumeterre, sabine.	Tige, trognon, souche, tronçon	Ɛ ⎭
Fruit, fraise, framboise, mûre.	Hyssope, origan, pouliot.	Brin, fétu, paille, chaume.	/ ⎫
Myrtille, azérole, groseille.	Calament, verveine, stœchas.	Verge, baguette, gaule, perche.	⌿ ⎪
Raisin, verjus, *vigne*, - *ron*.	Bugle, buglose, bourrache.	Branche, rameau, -ifié, palme.	ɿ ⎬ ɾ
Muscat, raisin cuit, -corinthe.	Ivette, marrube, morelle.	Buisson, haie, broussailles.	ɾ ⎪
Nefle, sorbe, corme, cornouille	Pissenlit, laiteron, crépis.	Bosquet, bocage, bois, forêt.	Ɔ ⎪
Ananas, pomme d'am^r, auberg.	Caillelait, centaurée, veroniq^e.	Produire, -duction, porter.	Ɛ ⎭
Pomme, -d'api, renette, coing.	Cochléaria, matricaire, julième	Précocité, primeur, prémice.	/ ⎫
Poire, banane; figue, nopal.	Camomille, armoise, euphraise	Déployé, développé, épanoui.	⌿ ⎪
Citron, limon, cédra, poncire.	Mauve, guimauve, bouill. [24]	Acabit, maturité, pommer.	ɿ ⎬ Ɔ
Orange, bergamotte, grenade.	Capillaire, jusqui^me, pas d'âne	Monter, passer, faner, flétrir.	ɾ ⎪
Cornichon, concombre, courge	Séné, scolopendre, osmonde.	Blète, gâté, dégénéré, pourri.	Ɔ ⎪
Melon, d'eau, pastèq^e, citrouill.	Polypode, glayeul, salep.	*Huile*, miel, cire, cerat.	Ɛ ⎭
Gland, châtaigne, mar., d'Inde.	Quinquina, macis, garou.	Gomme, - gutte, - arabique.	/ ⎫
Prune, - eau, - elle, mirabelle.	Mandragore, tuya, sassafras.	Adragant, mirrhe, encens [25]	⌿ ⎪
Pêche, abricot, brugnon.	Casse, tamarin, noix vomique.	Sangdragon, sangdarac, mastic	ɿ ⎬ Ɛ
Datte, alise, jujube, olive.	Riccin, mirobolan, cubèbe.	Scammonée, camphre, benjoin	ɾ ⎪
Pignon, pistache, lentisque.	Behen, coloquinte, goyave.	*Succin, assa fœtida, opium.*	Ɔ ⎪
Amande, noisette, noix, coco.	Nerprun, sébeste, anacarde.	Résine, poix, goudr^n, brai [26]	Ɛ ⎭

IIe Partie.

III.e Cadre.	PETIT NOMENCLATEUR.		
ℒ	ANIMAUX, QUADRUPÈDES, DOMESTIQUES, SAUVAGES, CARNACIERS.	OISEAUX DE BASSE-COUR, DE VOLIÈRE, D'EAU, DE PROIE.	POISSONS, AMPHIBIE.
	— ou /	∾ ou ⸝	ℒ ou ⟩
— { — ∾ ℒ ℓ C Ϛ	Animal, bête, bétail [1]. Quadrupède, éléphant. Chameau, dromadaire. Cheval,-barbe,*étalon,-entier*. *Haquenée, coursier, hongre*. *Bidet, rosse, haridelle*.	Oiseau, *volatille*, volaille. Pigeon, ramier, tourterelle. Coq,-de bruyère, chapon[2]. Géline, poularde, francolin. Perdrix, faisan, caille. Paon, dindon, pintade.	Poisson, cétacé, monstre m[4] Baleine, narwal; ourque. Marsouin, requin, cachalot. Chien de mer, cheval marin. Dauphin, marteau, scie. Roussette, blanc de baleine.
∾ { — ∾ ℒ ℓ C Ϛ	Bœuf, taureau, veau. Ane, mulet, bardot, jumar. Bouc, bellier, chevreau. Agneau, mouton, brebis. Cochon, laie, *cochon de lait*. Chat, chartreux, angora.	Geai, pie, pie-grièche. Rollier, commandeur. Serin, oiseau de paradis. Grive, merle, cotinga. Loriot, sansonnet, pinson. Gobe-mouche, étourneau.	Lamproie, renard marin. Raie, - bouclée, pastenèque. Torpille, baudroie, sterlet. Esturgeon, loup marin, husso. Congre, murène, espadon. Barbue, vive, gade, anguille.
ℒ { — ∾ ℒ ℓ C Ϛ	Chien, - de berger, - mâtin. - Dogue, - mopse, chien loup. - Barbet, - épagneul, - bichon. - Braque, - basset, - gredin. - Levrier, - clabaud, - roquet. - Courant, - couchant, - limier.	Hirondelle, martinet, veuve. Roitelet, pivoine, pomérops. Tarin, chardonneret, verdier. Linotte, moineau, gros-bec. Bouvreuil, ortolan, bruant. Rossignol, fauvette, bec-figue.	Uranoscope, narvaga, capelan Morue, *verte* [5], *sèche*. *Cabilleau, stockfisch*. Merlan, merlus, lote, barbue. Grogneur, chabot, flet. *Plie, limande, sole, carrelet*.
ℓ { — ∾ ℒ ℓ C Ϛ	Rhinoceros, girafe. Onagre, zèbre, buffle. Cerf, daim, rène. Chamois, gazelle, grisbock. Chevreuil, cabri, vigogne. Musc, élan, original.	Allouette, bergeronnette. Pic-vert, jouve, mésange. Coucou, grimpereau, soui. Colibri, oiseau-mouche, torcol Pluvier, vaneau, courlis. Perroquet, cakatoès, ara.	Turbot, scare, spare. Dorade, brême, labre. Sciéne, ombre, galemfisch. Perche, able, gastré. Scombre, maquereau. Thon, amie, rouget, perlon.
C { — ∾ ℒ ℓ C Ϛ	Lapin, lièvre, levraut. Marmotte, écureuil, *petit gris*. Cochon d'Inde, paresseux. Hérisson, porc-épic. Rat, souris, mulot, taupe. Singe, sapajou, orang-outang.	Autruche, outarde, casoar. Bécasse, sultane, piette. Oie, cygne, canard, eyder[3]. Cigogne, héron, grue, ibis. Foulque, grèbe, maquereuse. Sarcelle, pélican, flamand.	Mulet, surmulet, trigle. Saumon, truite, - saumonnée. Eperlan, aiguille, lavaret. Brochet, alose, vaudoise. Carpe, barbeau, tanche, hareng Sardine, goujon, anchois.
Ϛ { — ∾ ℒ ℓ C Ϛ	*An. de proie*, lion, panthère. Tigre, léopard, ours, hiène. Loup, loup cervier, renard. Sanglier; civette, bléreau. Furet, loir, belette, fouine. Hermine, marte, - zibeline.	Aigle, faucon, milan, vautour. Autour, épervier, gerfaut. Sacre, buse, harpaie, orfraie. Corbeau, corneille, émérillon. Hibou, duc, chat-huant. Chouette, *chauve-souris*.	Amphibie, castor, loutre. Phoqe, hippopotame, lamantin Tortue, caméléon, crocodile. Grenouille, crapaud [6]. *Alcyon, cravan, pingouin*. *Caviar, boutargue, colle*.

PETIT NOMENCLATEUR. IIIᵉ Cadre.

ANIMAUX Insectes, Vers, Reptiles, Coquilles, Monstres fabuleux.	PARTIES, Génération, Produit, Déjections, Accidens.	PATURE, Cris, Actions, État.	£
‌ℓ ou J	G ou Ↄ	6 ou Ә	
Insecte, cerf-volant.	Gueule, bouche, groin.	Faim, avidité, goulu, glouton.	⁄
Scarabé, hanneton, *man*.	Hure, museau, mufle.	Pâture, repaître, *ruminer*.	⨯
Foulon, ver luisant, luciola.	Trompe, naseau, *nasiller*.	Brouter, ronger, gru-, croquer	ƛ
Charançon, cantharide,	Défense, ivoire, aiguillon.	Haper, gober, dévor-, engloutir	J
Perce-oreille, blatte.	Corne, bois, antène, andouiller	Mangeaille, curée, proie.	Ↄ
Grillon, criquet, scorpion.	Babine, bajoue, poche.	Voracité, carnacier, carnage.	Ә
Cigale, *chant de* -, sauterelle.	Crin, crinière, poil, - ras.	Murmure, gasouiller, ramage.	⁄
Puceron, kermès, cochenille.	Soie, laine, toison, bourre.	Cri, pioler, siffler, glousser.	⨯
Teigne, testard, *larve*.	Peau, cuir, pelleterie.	Gronder, renifler, grogn. [13]	ƛ
Chenille, *chrysalide*, *nymphe*	Poitrail, encolure, fanon [9]	Bourdonner, ronfler, grincer.	J
Papillon, -ner, demoiselle.	Jabot, gésier, bésoard.	Aboi, glapir, croasser, mioler.	Ↄ
Fourmi, -lière, fourmi-lion.	Pataron, sabot, fourchu.	Hurler, mugir, hennir, braire.	Ә
Abeille, frelon, guêpe.	Crête, hupe, aigrette.	Piqûure, morsure, pincer.	⁄
Mouche, -ron, taon, bourdon	Aile, aileron, envergeure.	Lécher, sucer, laper.	⨯
Cousin, maringouin.	Plume, -mage, -met, panache.	Hoquet, pet, -tarade, vesse.	ƛ
Vermine, pou, *lente*.	Bec, *bequeter*, *abéquer*.	Bloti, tapi, acroupi, ratatiné.	J
Puce, punaise, morpion.	Patte, serre, griffe, pince.	Roulé, traîné, pataugé, vautré.	Ↄ
Ciron, mitte, cosson.	Rable, croupion, queue, roue	Grater, creusé, enfoncé, -fouir.	Ә
Araignée, faucheur, tarentule	Ouïe, évent, nageoire.	Saut, -tiller, bond, fringuant.	⁄
Cloporte, mille-pieds.	Ecaille, test, gahucha.	Dispos, pétulance, turbulent.	⨯
Ecrevisse, homard, crabe.	Arrête, épine, crochet [10].	Cabrer, caracole, courbette.	ƛ
Crevette, sang-sue, loche.	Croupe, *recourbé*, *tortueux*.	Ruade, saccade, soubresaut.	J
Ver, -d soie, -solitaire [7]	Tache, mouche, -ture, maille	Piaffer, piétiner, trépigner.	Ↄ
Polype, *corail*, *madrépore*.	Conque, orient, diaprure.	Course, trot, amble, galop.	Ә
Reptile, serpent, couleuvre	Soie [11], fil, toile, cocon.	Gravir, grimper, monter.	⁄
Vipère, aspic, lézard, salamᵈʳᵉ	Portée, ventrée, ponte, *mis bas*	Hucher, juch-, perch-, acrocher	⨯
Coquille, -age, limaçon.	Œuf, ovaire, jaune, frai.	Elancé, élan, franchir, percer.	ƛ
Buccin, pourpre, pucelage.	Petit, poussin, poulin [12].	Heurter, culbute, dégringoler.	J
Huitre, moule, petoncle.	Nid, nichée, aîre, gîte.	Ramper, glisser, serpent-, rod-	Ↄ
Oursin, burgau, nacre, perle.	Couvée, éclore, pulluler.	Essor, vol, voltiger, planer.	Ә
Monstre, grifon, sphynx.	Déjection, crasse, excrément	Remuer, grouiller, frétiller.	⁄
Centaure, hippo-, minotaure.	Crote, fiente, chiure, pissat.	Hocher, dressé, hérissé, *agacer*	⨯
Pégase, hippogriffe, licorne.	Morve, gourme, bave, venin.	Frayer, fouiller, trouer, fourrer	ƛ
Satyre, syrène [8], harpie.	Clavelée, morfond-, fourbure	Nager, sur-, *plonger*, abymes.	J
Phénix, basilic, linx, dragon	Courbature, pousse, farcin, fy.	Mue, chaleur, rut, accoupler.	Ↄ
Cerbère, ogre, vampire.	Tripe, carcasse, charogne.	Gourd, engourdi, crever [14].	Ә

IVe CADRE.   PETIT NOMENCLATEUR.

ʒ	HOMME PHYSIQUE, Parties, Tête.	MEMBRES, Viscères, Sexe, Génération.	AGE, Couleur, Besoins, Complexion, Défauts.
	— ou /	∾ ou ƒ	ʆ ou ʇ
—	Homme, human., genre h. [1] Corps, tronc, corpulence. Stature, *géant*, hommasse. Membre, organe, *r*isation. Viscère, membrane, taie. Jointure, ligature, tégument.	Cou, gosier, gorge, gorgée. Sein, gorge, teton, mamelle. Lait, tetine, teter, sevrer. Epaule, clavicule, omoplate. Aisselle, sous l'- [3], gousset. Bras, os du -, avant-bras.	Naissance, natif, mort-né. Vie, âge, bas -, âge avancé. Enfance, - tillage, puérilité. Virgini -, puber -, nubilité. Adolescence; jeunesse, raj -. Virilité, vieillesse, caducité.
∾	Os, ossement, rotule, capsule. Périoste, moële, synovie. Nerf, tendon, fibre, houpe. Muscle, cartillage, glande. Artère, veine, vaisseau. Sang, sanglant, caillot, chyle.	Coude, *accoudé*, *coudoyé*. Poignet, poing, poignée. Main, - droite, - gauche. Paume, revers, empan. Doigt, pouce, index, orteil. Ongle, *onglée*; phalange.	Blond, roux, châtain. Brun, olivâtre, basané. Nègre, mulâtre, métis. Pâleur, blême, blaffard. Velu, crépu, moutonné. Grison, barbon, chauve.
ʆ	Humeur, lymphe, sérosité. Flegme, glaire, pituite. Chair, graisse, *gras*, sueur. Peau, *tanne*, *vérue*, *fic*. Cheveu, chevelure, poil. Barbe, duvet, croc, moustache.	Poitrine, poumon, *pulmonie*. Cœur, valvule, circulation. Palpiter, pulsation, pouls. Estomac, *bouche de l'*, nombril Ventre, bas-, aine, flanc. Taille, corsage, ceinture.	Besoin, appétit, boulimie. Soif, altéré, *étancher*. Inanition, exténuation. Epuisement, défaillance. Aliment, nourriture, -rissant. Substanter, subsistance.
ʇ	Tête, chef, crâne, occiput. Cerveau, cervelle, *écervelé*. Front, tempe, *ride*, *rider*. Face, figure, visage, trogne. Physionomie, trait, air. Mine, moue, grimace.	Entraille, intestin, boyau. Foie, rate, rein, vessie. Fiel, bile, atrabile [4]. Urine, urètre, verge, pénil. Gland, prépuce, testicule. Matrice, vagin, règles.	Complexion, tempérament. Force, vigueur, puissant. Fraîcheur, embonpoint, dodu. Fluet, chétif, maigre, hâve. Poible, consomption, décrépit. Défaut naturel, infirmité.
ɕ	Œil, prunelle, iris, rétine. Paupière, cil, cligner. Larme, pleur, chassie. Sourcil, *sourciller*, *froncer*. Nez, narine, *roupie*. Oreille, tympan, lobe.	Epine, échine, dos. Vertèbre, côte, lombe. Cul, fesse, fondement, anus. Cuisse, genou, *flexion*, jarret. Jambe, mollet, cheville. Pied, cou de -, plante, talon.	Myope, berlue, albugo. Louche, bigle, borgne, éraillé. Aveugle, - ment, *cataracte*. Sourd, surdité, ouïe dure. Bègue, balbutier, grasseyer. Muet, rendre -, sans langue.
ɛ	Bouche, palais, salive. Crachat, *crachement*, *mucus*. Machoire, gencive, lèvre. Dent [2], chicot, alvéole, *agacé* Langue, luette, amygdale. Joue, teint, rougeur, incarnat.	Sexe, masculin, féminin. Génération, conception. Fétus, embryon, faux germe. Grossesse, enceinte, gestion. Conche, fausse -, avorton. Garçon [5], jumeau, de 3.	Mutilation, estropié, moignon Manchot, - d'un bras, - des deux Cagneux, piébot, boiter, cloch. Engoncé, voûté, bosse, bossu. Bancale, bancroche, cul de jate Rachitis, nouure, trapu, nain.

PETIT NOMENCLATEUR. IVᵉ Cadre.

HOMME PHYSIQUE. Facultés, Sens, Usage.	ACTES, Actions, États volontaires.	MAUX, Indispositions, Maladies, Mort.	ʟ
ʟ ou ɾ	ꞓ ou Ꞓ	ꞓ ou Ꞓ	
Faculté, sens[6],-en action.	Activité, agile, ingambe.	Mal, maladie, attaque, accès.	/ ⎫
Tact, toucher, palper, tâter.	Adresse, dextérité, acte, action	Incommodité, indisposition.	✗
Vue, coup-d'œil, regard, lorgné	Viser, tendre, aboutir, but.	Engelure, échaubou-, empoule	ꝛ
Ouie, entendre, écouter.	Tentative, essai, début.	Démanger, cuisson, élancemt.	ɾ ⎬ /
Odorat, sentir, flairer.	Atteindre, saisir, prise.	Erysipèle, gale, teigne, dartre.	ꞓ
Goût, avant-, goûter, savourer.	Avoir, tenir, retenir, garder.	Fièvre, inflammation, crise.	ꞓ ⎭
Haleine, souffle, essoufflé[7].	Manier, tourner, patiner.	Bouton, pustule, panaris.	/ ⎫
Respiration, aspirat-, humer.	Tiré, ôté, enlevé, retranché.	Dépôt, abcès, pus, suppurer.	✗
Soupir, sanglot, râle.	Lever, relever, soulever.	Aphte, chancre, fistule, ulcère.	ꝛ
Flatuosité, vent, rot.	Amasser, ramasser, recevoir.	Cancer, gangrène, sphacèle.	ɾ ⎬ ✗
Voix, inflexion, accent.	Soutenir, porter, supporter.	Pte vérole, rougeo-, pourpre[8]	ꞓ
Cri, exclamat-, aclamation.	Mettre, placer, ranger, arr-.	Peste, contagion, épidémie.	ꞓ ⎭
Silence, taire, taciturnité.	Poser, dép-, imp-, exposer.	Fluxion, migraine, enchifrené.	/ ⎫
Rire, sourire, éclat, pouffer.	Apposer, adapter, appliquer.	Catarre, grippe, coqueluche.	✗
Baiser, baisoter, *baise-mains*.	Appuyer, adosser, asseoir.	Rhume, enrouement, toux.	ꝛ
Chatouiller,-illeux, *stimuler*.	Ajouter, accoller, ajuster.	Pleurésie, esquinancie, asthme	ɾ ⎬ ꝛ
Bayer, bâiller, éternument.	Disposer, prédisp-, préparer.	Rhumatisme, goutte, sciatique	ꞓ
Tinter, éblouissemt, offusqué.	Couvrir, caché, clôre, fermé.	Néphrétisme, phtysie, étisie.	ꞓ ⎭
Attitude, posture, prestance.	Découvrir, ouvrir, montrer.	Flux, hémorragie, hémorroïde.	/ ⎫
Maintien, port, contenance.	Jetter, rejetter, chasser.	Perte, fleurs bl., incontinence.	✗
Tournure, manière, façon.	Asséner, lancer, expulser.	Dévoié, diarrhée, dyssenterie.	ꝛ
Signe, geste,-ticulation, *allure*	Bouger, broncher, trébucher.	Colique, tranchée, *choléra*[9].	ɾ ⎬ ɾ
Embrassemt, accolade, étreinte	Marche, aller, se rendre (à).	Chlorose, jaunisse, hypocondre	ꞓ
Exercice, las, fatigue, harassé.	Entrée, introduction, enfermé.	Enflure, hydropisie, tympanite	ꞓ ⎭
Régime, diète, jeûne.	Venir, sur-, par-, arrivée.	Rétention, suppress-, oppres-.	/ ⎫
Manger, mâcher, avaler.	Mener, conduite, diriger.	Constipation, épreinte.	✗
Boire, boisson, breuvage.	Rencontre, trouver, recouvrer.	Nausée, rapport, vapeur.	ꝛ
Déjeûn-, dîner, goûter, souper	Parcourir, avancer, achever.	Etourdir, évanouir, syncope.	ɾ ⎬ ꞓ
Repas, rafraîchir, restaurer.	Passer, devancer, dépasser.	Spasme, crampe, convulsion.	ꞓ
Réfection, réplé-, repu, saoul.	Sortie, retraite, exclusion.	Tétanos, épilepsie, apoplexie.	ꞓ ⎭
Digestion, indigest-, déboire.	Promenade, tour, détour.	Tumeur, goître, loupe, squirre	/ ⎫
Assoupir, sommeil, sieste.	Laisser, lâcher, quitter.	Ecrouelle, scorbut, lèpre, ladre	✗
Rêve, songe, cochemar.	Recul, rebrousser, rétrograde.	Vérole, gonorrh., virus, bubon	ꝛ
Réveil, éveiller, veiller.	Fuite, évasion, esquiver.	Paralysie, asphixie, léthargie.	ɾ ⎬ ꞓ
Santé, sain, se porter.	Arrêter, demeurer, séjourner.	Agonie, expirer, trépas, mort.	ꞓ
Rétablissemt, convalescence.	Coucher,-chée, gisant, étendu	Décès, défunt, feu, cadavre[10]	ꞓ ⎭

IIᵉ Partie.   E

(18)

Ve Cadre: **PETIT NOMENCLATEUR.**

G	HOMME SENSIBLE ET MORAL. Dispositions, Penchans.	PASSIONS DOUCES ET FORTES.	DÉFAUTS, VICES.
	— ou /	ᔕ ou ∕	₤ ou ₺
—	Disposition, tendance.	Passion, passionner.	Défaut, vice, abus.
	Inclination, enclin.	Agacerie, provocation.	Excès, extrême, outré.
	Penchant, pente, porté.	Flatter, adulation, patelin.	Oisiveté, loisir, paresse.
	Aptitude, vocation, fait pour.	Flagorner, cajoler, enjoler.	Mollesse, *lambin*, *calin*.
	Avoir à, n'avoir qu'à.	Courtiser, en conter, sigisbé.	Fénéant, *gueux*, *truand*.
	Aller, devoir, savoir [1].	Galanterie, coquetterie.	Lâche, poltron, couard.
ᔕ	En venir à, se mettre à.	Amour, amant, favori.	Niais, benêt, idiot, nigaud.
	Ne pas laisser de [2].	Attrait, appas, grâce.	Gaucherie, maladresse.
	Bon à, propre à, destiné à.	Charme, charmé, féru.	Emprunté, malautru.
	Préparation, préparatif.	Tendresse, attendrissement.	Butord, balourd, jocrisse.
	Promettre, menace, penser [3]	Eprendre, enflammer, feu.	Imbécillité, stupidité.
	Facile, aisé, prompt, faillir à.	Ardeur, ferveur, fougue.	Hébété, bêtise, *animal*.
₤	Se faire un plaisir de.	Privauté, liberté, caresse.	Etourdi, écervelé, *timbré*.
	Se faire un devoir de.	Enchantement, ravissement.	Inconsidéré, crânerie, fêlé.
	Se faire un honneur de.	Transport, éperdu, raffoler.	Affectation, afféterie, fade.
	S'étudier à; soin, assiduité.	Enivrement, ivresse, extase.	Fatuité, pruderie, bégueule.
	Curiosité, curiosité [4].	*Faveur, congrès, charnel.*	Damoiseau, muguet, mignon.
	Espoir, espérance, attente.	Enerver, impuissance.	Petit-maître, freluquet.
₺	Confiance, compter, - sur.	Exigeance, importunité.	Vanité, suffisant, avantageux.
	Confier, livrer, abandonner.	Regret, reproche, rebut.	Important, forfanterie.
	Accommodant, liant.	Ombrage, bouderie.	Jactance, vanterie.
	Compatibilité, assortir.	Débat, démêlé, contestation.	Fanfaronnade, gasconnade.
	Empressement, épanchement.	Dispute, querelle, altercation.	Incartade, équipée.
	Sympathie, attachement.	Scène, brouillerie, rupture.	Brêteur, tapageur, brouillon.
C	Nonchalance, indolence.	Rapprochement, renouer.	Sournois, cauteleux, duplicité.
	Incapacité d'attachement.	Raccommoder, réconcilier.	Mal, malice, malignité.
	Inconstance, volage.	Amour-propre, égoïsme.	Mauvais, méchanceté.
	Futilité, frivolité, colifichet.	Nature, sang, entraille.	Médisance, *causticité*.
	Vétille, minutie, fadaise.	Amour pat-, mat-, -fraternel.	Délation, sycophante.
	Baliverne, bagatelle, *rien* [5].	Amitié, ami, cher, chérir.	Mensonge, fourbe, calomnie.
Œ	Dégoût, détachem^t, détourné.	Etonnement, surprise, ahuri.	Aigrefin, escogriphe, croc.
	Eloignement, aversion.	Imposant, frappant, interdit.	Brusque, bourru, brutal.
	Répugner, grippe, prendre en-	Admirer, émerveiller.	Débauche, libertinage, crapule
	Repousser, écarter, éloigné.	Respect, révérer, vénérer.	*Gourmand, friand, ivrogne.*
	Appréhension, redouter.	Adorer, idole, idolâtrie.	Hypocrite, tartufe, cafard.
	Antipathie, incompatibilité.	Superstition, fanatisme.	Impudent, effronté, cynisme.

PETIT NOMENCLATEUR. V.e Cadre.

PASSIONS HAINEUSES OU FUNESTES.	FAUTES, CRIMES ET EFFETS.	VERTUS ET EFFETS.	C
ƚ ou Ɉ	Ɛ ou Ↄ	Ɛ ou Ɉ	
Indisposition, aliéner.	Faute, péché, délit, crime.	Vertu, honnêteté, bien.	/
Noise, pique, se piquer.	Commettre, coupable.	Morale, moralité, mœurs.	⨯
Choquer, estomaquer, fâcher.	Flagrant délit, corps de délit.	Conscience, for, scrupule.	ɀ
Récalcitrer, gendarmer.	Forfait, attentat, horreur.	Se faire scrupule de.	Ɉ ⟩ /
Bouquer, *fumer*, pester.	Scélératesse, abomination.	Délicatesse, timoré.	Ↄ
Nique, nargue, bravade.	Complicité, récidive.	Obligation, devoir, mérite.	Ɉ
Orgueil, superbe, altier.	Fripon, escroc, filou.	Innocence, candeur.	/
Fierté, hautain, arrogance.	Bandit, vaurien, schnapan.	Simplicité, simplesse.	⨯
Morgue, rogue, targuer.	Coquin, brigand, faussaire.	Naïveté, ingénuité, *agnès*.	ɀ
Fausse gloire, présomption.	Vol, larcin, dérober, ravir.	Bonne-foi, sincérité.	Ɉ ⟩ ⨯
Ambition, ostentation.	Rapine, dévaliser, pillage.	Droiture, *rond*, franchise.	Ↄ
Insolence, impertinence [6].	Dépouille, -er, détrousser.	Véracité, véridicité.	Ɉ
Injure, invective, insulte.	Vexation, concussion.	Probité, équité, justice.	/
Offensé, affront, outrage.	Déprédation, extorsion.	Intégrité, impartialité.	⨯
Rebuffade, conspué, avanie.	Malversation, prévarication.	Foi, fidélité, loyauté.	ɀ
Dépit, irritation, endêver.	Violation, violence.	Désintéressement, *gratuit*.	Ɉ ⟩ ɀ
Colère, courroux, rancune.	Infester, désoler, dévaster.	Galant homme, - d'honneur.	Ↄ
Ressentiment, ulcéré.	Ravage, saccagement.	Aumône, charité, charitable.	Ɉ
Haine, inimitié, ennemi.	Sédition, rébellion, révolte.	Modération, *contenir*.	/
Détestation, exécration.	Félonie, perfidie, trahison.	Retenue, réserve, mesure.	⨯
Horreur, abhorrer.	Boute-feu, incendie, -aire.	Discrétion, circonspection.	ɀ
Indignation, emportement.	Homicide, meurtre, assassinat	Prudhomie, précaution.	Ɉ ⟩ Ɉ
Fureur, rage, imprécation.	- de père, - mère, -fils, -frère.	Soin, soigneux, diligence.	Ↄ
Animosité, acharné vengeance	Suicide, régicide, déicide.	Vigilance, surveillance.	Ɉ
Concupiscence, convoitise.	Fornication, prostitution.	Tempérance, *appaiser*.	/
Luxure, lubricité, lasciveté.	Concubinage, fille de joie.	Frugalité, sobriété.	⨯
Obscènité, vilenie, paillard.	Pollution, onanisme.	Pudeur [7], pudicité, pureté.	ɀ
Effréné, dévergondé.	Rapt, viol, défloration.	Chasteté, continence.	Ɉ ⟩ Ↄ
Jalousie, envie, envier.	Adultère, adultérin, inceste.	Réforme, correction.	Ↄ
Cupidité, avarice, sordidité.	Sodomie, pédérastie.	Abstinence, austérité.	Ɉ
Crainte, peur, effroi.	Dépravation, perversité.	Modestie, *pudeur*, humilité.	/
Frayeur, épouvante, terreur.	Irréligion, impiété.	Prudence, sagesse, sage.	⨯
Terreur panique, stupéfaction	Profanation, sacrilège.	Exemple, édification.	ɀ
Pénaud, transe, souleur.	Scandale, scandaliser.	Dignité, libéral, noblesse.	Ɉ ⟩ Ɉ
Repentir, remords.	Parjure, apostasie, renégat.	Honneur, point d'-, gloire.	Ↄ
Désespoir, énergumène.	Honte, turpitude, ignominie.	Illustre, auguste, majesté.	Ɉ

VIe CADRE.	PETIT NOMENCLATEUR.		
ℰ	HOMME SOCIAL. FAMILLE, ALLIANCE, DOMESTIQUE.	RAPPORTS SAUVAGES.	PREMIER LIEN SOCIAL.
	— ou /	∽ ou ⨍	ℒ ou ℒ
— {	— Famille, consanguinité. ∽ Parenté, agnat, cognat. ℒ Ascendance, prédécesseur. ℒ Descendance, extraction. C Lignée, race, issu, degré. ℰ Postérité, généalogie.	Sauvage, errer, nomade. Vagabond, fugitif, épave. Solitaire, isolé, seul. Désœuvrement, oisiveté. Grossier, rustre, farouche. Privation, privatif, dénué.	Attirer, appeler, accès. Entrevue, envisager. Aboucher, pour-parler. Chuchoter, marmoter. Parler, dire, propos. Causer, jaser, caquet.
∽ {	— Paternité,-nel, maternité,-nel ∽ Ayeul, bis-, tris-, quadris-. ℒ Ancêtre, patriarche. ℒ Fils, petit -, arrière petit -. C Fraternité, -de père, -de mère. ℰ Aînesse, puiné, cadet, posthu.	Inconvénient, accident. Déconvenue, désordre. Danger, péril, péricliter. Besoin, nécessité, détresse. Disette, famine, manquer. *Petun, enfumé, boucané.*	Babil, bavard, hableur. Discours, entretien. Conversation, conférence. Dialogue, colloque. Question, réponse. Verbiage, rabâcher.
ℒ {	— Collatéral, oncle,-pat.,-mat. ∽ Grand oncle, - pat. , - mat. ℒ Neveu, fils de frère,-de sœur. ℒ Petit-neveu, arrière -. C Cousin, - germain, issu de -. ℰ Petit cousin, à la mode de Bret.	Bisbille, rumeur, rixe. Criaillerie, égosiller. Dissention, algarade. Tapage, tumulte, train. Clameur, brouhaha, charivari. Tintamarre, vacarme.	Présence, présentation. Assister, spectateur, auditeur. Connoissance, *faire-,-de vue.* Compagnie, *tenir -, faire -.* Accompagner, compagnon. Camarade, collègue.
ℒ {	— Alliance, mésall -, allié. ∽ Beau-père, gendre [1]. ℒ Beau-frère,-de frère,-de sœur. ℒ Mariage, bigamie, poli -. C Fiançaille, accord -, nôce. ℰ Divorce, répudier, célibat.	Menace, voie de fait. Coup,-de poing,-pied,-tête. Nazarde, chiquenaude. Tape, taloche, claque. Soufflet, fessée, sangler. Egratignure, écorchure.	Voisin, - age, voisiner. Visite, *faire -, recevoir -.* Voir, abord, accès, accueil. Recherche, fréquenter, hanter Familiarité, intimité [3]. Bienvenue, bien reçu.
C {	— Epoux, mari, nouveau-marié. ∽ Progéniture, nouv.-né, 1er né. ℒ Fils, filleul, enfant, *-gâté.* ℒ Bambin, marmot, poupon. C Papa, compère, parrain. ℰ Nourrice, -sson, frère de lait.	Tiraillé, houspillé, harcelé. Battre, batterie, frapper. Rosser, maltraiter, fouailler. Dévisager, défigurer. Aterrer, terrasser. Froisser, fouler, - aux pieds.	Absence, *douleur de l' -.* Inviter, convier, convive. Rendez-vous, réception. Régal, banquet, festin. Bombance, orgie. Trinquer, toast, santé.
ℰ {	— Maison, ménage, chef,· ∽ Domesticité, gens, service. ℒ Valet, de chambr., de pied [2] ℒ Duégnat, bonne, mentor. C Education, préceptorat. ℰ Veuvage, orphelin, bâtard.	Ecraser, éventrer. Etranglé, suffoqué, étouffé. Démentibuler, démembrer. Dépécer, déchiqueter. Empifrer, gorger, goulu. Assouvir, antropophagie.	Don, cadeau, présent. Réciprocité, mutuel. Confidence, intellig-, révélé. Hôte, hospitalité, parasite. Confraternité, tessère [4]. Horde, cacique, calumet.

PETIT NOMENCLATEUR. VIe Cadre.

SOCIÉTÉ. Avantages, Agrémens, Effets.	SOCIÉTÉ. Désagrémens, Correctifs.	ACTES CIVILS.	C
U ou J.	C ou Ↄ	E ou Ǝ	
Société, sociabilité.	Commérage, clabaudage.	Pacte, traité, acte, titre.	/
Etablissement, demeure.	Dits, redits, cailletage, tripo-.	Contrat, - synallagmatique.	ʄ
Sédentaire, casanier.	Intrigue, cabale, mic-mac.	Composer, accommodement.	ʋ
Emménager, impatroniser.	Brigue, machiner, menée.	Accord, arranger, stipuler.	J /
Cohabitation, commensal.	Pointillerie, esclandre.	Clause, articulé, spécial.	Ↄ
Aide, secours, subvenir.	Chamailler, pétaudière.	Implicite, explicite.	Ǝ
Occupation, travail, labeur.	Niche, tour, espiéglerie.	Droit, validité, légitimité,	/
Industrie, manutention.	Tracasserie, remue-ménage.	Forme, - alité, légalisation.	ʄ
Besogne, affaire, avoir -.	Tracas, persécution.	Attesté, ratifié, certificat.	ʋ
Pratiquer, exercer, opérer.	Guet-à-pens, mauvais parti.	Document, errement.	J ʄ
Art, métier, profession.	Passe-droit, empiéter.	Procuration, pouvoir, plein -.	Ↄ
Etat; fonction, condition.	Supplanter, congé, chasser.	Justice, d'office, officiel.	Ǝ
Civilisation, civilité.	Gredin, pied-plat, grigou.	Vice-, sous-, co-, contre-[6].	/
Politesse, compliment, - té.	Bélître, faquin, polisson.	Tutelle, *tutélaire*, pupile.	ʄ
Inclination, salut, révérence.	Racaille, canaille, garnement.	Curatelle, gestion.	ʋ
Se couvrir, se découvrir.	Aventurier, parvenu.	Emancipation, manumission.	J ʋ
Façon, procédé, *en user* [5].	Singulier, hétéroclite, étrange	Institution, fondation, - dé.	Ↄ
Savoir-vivre, se formaliser.	Mesquin, vilain, taquin.	Adjonction, installation.	Ǝ
Loisir, commodité, aise.	Ridicule, ricaner, persiffler.	Immunité, franchise.	/
Aisance, tournure, urbanité.	Simagrée, minauderie.	Prérogative, privilège.	ʄ
Monter -, tenir maison.	Défaite, échappatoire.	Maîtrise, jurande, corps.	ʋ
Faire les honneurs (de).	Guignon, dupe, disgrâce.	Vaquer (à), vacation.	J J
Traiter, héberger, goberger.	Fàcheux, importunité.	Substitution, subrogation.	Ↄ
Choyer, dorloter, mignardise.	Cocuage, tympanisé.	Démission, destitution.	Ǝ
Assemblée, cercle, cotterie.	A charge, onéreux, dol.	Procès-verbal, inventaire.	/
Bande, séquelle, clique.	Funeste, sinistre, revers.	Régître, protocole, pièce.	ʄ
Foule, presse, cohue, commun.	Décadence, ruine, pauvreté.	Réclamation, récrimina -.	ʋ
Pension, - nat, - naire.	Infortune, misère, peine.	Contentieux, procès, - dure.	J Ↄ
Écot, pique-nique.	Indigence, mendicité, gueux.	Cause, plaidé, - doyer, chicane	Ↄ
Table ouverte, - d'hôte.	Fléau, calamité, catastrophe.	Clientelle, patronage.	Ǝ
Secondé, conniver, favori, - sé	Avis, leçon, repris, tansé.	Citer, signifier, sommer.	/
Succès, issue, fin, réussite.	Remontrance, réprimande.	Action, se pourvoir, exploit	ʄ
Fortune, bonne -, aventure.	Grondé, gourman -, morigéné.	Dénonciation, déposition.	ʋ
Accrédité, vogue, mode.	Secret, mystère, *incognito*.	Audition, témoignage.	J Ǝ
Comme il faut, bon-ton.	Défense, protection, soutien.	Confronter, récolement.	Ↄ
Divulgué, vulgaire, trivial.	Concilier, réparation.	Médiation, réintégration.	Ǝ

IIe Partie.

VII.e CADRE. PETIT NOMENCLATEUR.

MÉTIERS VESTIAIRES [1]. LAINE, FIL, CORDE, SOIE, TISSU, PEAUX.	LINGE, TOILE, NAPAGE, LINCEUL.	HABIT, BONNET, CHAUSSURE, VÊTEMENS RELIGIEUX.
— ou /	∾ ou ⚹	ℒ ou ⅄
— Tonte, manque, séran, - cer.	Linge, - uni, - ouvré, - piqué.	Nudité, couvrir, revêtir.
∾ Carde, - der, arçon, brouir.	Toile, d'emballage [a], écrue.	Habit, habillement, vêtement.
— ℒ Roui, étoupe, filasse, peignon.	Cretonne, - Frise, - Hollande.	Accoutrement, ajustement.
⅄ Fil, filament; chenevotte.	Coutil, basin, linon, batiste.	Déshabillé, négligé, frac.
G Quenouille, fuseau, écagne.	Perse, indienne, cotonnille.	Veste, soubreveste, saye.
E Tour, échignole, écheveau.	Organdy, - gagis, mousseline.	Culottes, haut de chausses.
— Filature, tordre, retordre.	Layette, lange, maillot.	Ceinture, - turon, ceindre.
∾ Rouet, moulinet, bobine.	Couche, taie, bande, braie.	Casaque, - quin, pet en l'air.
∾ ℒ Tortis, tortillon, tortiller.	Mouchoir, - de cou, moucher.	Manteau, mante, mantelet.
⅄ Nœud, nouer, enture.	Bavette, collier-, mantonière.	Cape, capotte, sur-tout.
G Abouter, attache, enlacer.	Blaude, blouse, jaquette.	Redingotte, houpelande [3].
E Dévider, peloton, mêler.	Fourreau, tunique, *lingerie*.	Robe, cafetan, doliman.
— Corde, - derie, cordé, funin.	Chemise, jabot, épaulette.	Fourrure, palatine, vair.
∾ Bitord, émérillon, livarde.	Manche, - chette, poignet.	Pelisse, vitchoura, manchon.
ℒ ℒ Filerie, ficelle, ficeler.	Tour de cou, - gorge, col.	Bouton, - nière, - boutonner.
⅄ Haussière, toron, lusin.	Cravatte, fraise, fichu.	Buse, bourrelet, garniture.
G Cordage, échelle de c., câble.	Collet, - monté, rabat.	Endroit, envers, doublure.
E Corde à boyau, chanterelle.	Voile, faye, schalle.	Garderobe, trousseau, nipe.
— Soie, - écrue, - grège.	Coëffe, coëffure, béguin.	Calotte, bonnet, chaperon.
∾ Soierie, organcin.	Cornette, bavolet, guimpe.	Capuchon, coqueluchon.
⅄ ℒ Filoselle, bourre, *ouatte*.	Serre-tête, bandeau, frontaux.	Toque, barette, turban.
⅄ Epluchure, décatir.	Camisole, brassière, gilet.	Chapeau, - retapé, - claband.
G Epoulin, charger l'époulin.	Pourpoint, juste-au-corps.	Mitre, mortier, tiare.
E Cordon, - net, - ner, lacet.	Corps, corset, corselet.	Echarpe, ganse, retroussis.
— Tisserand, ourdir, tissu.	Jupe, jupon, cotillon.	Chaussure, sandale, patin.
∾ Navette, lame, tremble.	Tablier, panier, vertugadin.	Sabot, galoche, soque, échasse.
G ℒ Chasse, marche, liais.	Calçon, chausse, pantalon.	Soulier, escarpin, savatte.
⅄ Ensuble, mettier, - battant.	Bas, chaussette, - son, guêtre.	Boucle, chape, ardillon.
G Chaîne, trame, lisse, haute-.	Sareau, sousquenille.	Gant, miton, mitaine.
E Foulon, - lage, capade, feutre.	Peignoir, robe de chambre.	Besace, havre-sac, valise.
— Pelleterie, peaussier.	Serviette, nape, napage.	Soutanne, surplis, chasuble.
∾ Tan, tanner, motte, quiosse.	Essuie-main, torchon, lavette.	Chape, rochet, dalmatique.
E ℒ Dégras, drayé, sippé, plame.	Touaille, chiffon, guenille.	Camail, aumusse, étole.
⅄ Cuir, - vert, - roussi; passer.	Pièce, loque, lambeau.	Simare, toge, laticlave.
G Mégisserie, hongr-, corroyer.	Drap, coussinière, tavaïole.	Froc, cilice, scapulaire.
E Chamois, basane, maroquin.	Poile, linceul, suaire.	Défroque, dépouille.

PETIT NOMENCLATEUR.

VIIe Cadre.

MÉTIERS VESTIAIRES. ÉTOFFES, PARTIES.	COUTURE, TAILLEUR, TRICOTAGE, CORDONNIER, SAVETIER.	BLANCHISSAGE, RAISONS, ACTIONS ET MOYENS DE NÉTOYER.	9
ꙉ ou Ɜ	G ou Ɔ	Ϭ ou Ɜ	
ÉTOFFE, bure, cadis.	COUTURE, aiguille, dé.	SALETÉ, souillure, tache.	/)
Moleton, flanelle, serge.	Enfilé, passé, poussé, tiré.	Crotte, boue, éclaboussure.	⨯
Camelot, étamine, calmande.	Point, - perdu, arrière -.	Gâté, terni, pollution.	ꙉ } /
Drap, - de Silésie, drapé.	Faufiler, bâtir, monture.	Mal-propreté, vilenie.	Ɜ
Ratine, ratiné, pinchina.	Piqûre, glacer, doubler.	Cochonnerie, saloperie.	Ɔ
Panne, kersey, peluche.	Pincé, pli, repli, froncé.	Immonde, immondice, ordure.	Ɜ
Futaine, croisé, droguet.	Ourlet, surjet; œillet.	Nétoyer, nêteté, propreté.	/)
Atlas, cotonis, bouille -.	Ciseaux, coupure, découpure.	Épuré, purifié, pureté.	⨯
Arains, mallemolle, kingan.	Échancrure, rognure, taillade.	Mondé, clarifié, affinage.	ꙉ } ⨯
Charmoy, tamavar, kermess.	Cambrure, rétrécir, raccourcir.	Frotter, gratté, raclé, raclure.	Ɜ
Chercolée, circacas, shaub.	Ajusté, agencé, ravaudage.	Ratissé, écuré, fourbi, torché.	Ɔ
Baffetas, allégeas, pansis.	Morceau, pièce, fond, pointe.	Brosse, vergette, épousseté.	Ɜ
Tunkin, gingiras, nillas.	TAILLEUR, mesure, carreau.	Aspersion, ablution, mouillé.	/)
Nankin, pinasse, tépis.	Baleine, moule, pannier.	Humecté, rincé, rinçure.	⨯
Biambonnée, siamoise.	Basque, pan, patte, pont.	Lavé, lavement, guérer.	ꙉ } ꙉ
Cherconnée, sayas, sultes.	Poche, gousset, brayette.	Trempé, baigner, macéré.	Ɜ
Sersuker, longée, lamsouque.	Parement, revers, bavaroise.	Bain, baignoire, douche.	Ɔ
Lampasse, masulipatan.	Tourner, friperie, haillon.	Étuve, échaudé, débouilli.	Ɜ
Gaze, - soufflée, crépon, crêpe.	TRICOTAGE, aiguille, jeu d' -.	Blanchissage, lessive [5].	/)
Taffetas, - d'Italie, - d'Anglet.	Affiquet, maille, reprise.	Dégraisser, détacher, délayé.	⨯
Pou de soie, moire, - rure.	Point de couture, grain d'orge.	Savon, - vert, - marbré.	ꙉ } Ɜ
Gros de Tours, - de Naples.	Remmailler, rentraiture.	Passer, brasser, battre.	Ɜ
Péruvienne, Pekin, pekiné.	Coin, talon, bout de pied.	Amidon, empois, apprêt.	Ɔ
Ras, - de S.-Maur, - de S.-Cyr.	Raccommodage, recarrelage.	Étreindre, épreindre.	Ɜ
Montichicours, lampas.	CORDONNIER, forme, alêne.	Tirer, étirer, détirer, étendre.	/)
Damas, damasure, sysse [4].	Tranchet, buis, ligneul.	Essuyer, sécher, blancherie.	⨯
Satin, satiné, broché, - ure.	Tirepied, manique.	Soude, potasse, terre bolaire.	ꙉ } Ɜ
Velours, - ras, - ciselé.	Tranchefile, biseigle, trépoint.	Exposer, éventer, aérer.	Ɜ
Velours de coton, moquette.	Contrefort, tirant, semelle.	Repassage, fer à repasser.	Ɔ
Brocard, - cadelle; lamis.	Quartier, talon, éculé.	Rouler, ployer, serrer.	Ɜ
Raie, rayure, ondé, *chiné*.	Empeigne, oreille.	Balayer, balayure, housser.	/)
Cannelure, gauffrure.	Mule, pantoufle, babouche.	Faubert, écoupée, escope.	⨯
Lustre, glacé, cati, tabisé.	Botte, bottine, botte forte.	Goupil-, écouvillon, éponger.	ꙉ } Ɜ
Eplaigné, cotoneux, soyeux.	Cothurne, brodequin, chaque.	Ramonage, décrotage.	Ɜ
Liseré, lisière, bord, bordé.	SAVETIER, ressemeler, bout.	Gachis, marbouillis, bourbier.	Ɔ
Tête, pièce, aunage, coupon.	Lanière, courroie, béquet.	Gadoue, curage, vuidange.	Ɜ

PETIT NOMENCLATEUR.

VIII.ᵉ Cadre.

ɔ	PREMIERS ARTS. AGRICULTURE.	CHASSE, PÊCHE, BOUCHERIE.	RAPPORTS DE L'HOMME AUX ANIMAUX.
	— ou /	∾ ou ⚹	ℒ ou ⴌ
—{ — Agriculture, culture. ∾ Aridité, stérilité, friche. ℒ Campagne, -gnard, agreste. ⴌ Paysan, rustre, rustique. Ɔ Défrichement, *jachère*. Ɛ Fécondité, -dation, fertilité.	Chasse, pourchassé, quête. Epier, guêter, dépister. Poursuite, talonné, traqué. Relancé, débusqué, aculé. Leurre, surprise, change [1]. Déniché, attrapé, capture.	Féroce, farouche, fougue. Dompté, apprivoisé, appaisé. Dressé, élevé, formé, façonné. Mangeaille, pâtée, ratelier. Abreuvoir, auge, crèche. Paire, couple, apparier.
∾{ — Terroir, terrein, cru, fonds. ∾ Terreau, sigilé, falum, marne ℒ Argile, fange, vase, bourbe. ⴌ Motte, glèbe, tourbe, -bière. Ɔ Varenne, savanne, housche. Ɛ Champ, -pêtre, plaine, pièce.	Appât, alléché, affriandé. Appeau, embuche, piège. Glu, glueau, pipée, piper. Filet, rets, lac, réseau. Toile, panneau, tonnelle. Trébuchet, traquenard.	Essaim, troupeau, vol, troupe. Ruche, cage, volière, faisand.ʳⁱᵉ Ecurie, étable, litière [3]. Bercail, parc, parcage, pâtis. Pacage, pâturage, paitre. Entrave, chevêtre, empêtré.
ℒ{ — Charue, soc, houe, herse. ∾ Hoyau, bêche, pioche. ℒ Rateau, fourche, trident, pêle. ⴌ Serpe, faulx, faucille, fléau. Ɔ Labourage, fouille, façon. Ɛ Engrais, fumier, couche.	Lancé, lâché, excité, piquer. Meutte, ameuter, bourvari. Trace, battue, brisée, fourvoyé Panetière, gibecière, pulvérin. Fauconnerie, vautrait. Vénerie, vénaison, gibier.	Muselière, caveçon, baillon. Mors, -aux dents, bossette. Bride, bridé, liçou, rène. Joug, collier, sousventrière. Harnois, caparaçon, housse. Attelage, -de 2, de 4, de 6.
ⴌ{ — Sillon, guérêt, platte-bande. ∾ Jardin, -nage, potager, parterre ℒ Gazon, pelouse, boulingrin. ⴌ Arrosement, *desséchement*. Ɔ Pré, prairie, pâturage. Ɛ Semer, parsemer, emblavure.	Pêche, ligne, hameçon. Filet, maille, nasse, plomb. Trémail, épervier, drège. Harpon, drague, gaffe. *Marée*, chasse-marée, caque. Sêché, fumé, sauré, saumure.	Bricole, laisse, longe, trait [4]. Sangle, sanglé, croupière. Selle, selle rase, troussequin Arçon, panneau, étrier. Eperon, molette, aiguillon. Fouet, *étrivière*, houssine.
Ɔ{ — Planter, transplan-, pépinière. ∾ Espalier, treillis, treillage. ℒ Treille, berceau, tonnelle. ⴌ Taillis, futaie, baliveau. Ɔ Sarclé, ramé, échalas, récépé. Ɛ Couvert, abri, cloche, serre.	Boucherie, viande, *gras*. Tué, égorgé, assommé. Echaudé, écorché, découpé. Tranche, aiguillette, rouelle. Eclanche, aloyau, filet. Longe, côtelette, quartier.	Panser, soigner, étrille, -er. Pasteur, berger, -rie, houlette. Pâtre, bouvier, ânier, cornac. Enfourché, monté, monture. Equitation, cavalier, piqueur. Manège, hyppodrôme, harras.
Ɛ{ — Taille, coupe, élagué, été. ∾ Greffe, ente, -té, marcotte. ℒ Faner, faucher, moisson, -ner. ⴌ Récolte, recueillir, cueillir. Ɔ Botte, javelle, gerbe, meule. Ɛ Vendange, grapiller, glâner.	Gigot, jambon, couënne. Ris, fraise, frésure, rognon. Boudin, saucisse, andouille. Cervelat, mortad.ˡᵉ, langue [2] Lard, suif, oing, saindoux. Entrelardé, charcuiterie.	Traire, tirer, soutirer. Harrassé, énervé, éreinté. Volte, voltiger, forcer [5]. Ecourté, taillé, castration. Ménagerie, engraisser. Maquignonage, vétérinaire.

PETIT NOMENCLATEUR. VIII.ᵉ Cadre.

ARTS ALIMENTAIRES. COMESTIBLES SIMPLES.	ALIMENS RECHERCHÉS. CUISINE, PATISSERIE, CONFITURES, BONBONS.	BOISSONS, ET ALIMENS RÉUNIS.	C
ᘚ ou ᘛ	Ϲ ou Ͻ	Ɛ ou Ǝ	
Vivre, comestible, mets.	Cuisine, -ner, chère, bonne-.	Boisson, coup [7], rasade.	/
Lait, laitage, crème, caillé.	Victuaille, provision, pourvu.	Lamper, syroter, buvoter.	⨯
Beurre, bat-, *petit-lait*.	Préparation, assaisonnement.	Hydromel, hypocras, tisane.	ᘛ
Fromage,-Hollande,-Kamter.	Rôt, rôti, rissolé, brûlure.	Cidre, poiré, limonade.	Ͻ
-Parmesan,-Lodi,-Sœtemelk.	Grillé, grillade, carbonnade.	Amandé, orgeat, bavaroise.	Ͻ
-Brie,-Roquefort,-Gruyʳᵉ[6]	Bouillir, étuvée, mitonné.	*Nectar, ambroisie, Lethé.*	Ǝ
OEuf frais,-à la coque,-dur.	Pot-au-feu, bouilli, bouillon.	Bière, petite bière, - forte.	/
- poché, - brouillé,-omelette.	Consommé, coulis, tablette.	Bière double, bière de mars.	⨯
Crème fouettée, blanc-manger.	Soupe, potage, oille, purée.	Porter, aile, ale, - blanche.	ᘛ
Bouillie, brouet, gratin.	Chic, garbure, ravioli.	Brasser, - rie, drâche, malt.	Ͻ
Gaude, cacha, pilau, gelée.	Sausse, jus, ragoût, haut-goût.	Kouasse, kichelichi [8].	Ͻ
Patre, cagne, luzagne.	Lardon, barde, fricandeau.	Raky [9], ouikou, sorbet.	Ǝ
Semoule, vermicelli.	Service, entrée, entremets.	Vin, - clairet, - muscat.	/
Macaroni, tourtelet.	Plat, civet, salmi, saupiquet.	-Blanc,- rouge, œil de perdrix.	⨯
Pfan-, pannkuke, crêpe.	Vinaigrette, rémolade, farce.	Vin paille, verdée, *verdeur*.	ᘛ
Knef, nudel, dampf-, beignet.	Hachis, capilotade, marinade.	- Bourgogne, - Champagne.	Ͻ
Pudding, plump-pudding.	Daube, court-bouillon.	- Falerne,- Rota,-Constance.	Ͻ
Gauffre, oublie, biscotin.	Waterfisch, matelotte, au bleu.	-Malaga,-Malvoisie, *gourmet*.	Ǝ
Meunier, meulier, mouture.	Patisserie, - ssier, friandise.	Liqueur, - fine, vin - liqueur.	/
Aile, trémie, traquet.	Pâté, petit -, - froid, abaisse.	Kirschwasser, marasquin.	⨯
Sas, sasser, tamis, blutage.	Tourte, tarte, - *à la crême*.	Ratafia, rhum, arac, syrop.	ᘛ
Farine, fécule, son, recoupe.	Flan, talmouse, frangipane.	Rossoli, escubac, persicot.	Ͻ
Levain, levure, présure.	Biscuit, macaron, nougat.	Punch, bischopf, posset.	Ͻ
Pétrin, huche, pétrir.	Echaudé, massepain, brioche.	Essence, quintessence, élixir.	Ǝ
Four, fournée, enfourné.	Cassemuseau, croquignole.	Eau-de-vie, - de grain.	/
Chauffe, cuisson, lever.	Feuilletage, soufflure, chou.	Esprit-de-vin, alkohol.	⨯
Pâte, mie, miette, émiété.	Brisure, béatille, gobet.	Marc, moult, vin-doux.	ᘛ
Pain, - blanc, - noir, - bis.	Office, hors-d'œuvre, sur-tout.	Cuvé, cuvée, coulage.	Ͻ
P-mollet,-frais,-ferme,-rassis.	Ambigu, médianoche.	Oximel, oxicrat, faltranck.	Ͻ
P-tendre, - au lait, - d'épice.	Desserte, sardeau, rogaton.	Piquette, ripopée, *trouble*.	Ǝ
Miche, quignon, chanteau.	Confiture,-fiseur, succrerie.	Vente -, débit de boisson.	/
Baisure, entamure, crouton.	Sucre perlé,- candi, caramel.	Vente -, débit de comestible.	⨯
Croute, chapelure, pannade.	Compote, marmelade, raisiné.	Traiteur, restaurateur.	ᘛ
Fouasse, galette, boulette.	Conserve, cotignac, canelas.	Menu, garde-manger.	Ͻ
Biscuit, croquant, craquelin.	Bonbon, pastille, méringue.	Hochépot, salmigondis.	Ͻ
Gimbelette, mache-moure.	Dragée, praline, diablotin.	Pot-pourri, galimafrée.	Ǝ

II.ᵉ Partie.

IXᵉ Cadre. PETIT NOMENCLATEUR.

ꙃ	ARTS-SCIENCES. Élémens, Langue écrite.	ÉCRITURE et Lecture.	GRAMMAIRE, Style ou Syntaxe.
	— ou /	∾ ou ⸜	£ ou ꙇ
— — Art-Science, thechnique [1]	Écriture, manuscrit.	Grammaire, orthographe.
∾ Élément, principe.	Courante, coulée.	Nom, nommer, étymologie.
£ Règle, exception [2].	Ronde, bâtarde, grosse.	Appeller, nom appellatif.
ꙇ Méthode, rudiment.	Expédition, minute.	Nom-propre, - patronymique.
С Exposition, théorie, - rique.	Pochure, barbouillage.	Prénom, surnom, sobriquet.
Є Manuel, pratique, exercer.	Griffonnage, pâté.	Épithète, qualifier, adjectif.
∾ — Langue, dialecte.	Épeler, déchiffrer.	Déclinaison, décliner, cas.
∾ Patois, jargon, baragoin.	Lecture, lire couramment.	Nominatif, génitif.
£ Diction, élocution.	Dictée, écrire sous la -.	Datif, accusatif.
ꙇ Énonciation, proféré.	Original, -ginalité, exemple.	Vocatif, instrumental.
С Prononciation, articulation.	Transcrire, net, au net.	Ablatif, local [5].
Є Voyelle, consonne.	Rédaction, dresser, rempli.	Positif, compara-, superlatif.
£ — Diphtongue, triphtongue.	Jambage, plein, panse.	Verbe, - actif, - passif.
∾ Syllabe, syllabaire.	Fin, délié, liaison.	Verbe neutre, - réciproque.
£ Accent, accentuation.	Trait, barre, filet.	Conjugaison, - guer, mode.
ꙇ Aigu, grave, circonflexe.	Caractère, lettre.	Infinitif, indicatif.
С Mot, terme, expression.	Alphabet, littéral.	Subjonctif, conjonctif.
Є Façon de parler, tour.	Ligne, boustrophédon [4].	Optatif, impératif.
ꙇ — Plume, crayon, style.	Capitale, lettre grise.	Participe, gérondif.
∾ Encre, - sympathique.	Majuscule, minuscule.	Adverbe, pronom.
£ Encrier, écritoire, cornet.	A la ligne, *à linea*.	Genre, masculin, féminin.
ꙇ Canif, - ployant, gratoir, lame.	Sous-ligné, interligne.	Nombre, sing., duel, pluriel
С Taille, fente, bec [3].	Frontispice, titre, tête.	Préposition, conjonction.
Є Effaçure, rature.	Épigraphe, légende, exergue.	Particule, article.
С — Papier, - de trace, - brouillard	Étiquette, devise, cotte.	Point, ponctuation.
∾ Cahier, main, rame.	Avertissemt, affiche, placard.	Deux points, tréma.
£ Feuille, feuillet, feuilleter.	Avis, annonce, préface.	Virgule, point et virgule.
ꙇ Page, recto, verso.	Introduction, avant-propos.	Cédille, guillemet.
С Marge, blanc, vuide.	Sommaire, extrait, précis.	Trait d'union, double -.
Є Parchemin, - nier, vélin.	Texte, teneur, contenu.	Parenthèse, accolade [6].
Є — Poudre, poudrier, sébile.	Passage, verset, trait.	Style, syntaxe, construction.
∾ Poinçon, signet, tiret.	Article, paragraphe.	Phrase, locution, période.
£ Pain à cacheter, - rouge, - noir	Chapitre, section.	Idiotisme, accent du pays.
ꙇ Cire d'Espagne, - rouge, - noire	Liste, catalogue.	Interjection, inversion.
С Cachet, - armorié, - chiffre.	Index, table, - des matières.	Synonimie, pléonasme.
Є Sceau, scellé, contre-scel.	Supplément, errata.	Solécisme, barbarisme.

PETIT NOMENCLATEUR.   IXe CADRE.

ARTS-SCIENCES. CORRESPONDANCE, MOYENS.	PASIGRAPHIE ET LITTÉRATURE.	SCIENCES, ENSEIGNEMENT, CALCUL.	ꓭ
ʊ ou ꓭ	C ou Ɔ	Є ou Ә	
CORRESPONDANCE,-pondant.	PASIGRAPHIE, gamme.	SCIENCE, enseignement.	/ ）
Lettre, épître, épistolaire.	Indicule, nomenclateur.	Institution, instruction, chaire	⨯
Missive, dépêche, paquet.	Grand nomencl.-, petit nom-.	Leçon, cours, professorat.	ꓒ
Mémoire, mémorial.	Classe, cadre, colonne.	Ecole, classe, collège, cuistre.	ꓭ ⟩ /
Etat, bulletin, rôle.	Tranche, ligne, place.	Humanités, universi-, faculté.	Ɔ
Bordereau, carnet.	Corps du mot, groupe.	Ecolier, disciple, élève, élevé.	Ә ）
Brouillon, *premier concept*.	Signe modificateur.	Degré, gradué, licence.	/ ）
Développement, déduction.	Signe de transposition.	Lauréat, bacca-, doctorat.	⨯
Explication, éclaircissement.	Signe -, - trait grammatical.	Exercice, thèse, soutenir -.	ꓒ
Renseignement, information.	Signe de genre, - de nombre.	Logique, dialectique.	ꓭ ⟩ ⨯
Consigné, couché, libellé.	Signe de quantité.	Analyse, synthèse, zététique.	Ɔ
Circonlocution, périphrase.	Ordre,- direct, - inverse.	Philosophie, métaphysique.	Ә ）
Note, notice, *nota bene*.	Sens [10], acception.	Physique, statique, hydrost-.	/ ）
Apostille, annotation.	Signification, valeur.	Expérience, épreuve.	⨯
Passage extrait, citation.	Interprétation, rendre.	Chymie, alchymie.	ꓒ
Mot à mot, en toutes lettres.	Traduction, version.	Astronomie, astrologie.	ꓭ ⟩ ꓒ
Collationné, correction.	Sens positif, sens matériel.	Théologie, scholastique.	Ɔ
Duplicata, triplicata, quadr.	Sens figuré, métaphore.	Académie, académicien, lycée	Ә ）
Date, dater de, anti-, post-.	LITTÉRATURE, philologie.	ARITHMÉTIQUE, calcul.	/ ）
Signature, seing, seing privé.	Prose, oraison, *thême*.	Compte, supputation.	⨯
Contre-seing, paraphe.	Rhétorique, harangue.	Enumération, dénombrement	ꓒ
Post-scriptum, *chargé* [7].	Exorde, péroraison.	Chiffre, numéro, zéro.	ꓭ ⟩ ꓭ
Réponse, réplique, triplique.	Compilation, commentaire.	Règle, poser, retenir.	Ɔ
Recommandation, lettre de -.	Dissertation, disert.	Preuve, contre-preuve.	Ә ）
Inclusion, y -, ci-inclus.	OEuvre, pièce, morceau.	Addition, total, montant.	/ ）
Ci-dessus, ci-contre.	Ouvrage, composition, traité.	Multiplication, multiple.	⨯
Ci-dessous, ci-après.	Digression, hors-d'œuvre.	Division, partage, *prorata*.	ꓒ
D'autre part, d'autre côté.	Mélange, recueil, rapsodie.	Soustraction, défalquer.	ꓭ ⟩ Ɔ
Tournez, - s'il vous plaît.	Diffus, prolixité, pédanterie.	Distrait, prélevé, retranché.	Ɔ
Vot.-, s.-, l. tr. h. e. t. o. s. [8]	Libelle, diatribe, pamphlet.	Règle de 3, - de compagnie.	Ә ）
Ployage, pli, clos, fermé.	Livre, auteur, - plagiat.	Distribution, répartition, lot.	/ ）
Enveloppe, couvert.	Volume, tome, collection.	Equivalent, compensation.	⨯
Adresse, suscription.	Dictionnaire, lexicon.	Quotité, quotient, revenant.	ꓒ
Abrévier, abréviation, abrégé.	Vocabulaire, glossaire.	Produit, excédent, reste.	ꓭ ⟩ Ә
Tachygraphie, Sténographie.	Exemplaire, édition.	Algèbre, logarithme.	Ɔ
Qu. pos, salem, chiffre [9].	Encyclopédie, bibliothèque.	Mathématique, géométrie.	Ә ）

PETIT NOMENCLATEUR.

Xe CADRE.

♌	TEMPS, PASSÉ, PRÉSENT, FUTUR, CIVILS.	TEMPS, RAPPORTS MORAUX, HISTORIQUES, MERCANTILES.	TRANSPORT PAR TERRE.
	— ou /	∽ ou ✗	ℒ ou ♌
— { — ∽ ℒ ℓ G Є	Temps, durée, époque. Cours, courant, laps. Passager, éphémère. Intermittence; chronique. Continuation, permanence. Ere, égyre, style, comput.	Temporaire, transitif. Incident, casuel, accident. Événem^t, éventuel, expectative Vicissitude, alternative. Anticipé, prévenu, devancé. Revenir, remonter, rétroaction	Transport, transfert, -lation. Voyage, - à cheval, départ. Acheminer, emmener, -porter Port, amener, apporter. Portée, change, faix, fardeau. Tour, tournée, retour.
∽ { — ∽ ℒ ℓ G Є	Passé, révolu, écoulé. Ancienneté [1], invétéré [2]. Précédence, antériorité. Présent, actuel, actualité. Contemporain, simultanée. Moderne, récent, fraîcheur.	Primauté, précurseur. Arriéré, arrérage, prescription Echéance, expiré, extinction. Ponctualité, opportunité. Renouvellement, redevenir. Neuf, nouv^{té},-velle, *gazette*.	Bât, bâté, hôte, manne. Brancard, civière, litière. Chaise, -à porteur, palanquin. Traînage, traîneau, ramasse. Trait, train, roepousky. Brouette, tombereau.
ℒ { — ∽ ℒ ℓ G Є	Futur, avenir, prochain. Préalable, préliminaire. Urgence, instant, imminent. Période,-ique, tour, successif. Occurrence, occasion, fortuit. En cas, en état, en même -.	Vitesse, rapidité, accéléré. Promptitude, subit, soudain. Hâte, presse, précipitation. Succinct, court, brièveté. Réitération, fréquence. Commun, ordinaire [3].	Voiture, -ré, roullage, -ier. Charriot, -rette, charroi, -iage. Kibik, guimbarde, banne [5]. Coche, fourgon, carabas. Diligence, berline, pannier. Calèche, schlavage, soupente.
ℓ { — ∽ ℒ ℓ G Є	Instant, moment, clin-d'œil. Heure, minute, seconde. Jour, -née, -nalier, quotidien. Matin, bon -, matinal, -tinée. Midi, avant midi, après midi. Soir, soirée; nuit, minuit.	Retard, tarder à, tarder de. Ralentissement, lenteur. Délai, renvoi, remise. Attermoyement, sursis, répit. Temporiser, ajournement. Rareté, extraordinaire [4].	Poste aux chevaux, -aux lettres. Postillon, cocher, guide. Ordinaire, extra -, double - p. Estaffette, exprès, expédition. Messagerie, locati, fiacre [6]. Carrosse, équipage, char.
G { — ∽ ℒ ℓ G Є	Veille, veillée, surveille. Lendemain, sur -, 3e jour. Semaine, décade, quinzaine. Lundi, mardi, mercredi. Jeudi, vendredi, samedi. Dimanche, sabbat, férie.	Prorogé, ultérieur, perpétuité. Millésime, anachronisme. Chronologie, annale, histoire. Almanach, calendrier, *journal* Calende, épacte, olympiade. Bissextil, climatérique.	Malle, mallier, limonier. Passage, traverse, voie. Train, bon -, trajet, route. Attelage, à 2, à 4, à 6. Relais, station, pause, remise. Cabotage, ornière, versé.
Є { — ∽ ℒ ℓ G Є	Mois, janvier, février. Mars, avril, mai, juin. Juillet, août, septembre. Octobre, novembre, décembre Trimestre, semestre, quartier. An, lustre, siècle, cicle.	Jour de grâce, - de planche. Usance, terme, jour préfixe. Annuité, annuel, anniversaire Morte saison, hors de saison. Foire, étrennes, carnaval. Beyran, Ramadan.	Ambulance, caravanne. Passe-port, - avant, transit. Emigration, exportation. Immigration, importation. Lettre de voiture, aquit. Graissé, cambouis, enrayé.

PETIT NOMENCLATEUR. Xᵉ Cadre.

TRANSPORT PAR EAU.	DANS L'ORDRE ALPHABÉTIQUE.		
	POIDS DE TOUS LES PAYS.	SUITE DES POIDS ET MESURES ITINÉRAIRES.	
ι ou J	C ou Ↄ	G ou Ↄ	
Embarquent, arrimage.	Abas, abucco, adarème.	Pagode, palom, paro.	/)
Cargaison, cueillette, lest.	Adarme, almène, argensio.	Pfund, pic, piku, pile.	⨯
Fret, affrètement, nolis.	Aroba, as, avoir-du-poids.	Poede, poude, pound, prime.	ι
Flottage, train, radeau.	Bahar, batman, bercheroot.	Quart, quarteron, quintal.	J } /
Barque, bachot, pirogue.	Bercowitz, bismer-pond.	Richtpfeningtheile.	C
Bac, bateau,-plat,-de tour[7]	Bohar, bokar, boncal.	Rotole, rotte, rotton, rub.	Ↄ
Coche d'eau, gabare, buche.	Candil, candy, cantar,-taro.	Saum, schan, schip-last.	/
Galiotte, stroeck, flibot.	Carga, castellana, catti.	Schif-,schip-,skaal-,skippond	⨯
Pinque, pinasse, almadie.	Centner, centenaar.	Scrupule, seipod, seling.	ι
Polacre, caraque, caravelle.	Chai, chéky, chéray.	Seray, serre, seyra, sextule.	J } ⨯
Lège, allège, corps, carcasse.	Clam, cleuder, coffila.	Solotnick, steen, stein.	C
Bord,haut-,bas-bord,tribord	Col, cowl, coupang.	Stone, sompy, surlo [10].	Ↄ
Lancer, mettre-, être à flot.	Dareng, derhem, deusken.	Tael, tameling, tary.	/
Boute dehors, appareiller.	Dicina, dingt, drachme.	Tayel, teocalis, tol, tola.	⨯
Hisser, haller, hêler, carguer.	Droit, duelle, duing.	Tomine, trapèze, trèseau.	ι
Virer de bord, éviter, dérive.	Engel, eschen,-quipos,-tekin	Troye-gewicht, tsyen, tuka.	J } ι
Déboucher, débouquement.	Farécelle, felin, forfore.	Vaag, vaqui, - à tary,-seffy.	C
Rame, ramer, aviron, voguer.	Frohngewicht, fwen.	Vesne, vog; Zaiden, zaure.	Ↄ
Voile,mettre à-,faire-, cingler	Grain, groen, gros. Jod.	MESURE, - itinéraire.	/
Gouvernail, gouverner.	Karat, kram-gewicht [9].	Agash, aploün.	⨯
Côtoyer, longer, doubler.	Last, leam, lech, leth.	Arure, asparèze.	ι
Louvoyer, bordée, roulis.	Leispond, leys -, lys pundt.	Bême; Can, chang, ché.	J } J
Large, prendre -, tenir le -.	Libra, lira, livre, - pensil.	Codam, cordelle, coru, cos.	C
Orienter, à la cape, en panne.	L.p.de marc, lodra, loth, hyang	Desseatina, diploün.	Ↄ
Trajet, traversée, long-cours.	Macho, quintal -, majon.	Farfang, fuen, fwen.	/
Amarque, balise, bouée, vigie.	Man, mangalis, manglin.	Gau, giam, gos, gosse.	⨯
Toucher, bris, avarie, sancir.	Mao, maon, marc, marco.	Hao, heure [11]; Jiom.	ι
Embosser, échouer, chavirer.	Mas, massis, mataro.	King; Leuga, lichas.	J } C
Voie d'eau, coulé bas, naufrage	Maun, maune, métical.	Lieue, lieue marine, ly.	C
Arrivage, abordage, baclage.	Migliaro, millier (pes.), miscal	Marhala, meu, mille.	Ↄ
A la gᵈᵉ de Dieu et conduite[8]	Mite, mitigal, mon, - à tary.	Nali, pari; Parasange.	/
Bon sauvement, à bon port.	Mon-bazard,-battole,-seffy.	Pas, pas géométrique.	⨯
Connoissemᵗ, lettre de marque	Nali, nanque, nanqui.	Plèthre, pharsac, pû.	ι
Grosse, -aventure, bodinerie.	Once, onza, ounza.	Rez, rhouson, roe-ning.	J } Ↄ
Débarquement, débardage.	Ocka, okos, oke, oque.	Schène, stade, - nautiq.	C
De conserve, embargb.	Ochavo, octavo, ottavo.	Stund, sù; Vatavan, verste.	Ↄ

IIᵉ Partie. H

XIe CADRE. — PETIT NOMENCLATEUR.

	AGENS SOCIAUX, COMMERCIAUX.	AGENS CIVILS, POLITIQUES.	AGENS ECCLÉSIASTIQUES.
	— ou /	∾ ou /	ℒ ou ℐ
—	Indigène, étranger [1].	Empire, royauté, Czar.	Clergé, ecclésiastique.
	Cité, citoyen, concitoyen.	Monarchie, principauté.	Pontife, pape, califat.
	Patrie, patriote, compatriote.	Electorat, stathoudérat.	Patriarcat, cardinalat.
	Sécularité, - isation, laïque.	Land -, mar -, bourgraviat.	Synode, concile, conclave.
	Emploi, fonction, charge.	Duché, archi -, dogat; raja.	Congrégation, daterie.
	Ouvrier, manœuvre.	Gonfalonnier, procurateur.	Nonciature, légation, d latere
∾	Journalier, mercenaire.	Sultan, sophi, beg.	Primatie, prélature.
	Porte-faix, fort, colporter.	Bey, hospodar, vayvode.	Evêché, archevêché [2].
	Crochet, - teur, gagne denier.	Régence, pairie, connétablie.	Suffragance, coadjutorerie.
	Apprentissage, trotin.	Comté, vi-, vidamie, baronie.	Canonicat, prébende.
	Compagnonage, garçon.	Marquisat, starostie, timar.	Tréfoncier, bénéfice.
	Manufacture, fabrique.	Sénat, aréopage, parlement.	Chapitre, capitulaire.
ℒ	Art, artiste, artisan.	Ministère, - d'état, visiriat.	Tonsure, diaconat, sous -.
	Revente, regrat, brocanter.	Cabinet, conseil, divan.	Sacerdoce, prêtrise, archi -.
	Commission, - sionnaire.	Ambassade, plénip., extra -.	Pastorat, ministère.
	Agence, préposé, commis.	Ministre, envoyé, bayle.	Cure, vicariat, v. - général.
	Dépôt, - sitaire, gardien.	Résident, chargé, consulat.	Chapelain, aumônier.
	Courier, message, émissaire.	Drogman, interprète.	Desservant, officiant.
ℭ	Banque, banquier.	Cour, conseil, - intime, aulique	Officialité, théologal.
	Change, changeur.	Magistrature, mandarinat.	Directeur, pénitencier.
	Caisse, - sier, trésor, - rier.	Chancellerie, chancelier.	Gardien, prieur, doyenné.
	Croupe, croupier, intéressé.	Tribunat, préteur, questure.	Abbaye, abbatial, abbé.
	Agent de change, courtage.	Présidence, assessorat.	Commanderie, - deur.
	Agio, agiotage, agioteur.	Référendaire, rapporteur.	Provincialat, généralat.
G	Praticien, procureur.	Commandant, pacha.	Rectorat, provéditeur.
	Avocat, - plaidant, - consultant.	Drossard, intendance, bailli.	Préfecture, lecteur.
	Notaire, tabellion.	Podestat, sénéchal, présidial.	Chantre, enfant de chœur.
	Commissariat, quartenier.	Municipalité, mairie, mayeur.	Acolyte, aide, assistant.
	Juré, - priseur, - crieur.	Amman, alderman, échevin.	Sacristain, marguillier.
	Arbitre, expert, taxation.	Bourgmestre, capitoul.	Bedeau, portier.
Є	Candidat, postulant, - ation.	Cadi, shérif, syndic, jury.	Moine, cénobite, mandrite.
	Réception, récipiendaire.	Jugement, corrégidor, alcade	Profès, convers, frère-lai.
	Financier, ferme, - générale.	Office, prévôté, huissier.	Quêteur, pourvoyeur, célerier
	Inspection, contrôle.	Exempt, sergent, licteur.	Chevecier, sommelier.
	Secrétaire, écrivain, clerc.	Recors, espion, forçat.	Hermite, anachorette, reclus.
	Chef, direction, sur-intendance	Bourreau, valet de -, patient.	Mission, - naire, apostolat.

PETIT NOMENCLATEUR.

XI.e Cadre.

AGENS MILITAIRES. INFANTERIE.	AGENS MILITAIRES. CAVALERIE, ARTILLERIE.	AGENS DE LA MARINE.	
ʇ ou ɾ	C ou Ɔ	Ɛ ou ꓱ	
Armée, troupe, - réglée.	Cavalerie, *cavalier* [3].	Marine, marin, marinier.	⟩
Infanterie, régiment.	Cavalerie légère, - pesante.	Navigation, - gâteur, naval.	
Phalange, cohorte, légion.	Escadron, escadronner, piquet	Flotte, escadre, convoi.	⟩ 1
Bataillon, compagnie.	Védette, ordonnance.	Vaisseau de guerre, - de ligne.	
Brigade, escouade.	Sentinelle, faction, - naire.	Vaisseau de régistre, galion.	
Corps, détachement.	Voltigeur, coureur.	Vaisseau marchand, navire.	
Etat-major, officier, - d'.	Hulan, croate, pandoure.	Frégate, corvette, cutter.	
Généralat, séraskier.	Hussard, dragon, talpache.	Senau, flûte, balandre, saïque.	
Général en chef, généralissime	Mousquet, -aire, chevauxléger	Bot, paquet - bot, aviso.	⟩ ʇ
Commandement en chef.	Gendarmerie, carabine, -ier.	Prâme, patache, brûlot.	
Maréchal, feld-maréchal.	Hoqueton, arc, archer.	Galère, galéace, yacht.	
Général major, gén.-lieutent.	Arbalête, -trier, fronde,-eur.	Nacelle, esquif, canot.	
Maréchal de bataille.	Mestre de camp, iaïm.	Amirauté, amiral, grand -.	
Maréchal de camp, - des camps	Major, capitaine de cavalerie	Contre-amiral, vice-amiral.	
Mestre de camp, brigadier.	Quartier-maître, brigadier.	Chef d'escadre, commodore.	⟩ 1
Colonel, second colonel.	Maréchal des logis.	Capitaine, - de haut bord.	
Lieutenant-colonel.	Cornette, guidon, toug.	Lieutenant, - de haut bord.	
Major d'infanterie, - de place.	Queue [4], étendard.	Sous-lieutenant, de haut bord.	
Capitaine, - itaine en second.	Artillerie, artilleur.	Pilote, - hautier, - côtier.	
Capitaine d'armes.	Officier, général, lieutenant.	Lamaneur, locman.	
Aide de camp, adjudant.	Canon, canonnier, mortier.	Maître, contre -, basseman.	⟩ ɾ
Lieutenant, sous-lieutenant	Bombe, -arder, bombardier.	Patron, batelier, chableur.	
Enseigne, drapeau, bannière.	Génie, ingénieur, miner, sape.	Matelot, mousse, équipage.	
Cadet, - noble, corps des -.	Pionnier, ponton, pontonnier.	Mistrance, chiourme.	
Bas-officier, sergent, - major.	Garde du corps, traban.	Bâtiment, construction.	
Auditeur, prévôt, fourrier.	Maréchaussée, guet.	Armement, - en guerre.	
Caporal, anspessade.	Pospolite, spahi, cipaye.	Chargement, pacotille.	⟩ Ɔ
Grenade, -ier; fusil, fusilier.	Escorte, convoi, étape.	Passager, subrécargue.	
Arquebuse, -ier; pique,-ier.	Fourrage, fourrager, éclairer.	Embarcadère, assurance.	
Tirailleur, flanqueur, éclair.r	Fournisseur, vivandier.	Cabotage, interlope [6].	
Militaire, guerrier, preux.	Volontaire, semestrier.	Flibustier, aventurier.	
Combattant, soldat, - tesque.	Renfort, auxilliaire.	Corsaire, câpre, pirate.	
Strélitz, janissaire, heyduque.	Picorée, maraudeur.	Carêne, radoub, calfat, ploc.	⟩ ꓱ
Enrôleur, racoleur, recruteur.	Traîneur, musard.	Croisière, course, chasse.	
Recrue, surnuméraire.	Embauchage, désertion.	Pilotage, hydrographie.	
Milice, passevolant, goujat.	Fuyard, transfuge [5].	Bucentaure, argo, argonaute.	

XIIe CADRE. PETIT NOMENCLATEUR.

	LIEUX NATURELS.	LIEUX CIVILS ET POLITIQUES.	LIEUX MILITAIRES ET RELIGIEUX.
	— ou /	~ ou ✗	ℒ ou ƻ
—	Lieu, local, localité [1].	Habitation, résidence.	Place, - forte, fortification.
~	Place, emplacement, enceinte.	Logis, logement, domicile.	Fort, redoute, citadelle.
ℒ	Coin, recoin, rencoigné.	Hutte, cabanne, chalet.	Château, bastion, courtine.
ƻ	Espace, interstice, intervalle.	Chaumière, métairie, cense.	Terrasse, terreplein.
G	Sol, territoire, limite, - trophe.	Maison, - des champs, de pl. [6]	Esplanade, plateau, plateforme
Ꮛ	Frontière, marche [2], confin.	Hameau, village, bourg.	Rempart, boulevard, gare.
—	Pas, passage, défilé, gorge.	Ville, capitale, faubourg.	Caserne, chambrée.
~	Cache, case, réceptacle, réduit.	Banlieue, arrondissement.	Garde, grande -, corps de -.
ℒ	Asyle, refuge, retraite, clapier.	Département, province, - cial.	Garnison, - au prévôt.
ƻ	Séjour, réservoir, repaire.	Etat, empire, *Porte*.	Poste, bivouac, guérite.
G	Solitude, désert, hermitage.	Voie, sentier, trotoir, *scabreux*	Arsenal, parc, fonderie.
Ꮛ	Grotte, antro, caverne, tanière.	Rue, chemin, quai, *tournant*.	Souterrain, casemate.
—	Mont, montagne, éminence.	Barraque, échope, étal.	Quartier, quartier-général.
~	Pic, *volcan*, cratère.	Boutique, attelier, angar.	Q. d'hiver, cantonnement.
ℒ	Côteau, colline, tertre.	Remise, entrepôt, cave, - veau.	Place d'armes, - de parade.
ƻ	Val, -lon, -lée, par m. et p. v. [3]	Magasin, grange, grenier.	Lieu d'exercice, salle d'armes.
G	Fosse, fonds, fondrière, ravin.	Bureau, comptoir, caisse.	Camp, - volant, - retranché.
Ꮛ	Gouffre, précipice, abyme.	Cour, avant-cour, basse-cour.	Champ de bataille, *carreau*.
—	Entour, enclos, enclave.	Hôtel, palais, château [7].	Eglise, temple, chapelle.
~	Canton, district, contrée.	Chambre, anti -, vestibule.	Parvis, nef, chœur, *stale*.
ℒ	Région, pays, paysage.	Sallon, salle, salle à manger.	Sanctuaire, tabernacle.
ƻ	Lande, step [4], plat-pays.	Appartement, - garni.	Niche, tribune, jubé, chaire.
G	Continent, terre-ferme.	Cuisine, cellier, garde-meuble	Confessional, baptistaire.
Ꮛ	Isthme, langue, presqu'île.	Cabinet, garde-robe, lieux.	Sacristie, clocher, *minaret*.
—	Marais, marécage, palus.	Cabaret, cantine, buvette.	Diocèse, métropole, siège.
~	Lagune, flaque, mare, lac.	Guinguette, tabagie, tripot.	Cathédr-, collégi-, succursale.
ℒ	Etang, *stagnant*, vivier.	Hôtellerie, auberge, taverne.	Paroisse, presbytère, cure.
ƻ	Ruisseau, fleuve, rivière.	Quartier, carrefour, cul-de-sac.	Séminaire, noviciat.
G	Lit, bouche, confluent, gué.	Cours, halle, marché, place. [8]	Monastère, couvent, cloître.
Ꮛ	Côte, rive, bord, grève.	Collège, promenade, bourse.	Parloir, dortoir, cellule.
—	Mer, océan, méditerranée.	Tribunal, barreau, greffe.	Réfectoire, chauffoir, infirmer[e]
~	Cap, prom. [5], dune, falaise.	Etude, office, archive.	Synagogue, mosquée.
ℒ	Goulet, détroit, manche, bras.	Conciergerie, géole, bagne.	Tombe, -beau, sépulcre, -ture.
ƻ	Golfe, baie, bosphore, rade.	Prison, -d'état, cachot, *secret*.	Cimetière, catacombe, charn[er]
G	Mouillage, attéra-, havre, port.	Hospice, lazaret, hôpital.	Paradis, éden, élysée.
Ꮛ	Relâche, île, archipel, écueil.	Voierie, cloaque, gémonie.	Limbe, purgatoire, enfer.

PETIT NOMENCLATEUR. XIIe CADRE.

GÉOGRAPHIE. MONDE, EUROPE.	SUITE D'EUROPE.	SUITE D'EUROPE. ASIE, AFRIQUE, AMÉRIQUE, FLEUVES, MERS, MONTAGNES	/
ℭ ou ℑ	C ou Ↄ	ℭ ou Ↄ	
GÉOGRAPHIE, *carte, mappem.*	FRANCE, Franc, Gaule.	ITALIE, *Latin, Capitole.*	/
EUROPE; Anse, - éatique.	Paris, Lyon, Bordeaux.	Rome, *Vatican, Panthéon.*	⨯
ASIE, Inde, Indostan.	Marseille, Montpellier, Nîmes	Naples, Florence, Venise.	♌
AFRIQUE, Maure, Négritie.	Toulouse, Perpignan, *Gascon*	Livourne, Bologne, Padoue.	ℑ /
AMÉRIQUE, terre australe.	Narbonne, Carcassonne.	Milan, Mantoue; Corse; Sicile	Ↄ
Longitude, latitude, antipode.	Bayonne, Pau, *Béarn, Basque*	Sardaigne, Savoie, Turin.	Ↄ
RUSSIE, Moscou, Twer.	Angoulême, Andaie, Cognac.	TURQUIE, Levant, Echelle.	/
Pétersbourg, Archangel.	Nantes, l'Orient, Brest, S. Malo	Constantinople, Smyrne.	⨯
Riga, Revel, Cronstadt.	Normandie, Rouen, Louviers	Athènes, Thèbes, Laconie [11]	♌
Sibérie, Cosaque, Calmouk.	Dièpe, Calais, Dunkerque.	Babylonne, Babel, Jérusalem.	ℑ ⨯
Ukraine, Crimée, Cuban.	Elbeuf, Cambrai, Lille.	Alep, Zante, Seyde, Candie.	Ↄ
Courlande, Finlande.	Valenciennes, Strasbourg.	Chypre, Rhodes, Malthe.	Ↄ
SUÈDE, Sudermanie.	ALLEMAGNE, Germanie.	TARTARIE, Tibet, Mongol.	/
Stockholm, Upsal, *Goth.*	Lubeck, Altona, Hambourg.	Arménie, Circassie, Géorgie.	⨯
Gothembourg, Carlscrone.	Brême, Leypsic, *Saxe.*	Perse, Arabie, Mecque, Moka	♌
Laponie, Dalécarlie, Livonie.	PRUSSE, Kœnigsberg, Culm.	Mogol, Bengale, Coromandel.	ℑ ♌
DANEMARCK, Copenhague.	Berlin, Brandebourg.	Chine, Japon, Ceylan, Java.	Ↄ
Norwège, Jutland, Islande.	Poméranie, - rélie, Silésie.	Maldive, Moluque, Manille.	Ↄ
POLOGNE, Varsovie, Cracovie.	AUTRICHE, Vienne, Lintz.	BARBARIE, Egypte, Caire.	/
Gallicie, Lithuanie.	Augsbourg, Munich.	Tunis, Alger, Tripoli, Fez.	⨯
BOHÊME, Prague; Esclavonie.	Mayence, Wetzlaer.	Maroc, Cte d'or, C. de B.E. [12]	♌
HONGRIE, Bude, Presbourg.	Cologne, Elberfeld [9].	ETATS-UNIS, Philadelphie.	ℑ ℑ
Tokay; Moravie; Moldavie.	Ratisbonne, Francfort.	Ile du Vent, - sous le Vent.	Ↄ
Croatie, Transylvanie.	Palatinat, Manheim.	S^t.-Domingue, Cap; Brésil.	Ↄ
ANGLETERRE, Gr. Bretagne.	PAYS-BAS, Liège, Aix [10].	Volga, Vistule, Danube.	/
Londres, Douvres, Galles.	Louvain, Bruxelles.	Tamise, Tage, Guadalquivir.	⨯
ECOSSE, Edimbourg.	Ostende, Anvers, *Belge.*	Seine, Loire, Rhône, Garonne	♌
IRLANDE, Dublin, Clear.	Trèves, Ardennes.	Oder, Meyn, Rhin, Moselle.	ℑ Ↄ
Orcades, Westernes.	PROVINCES-UNIES, Hollande	Escaut, Pô, Tibre, Nil.	Ↄ
Chambre haute, - basse.	La Haye, la Brille.	Amazones (des), S^t. Laurent.	Ↄ
ESPAGNE, Asturies, Castille.	SUISSE, Schwitz, Zug.	Baltique, Catégat, Sund.	/
Madrid, Cadix, Séville.	Uri, Underwald, Lucerne.	Mer blanche, caspiène, rouge.	⨯
Gibraltar, Ségovie, Alcaçar.	Fribourg, Soleure, Zurich.	Sinaï, Calvaire, Etna, Vésuve.	♌
Alicante, Bilbao, Burgos.	Berne, Bâle, Schaffhouse.	Ecla, Krapac, Alpes, Pyrénées	ℑ Ↄ
PORTUGAL, Lisbonne, Brague	Glaris, Appenzel; Vaud.	Parnasse, Hélicon, Olympe.	Ↄ
Bragance, Porto; *Finisterre.*	Lauzane, Genève, Constance.	Colonie, Créol, Cosmopolite.	Ↄ

IIe Partie.

NOTES DU PETIT NOMENCLATEUR.
PREMIER CADRE.

[1] D'*un* se fait *premier*; de *deux* se fait *second*, etc., conformément aux règles pasigraphiques.

[2] 5ᵉ, 6ᵉ ne signifient point ici *cinquième*, *sixième*; mais le *cinquième*, le *sixième* d'un tout, $\frac{1}{5}$, $\frac{1}{6}$, etc. Il en est ainsi de tous les *ièmes* de cette colonne.

[3] *Dernier*, *pénultième*, *antépénultième*, ou *dernier*, *avant-dernier*, *avant-avant-dernier*.

[4] Pour d'autres espèces de terre, voyez dans l'AGRICULTURE.

[5] *Agathe-onix* par les deux mots réunis.

[6] *b*, après *rubis*, signifie *rubis-balais*.

[7] *Calin*, métal chinois.

[8] Un quatrième terme donne ici *bigarrure*.

[9] Un troisième et un quatrième termes donnent ici *manière* et *façon d'être*.

[10] *Limpide*. Un troisième terme donne *clair*.

[11] *Vaste*. Un quatrième terme donne *démesuré*.

[12] Voyez les autres mots dans les cadres des VÉGÉTAUX, des ANIMAUX, des ARTS.

DEUXIÈME CADRE.

[1] *Scorsonère*, d'écorse noire, en Italien.

[2] Un quatrième terme donne *escarole*.

[3] *Cresson alenois* ou *nasitort*.

[4] *Sarrasin* ou *bled noir*.

[5] *Maïs* ou *bled d'Inde*, ou *bled de Turquie*; ailleurs *bled d'Espagne*.

[6] Le nom de la plante sert à nommer la graine, le nom de la graine à nommer la plante.

[7] FOURRAGE, pour les bêtes, y compris les oiseaux.

[8] *Turneps*, *pomme de terre*, *patate*. Un quatrième terme donne ici *topinambour*.

[9] *Byssus*, plantes composées d'un simple duvet ou d'un tissu poudreux.

[10] L'*éponge*, traitée de *fungus* ou de *champignon* par les uns, de *polypier*, comme le *corail*, par les autres, n'occupe ici que sa place pasigraphique : il suffit, pour l'objet de l'art, qu'on la trouve sans discussion.

[11] *Convolvule*, dénomination générique.

[12] *Fromager* ou *polon*.

[13] *Rima* ou *arbre à pain*.

[14] *Pavot cornu* en deux mots.

[15] *Lys jaune* ou *martagon*, en deux mots.

[16] *Grenadille* ou *fleur de la passion*.

[17] *Canne à sucre*, par le mot composé *roseau-à-sucre*.

[18] *Bois-gentil*, ou *faux-garou*, *mezereum*.

[19] *Vitex* ou *agnus-castus*.

[20] *Térébenthine* est ici pasigraphiquement dérivée du mot *térébinthe*, quoiqu'on la tire aussi de divers autres arbres.

[21] *Semencine*, *semen sanctum*, *santonicum*, *barbotine*.

[22] *Magalep* ou *Mahalep*.

[23] *Staphisagre* ou *herbe aux poux*.

[24] *Mauve*, *guimauve*, *bouillon* ; *bouillon-blanc* ou *molène*.
[25] Un quatrième terme donne ici *encens mâle* ou *origan*.
[26] Le GRAND NOMENCLATEUR, en suppléant aux lacunes inévitables dans un espace aussi borné, classera les végétaux usuels dans un ordre à-la-fois botanique et pasigraphique. Il suffit de la petite provision qu'on en trouve ici pour pasigrapher les mots les plus nécessaires, et même beaucoup d'objets de pure curiosité.

TROISIÈME CADRE.

[1] Cette colonne ne contient que des quadrupèdes : dans les trois premières tranches, sont les animaux domestiques ; dans les trois dernières, les animaux sauvages ; dans la sixième tranche, les animaux de proie. Avec le signe du féminin, *bœuf* fait *vache*, *cochon* fait *truie*.
[2] *Coq*, au féminin, est *poule*.
[3] L'*eyder* fournit l'*édredon*, en pasigraphie, *duvet d'eyder*.
[4] *Monstre marin*.
[5] *Verte* ou *fraîche*.
[6] *Crapaud* est là comme tenant de la forme des grenouilles, qui le rappellent à la mémoire. Les autres six mots nomment ou des parties de poissons, ou des oiseaux, placés là comme à-peu-près limitrophes des deux espèces, ainsi que la *chauve-souris* entre l'oiseau et le quadrupède.
[7] *Ver solitaire* ou *Ténia*.
[8] *Syrène* avec le féminin : ce mot donne au masculin *triton*, en pasigraphie.
[9] *Fanon* de taureau, etc.
[10] *Crochet*. Un quatrième terme donne ici *fanon* de baleine.
[11] *Soie* que file un animal. On la distingue ici de *soie* poil.
[12] *Petit*, *poussin*, *poulain*, s'appliquent aux noms d'animaux, conformément à la règle des mots composés. (On devrait écrire *poulin*, puisqu'on écrit *pouliner*.)
[13] *Gronder*, *renifler*, *grogner*. Un quatrième terme donne ici *grommeler*.
[14] Le GRAND NOMENCLATEUR suppléera ici les mots moins usités, comme ailleurs les noms des plantes, dans l'ordre des Naturalistes adapté aux formes pasigraphiques.

QUATRIÈME CADRE.

[1] HOMME avec le féminin fait *femme* ; *human.* pour *humanité*, *genre h.* pour *genre humain*.
[2] *Incisive* et *molaire* se tireront de *tranchant* et de *broyer*.
[3] Le latin dit : *Subalaris :* qu'on porte sous l'aisselle.
[4] D'où *atrabilaire*.
[5] Avec le signe du féminin, *garçon* fait *fille*.
[6] *Sens* signifie ici l'un des cinq sens : c'est l'organe supposé en action.
[7] Un troisième terme donne ici *haletant* ; au superlatif, *pantelant*. Conventions pasigraphiques.
[8] *Pourpre* ou *scarlatine*, sorte de fièvre.
[9] *Cholera morbus* ou *trousse-galant*.
[10] La plupart des autres noms de maladies sont composés de mots grecs, dont l'effet est de réunir diverses significations isolées ici, et qui seront combinées dans le GRAND NOMENCLATEUR, suivant un ordre à la fois médicinal, chirurgical et pasigraphique.

CINQUIÈME CADRE.

[1] *Aller, devoir, savoir*, ont ici le même sens que dans les locutions françaises : *il va dire, il doit être riche, je ne saurois croire*.

[2] Comme dans : *je ne laisse pas de l'aimer*.

[3] *Promettre*, pour *donner lieu de s'attendre* : *menacer*, pour *donner lieu de craindre* : *penser*, pour *être sur le point*. Exemples : *l'enfant promet de grandir : le mur menace ruine : il a pensé tomber*.

[4] Des deux mots *curiosité*, le premier exprime le désir de voir ou de savoir : le second, l'objet qui excite ce desir. Exemple : *la curiosité de voir une curiosité : curieux de voir, curieux à voir*.

[5] Ici l'objet est pour le goût, afin qu'on puisse dire : *qui s'attache à ce que dit le mot*.

[6] Un second terme sous-entend ici l'expression la plus grossière, la plus insolente, la plus impertinente dont se servent les personnes mal élevées de tous les pays prétendus policés ; expression honteuse, qui, dans les diverses langues d'Europe, ne signifie pas même ce que l'absurde emportement semble leur faire dire. On ne donne au pasigraphe la faculté de rendre ce mot dépouillé de son indécence, que pour que la vérité morale puisse le désigner en le livrant au blâme.

[7] Il y a deux sortes de *pudeur* parmi les vertus : la *pudeur* qui répond à *pudicité*, à *pureté*, à *chasteté*, et la *pudeur* qui répond à *modestie* opposée non à *impudicité*, mais à *vanité*. La *pudeur* d'une vierge, que des mots licencieux font rougir, est très-distincte de la *pudeur* du vieux héros, qui ne veut pas qu'on le loue en face, ou même du poëte blessé d'éloges qu'il sent n'avoir pas mérités.

SIXIÈME CADRE.

[1] *Beau-père, gendre*, font, avec le genre féminin, *belle-mère, bru*, comme *ayeule, mère, tante, nièce, cousine, alliée*, etc., se forment des mots *ayeul, maternité, oncle, neveu, cousin, allié*, etc.

[2] Un quatrième terme donne *laquais*.

[3] Voyez les cadres HOMME SENSIBLE, DISPOSITIONS, CŒUR.

[4] *Tesserae* de Plaute, dans la scène II, de l'acte V du *Pœnulus* ; symboles ou souvenirs d'hospitalité que les Grecs nommoient *astragalos*.

[5] *En user*, bien ou mal envers quelqu'un.

[6] Comme dans *vice-président, sous-fermier, co-propriétaire, contre-lettre*, etc., en deux mots pasigraphés réunis.

SEPTIÈME CADRE.

[1] Les *métiers vestiaires*, ou les arts mécaniques rélatifs au vêtement, sont placés ici les premiers comme ayant pour objet ce qui touche le plus immédiatement l'homme en société, qui s'habille partout avant même de s'occuper de ses alimens.

[2] *Toile d'emballage* ou *serpillière*.

[3] Un troisième terme donne *roquelaure* après *houpelande*.

[4] *Sysse*, étoffe dont il est fait mention dans l'Ecriture.

[5] Un troisième terme donne *buanderie*, avec le signe du lieu si l'idée en est jointe à celle de *lessive*.

HUITIÈME CADRE.

[1] *Change*, d'où *donner* ou *prendre le change*.
[2] *Langue*, *langue fourrée*.
[3] *Litière*, paille mise sous le bétail.
[4] *Trait*, *traits*, cordes, chaînes, longes de cuir ou de soie, au moyen desquelles un animal tire ou traîne une voiture ou un fardeau.
[5] *Forcer* ou *excéder*.
[6] Les autres sortes de fromages se nomment de noms de lieux qu'on trouvera dans le GRAND NOMENCLATEUR, ou qu'on pasigraphera alphabétiquement.
[7] *Coup*, d'où boire un coup, d'un seul mot en Pasigraphie.
[8] *Kouasse*, *kichelichi*, boissons russes.
[9] *Raky*, boisson hongroise.

NEUVIÈME CADRE.

[1] ART-SCIENCE. Il ne s'agit ici que des arts les plus intimément liés aux sciences, de ceux qui en offrent ou les moyens ou les résultats les plus immédiats, et non des arts-métiers.
[2] Toute exception fait partie de la règle.
[3] *Taille*, *fente*, *bec*, d'une plume à écrire.
[4] *Boustrophédon*, sorte d'écriture qui va sans interruption de la gauche à la droite et de la droite à la gauche.
[5] *Ablatif*, *local*. Ce dernier cas indique le rapport à un lieu, comme *à Paris*, *dans Paris*, *par Paris*, *loin de Paris*, *près de Paris* : le nom porte le signe du cas local après ces prépositions exprimées par un mot, ou sans préposition expresse dans : Nous venons *de Paris*.
[6] *Parenthèse*, *accolade*. Le reste est dans la *Typographie*.
[7] *Chargé*, écrit où l'on a ajouté ou changé quelques mots.
[8] *Vot.-*, *-*, *l. tr. h. e. t. o. s.* Votre, son, leur très-humble et très-obéissant serviteur ou servante, selon que le mot est au masculin ou au féminin. *Vos*, *ses*, *leurs très-humbles et très-obéissans serviteurs*, si le mot est au pluriel. Ceci est expliqué dans la méthode. *Votre*, *son*, *leur*, ou *Vos*, *ses*, *leurs* et le reste, pour premier, pour second et pour troisième termes.
[9] *Quipos*, *salem*, *chiffre*. Quipos, écriture des Péruviens au moyen de nœuds. Salem, écriture usitée parmi les femmes des harems d'Asie : les idées s'y communiquent par diverses combinaisons de fleurs et d'autres objets convenus.
[10] *Sens*, *acception*. Ici *sens* est la manière dont on entend tout mot quelconque.

DIXIÈME CADRE.

[1] *Ancienneté*, avec l'augmentatif, fait *antiquité*.
[2] *Invétéré*, avec l'augmentatif, fait *vétusté*.
[3] Ou *qui a lieu presque toujours*.
[4] Ou *qui n'a lieu presque jamais*, avec l'augmentatif, fait *étrange*.
[5] Couverture d'un charriot, grosse toile.
[6] Ou voiture de place.

II.ᵉ Partie.

[7] Ou *beurt*, *beurtz*, *beurt-schépek*.
[8] *A la garde de Dieu, et sous la conduite de*, formule de lettre de voiture.
[9] *Poids-marchand*.
[10] Ou *Zurlo*.
[11] *Heure* comme *stund*, pris pour une mesure de distance ou itinéraire.

ONZIÈME CADRE.

[1] Les mots de ce Cadre servent à désigner les agens, par l'addition du signe du genre.
[2] Ce ne sont pas ici des noms de lieux, mais de dignités ou d'états.
[3] Avec le signe du genre féminin, *cavalier* (militaire) signifie ici *amazone*.
[4] *Queue*, d'où Pacha à trois queues.
[5] Tous les mots communs à l'infanterie et à la cavalerie, s'entendent de l'une et de l'autre.
[6] Voyez la quatrième colonne du Ve Cadre, intitulée : Transport par eau.

DOUZIÈME CADRE.

[1] *Localité*, tout ce qui caractérise un lieu.
[2] Comme *Marche de Brandebourg*, etc., d'où *Margrave*.
[3] *Par m. et p. v.*, par monts et par vaux.
[4] *Step*, vaste plaine couverte d'herbes incultes.
[5] *Promontoire*.
[6] *Maison de plaisance*.
[7] Un quatrième terme fera ici *Louvre*, *Cremlin*, château unique de nom en tout pays.
[8] *Place* publique, en anglais *square*.
[9] Les autres noms ou se pasigraphent alphabétiquement, ou seront dans le Grand Nomenclateur. On nomme ici les principales places d'affaires, de politique, de fabrique, de commerce et de banque.
[10] *Aix-la-Chapelle*.
[11] *Laconie*, d'où *laconisme* et *laconique*.
[12] *Cap-de-Bonne-Espérance*.

(39)

GRAND NOMENCLATEUR

PASIGRAPHIQUE,

EN DOUZE CLASSES DE SIX CADRES CHACUNE.

DIX CADRES DÉTACHÉS DE CE GRAND NOMENCLATEUR.

1°. Le Ier Cadre de la Ière Classe.	6°. Le Ier Cadre de la VIIe Classe.
2°. Le Ier — de la Ve —	7°. Le Ve — de la VIIIe —
3°. Le IIIe — de la Ve —	8°. Le Ier — de la IXe —
4°. Le Ier — de la VIe —	9°. Le Ier — de la Xe —
5°. Le IIe — de la VIe —	10°. Le Ier — de la XIe —

Tous les Cadres du GRAND NOMENCLATEUR ont exactement la même forme que les Cadres du PETIT NOMENCLATEUR et de l'INDICULE, six colonnes, six tranches, et six lignes dans la tranche; on n'y observera que les seules différences suivantes :

L'INDICULE ne porte aucune marque de Cadre.

Ceux du PETIT NOMENCLATEUR ont pour marque un caractère pasigraphique répété deux fois, et placé dans les carrés des angles supérieurs, afin que le pasigraphe prenne ce même caractère ici ou là, selon sa commodité.

Les Cadres du GRAND NOMENCLATEUR portent chacun trois caractères : 1°. un qui sert à marquer la CLASSE à laquelle appartient le Cadre : ce caractère est toujours placé dans le carré de l'angle supérieur de la gauche, à côté du mot CLASSE ; 2°. deux placés ensemble dans le carré de l'angle supérieur de la droite, à côté du mot CADRE, et qui servent à marquer le Cadre. Il y a deux caractères dans ce second carré, afin que le pasigraphe puisse choisir à son gré l'un ou l'autre.

1ère CLASSE. GRAND NOMENCLATEUR.

	DIEU, Être, Esprit, Nature, Nombre, Cieux.	ASTRES, Signes, Élémens.	SAISONS, Météores.
	— ou /	∾ ou ⨯	ℒ ou ᚛
—	DIEU, divinité, divin. Cause, principe, origine. Possibilité, pouvoir. Puissance, toute-puissance. Suprême, sublime, - ité. Infinité, éternité, - nel [1].	Soleil, disque, rayon. Etoile, constellation. Voie lactée, ourse, pet-., gr-. Planète, satellite. Comète, chevelure -, queue -. Apparition, disparition.	Saison, température. Temps, il fait un -, intempérie. Printemps, été, automne. Arrière saison, hyver. Météore, aurore boréale. Parélie, feu folet, - St. Elme.
∾	Providence, toute-sagesse. Prescience, prédestination. Nécessité, fatalité, fortune. Destin, sort, destinée. Cas, contingent, éventuel. Devenir, y avoir, *faire* [2].	Saturne, anneau, Jupiter. Mars, Vénus, Mercure. Herschel, lune, lunaison. Nouvelle lune, quartier, plein Phase, croissant, décours. Solstice, d'hyver, d'été; éclipse	Aube, point du jour. Aurore, crépuscule, - du matin Matin, matinal, matinée. Midi, avant -, après -. Soir, soirée, crépuscule du soir Nuit, sombre, obscurité.
ℒ	Être, existence, pré -. Néant, cahos, ténèbres. Création, créature, faire. Formation, auteur, rendre(*tel*) Opération, exécution. Acte, œuvre, ouvrage.	Cercle, orbe, rotation. Hémisphère, climat. Equateur, équinoxe. Méridien, tropique, colure. Ecliptique, Zodiaque. Pole, - arctique, -antarctique.	Sérénité, beau - soleil. Ombre, ombrage, ombragé. Vapeur, fumée, brouillard. Rosée, serein, brume. Bruine, pluie, ondée. Déluge, cataracte, arche [4].
᚛	Substance, substantiel. Simple; composé, mixte. Modification, animation. Parfaire, perfection, achevé. Accomplissemt, consommation Conservation, préserver.	Signe, degré, nœud. Bélier, taureau, gémeaux. Ecrevisse [3], lion, vierge. Balance, scorpion, sagitaire. Capricorne, verseau, poissons. Canicule. Ephémérides.	Vent, zéphir [5], bise. Bouffée, coup de vent, rafale. Vent coulis, vent alisé. Aquilon, autant, borée. Tramontane, tourbillon. Rumb, maestral, siroc.
С	Esprit, spirituel, - tualité. Ange, arch-, chérubin, séraph. Démon, diable, Satan. Substance corporelle. Nature, -rel, monde, univers. Nombre, numération, tout.	Elément, éther, vague. Terre, terrestre, terraqué. Eau, goutte, filet d'eau. Source, ruisseau, torrent. Air, gas, phlogistique. Feu, étincelle, flamme, flamber	Fraîcheur, froidure, refroidi. Froid, frimas, giboulée. Gelée, congélation, figer. Givre, grésil, grêle, grêlon. Verglas, glace, glaçon. Dégel, fonte, débacle.
Є	Ciel, firmament, empirée. Globe, boule, sphère. Orbite, cours, révolution. Attraction, gravitation. Astre, corps céleste. Lueur, lumière, -mineux, clarté	Nord, septentrion. Boréal, hyperborée. Sud, sud-est, sud-ouest. Midi, méridional, austral. Est, orient, - tal, levant. Ouest, occident, couchant.	Tiédeur, moiteur, chaleur. Ardeur, hâle, brûlé, - lure. Orage, ouragan, trombe. Eclair, éclat, coup. Foudre, tonnerre, carreau. Arc - en - ciel, iris.

GRAND NOMENCLATEUR. *Ier Cadre.*

ESSENCE, Qualités, Combinaisons des êtres.	ACTIONS DES ÊTRES les uns sur les autres.	EFFETS et Résultats d'actions et de formes.	ou /
L ou J	**C ou ↄ**	**E ou Ə**	
Essence, essentiel.	Action, réaction.	Effet, résultat, produit.	/
Faculté, efficacité.	Couler, glisser, rouler.	Phénomène, prodige.	⨯
Influence, vertu [6].	Etendre, verser, répandre.	Bon, bonté, utilité, salutaire.	⌉ } /
Emanation, découler.	Réflexion, réfraction.	Mauvais, nuisible, fatal.	J
Dériver, tirer, ensuivre.	Déclinaison, détour.	Danger, - reux, pernicieux.	ↄ
Venir, provenir, procéder.	Tourner, tournoyer.	Indifférent, indéfini.	Ə
Accident, événement.	Pulsion, impulsion, répulsion.	Calme, tranquillité, bonnace.	/
Advenir, arriver, survenir.	Commotion, vibration.	Cours, courant, fil, laps.	⨯
Supplément, complément.	Tremblement, trembloter.	Flux, reflux, marée, mousson.	⌉ } ⨯
Concours, circonstance.	Vaciller, chanceller.	Cascade, cataracte, jet, saut.	J
Combinaison, mélange.	Percussion, répercussion.	Bourrasque, tourmente.	ↄ
Divisibilité, distribution.	Pression, compression, serrer.	Tempête, avalanche.	Ə
Lenteur, ralentissement.	Effusion, infus-, transfusion.	Bruit, bruissement, murmure.	/
Vitesse, accélération.	Filtration, inf-, exfiltration.	Glouglou, gargouillement.	⨯
Célérité, vélocité.	Débordement, *superfluité*.	Claquer, craquer, croquer.	⌉ } ⌉
Véhémence, impétuosité.	Inondation, submersion.	Résonner, retentir, écho.	J
Violence, effort.	Pénétration, imbibition.	Répétition, réverbération.	ↄ
Résistance, immobilité.	Tenir, con-, englobé, absorbé.	Détonnation, fracas.	Ə
Fixité, stabilité, immuabilité.	Effleurer, frôler, *friser*.	Elimer, atténué, usure [7].	/
Poids, pesanteur, lourdeur.	Froter, frotement, froisser.	Altération, détérioration.	⨯
Condensation, concentrer.	Frapper, écorner, casser, briser	Dégradation, empirer.	⌉ } J
Retirer, racornir, concrêt.	Rompre, fracasser, moudre.	Déchoir, dégénération.	J
Ductilité, maléabilité.	Tronquer, écaché, écailler.	Dépérir, périr, perte.	ↄ
Dilatation, raréfaction.	Renverser, bouleverser.	Ruine, débris, décombre.	Ə
Mince, grêle, frêle, fragile.	Poindre, sourdre, jaillir, - re -.	Résidu, sédiment, lie.	/
Ténuité, délié, foiblesse.	Excéder, surpassé, surmonté.	Reste, fond, dépôt, marc.	⨯
Délicatesse, finesse.	Dominer, asc-, transcendant.	Corruption, gâté, vicié.	⌉ } ↄ
Petitesse, médiocrité.	Céder, fléchir, plier, ployer.	Moisissure, ranci, relent.	J
Modicité, défectuosité.	Inclinaison, déclinaison, -iner.	Décomposition, tourner.	ↄ
Infériorité; *supériorité*.	Affaissement, enfouissement.	Pourriture, ordure.	Ə
Stagnation, croupir.	Pousser, chasser, expulser.	Dissipation, évanouissement.	/
Fermenter, effervescence.	Explosion, éruption.	Extinction, suppression.	⨯
Fusion, liquéfaction.	Allumer, embrasement.	Epuisement, tarissement.	⌉ } Ə
Ebulition, bouillonnement.	Combustion, calcination.	Réparation, régénération.	J
Résolution, dissolution.	Consumer, destruction.	Reproduction, renaissance.	ↄ
Changement, métamorphose.	Extermination, anéantissem*t*.	Résurrection, palingénésie.	Ə

IIe Partie.

V.e CLASSE. GRAND NOMENCLATEUR.

C	HOMME SENSIBLE, Cœur, Bonté.	FOIBLESSE, Douleur, Courage.	PITIÉ, Consolation, Joie, Bonheur, Dureté.
	— ou /	∽ ou ⨯	ℒ ou ⅃
— —	Cœur ; *caractère, naturel*.	Pusillanimité, timidité.	Pitié, commisération.
— ∽	Impassibilité, apathie.	Foible, foiblesse, affoibli.	Compassion, miséricorde.
— ℒ	Indifférence, sang-froid.	Alarme, *alerte, algarade*.	Morosité, mélancolie.
— ⅃	Sérénité, calme, quiétude.	Emotion, saisir, trémousser.	Sérieux, gravité, morne.
— C	Susceptibilité, éprouver.	Tressaillir, frémissement.	Eplorer, déplorer, lamenter.
— Ꭼ	Impression, affection [1].	Trouble, embarras, souci.	Gémir, plainte, doléance, con-.
∽ —	Sensibilité, sensation.	Inquiétude, sollicitude.	Relâche, allègement.
∽ ∽	Sentiment, sentir, *avoir* [2].	Déplaisance, mal-aise.	Soulagement, réconfort.
∽ ℒ	Pressentiment, ressentiment.	Déplaisir, désagrément.	Consolation, dissipation.
∽ ⅃	Toucher, pénétrer.	Fâcher, humeur, ennui [7].	Délassement, passe-temps.
∽ C	Intérêt, prendre part.	Peine, tristesse, chagrin.	Récréation, amusement.
∽ Ꭼ	Prendre à cœur, avoir à cœur.	Douleur, anxiété, angoisse.	Divertissement, badinage.
ℒ —	Douceur, mansuétude.	Souffrance, pâtir, subir.	Agrément, agréer, agréable.
ℒ ∽	Débonnaireté, bonhomie.	Affligé, désolé, deuil.	Plaire, se -, complaire, se -.
ℒ ℒ	Complaisance, obligeance.	Navré, crève-cœur.	Contentement, satisfaction.
ℒ ⅃	Prévenance, aménité, accord.	Serrement, déchirement.	Gaieté, égayer, enjouement.
ℒ C	Prendre en bonne part.	Mal, malheur, tourment.	Folâtre, gaillardise, jeu, *libre*.
ℒ Ꭼ	Affectueux, pathétique.	Tribulation, torture, supplice.	Facétie, goguenard, grivois.
⅃ —	Bonté [3], *bien* [4].	Langueur, langoureux.	Joie, joyeux, jovial, ris.
⅃ ∽	Bienveillance, bénévole.	Abasourdi, abattement.	Plaisir, délectation, ébat.
⅃ ℒ	Bienfaisance, *bienfait*.	Accablement, consternation.	Jouissance, *faveur, savourer*.
⅃ ⅃	Libéralité, *largesse*.	Accoutumance, amortir.	Volupté, *sensualité, sensuel*.
⅃ C	Munificence, prodigalité.	Endurer, supporter, soutenir.	Bonheur, félicité.
⅃ Ꭼ	Générosité, excellence.	Patience, longanimité.	Délice, délicieux, délectation.
C —	Grâce, gracieux, *revenant*.	Assurance, sécurité.	Prospérité, prospère.
C ∽	Daigner, passer, tolérer.	Fermeté, force, constance.	Propice, *favorable*.
C ℒ	Ménager, épargner.	Imperturbabilité.	Réjouissance, allégresse.
C ⅃	Excuser, fléchir, exaucer.	Oser, hardiesse, enhardir.	Exultation, jubilation.
C C	Pardon, clémence, *amnistie*.	Courage, encouragement.	Félicitation, congratulation.
C Ꭼ	Cordialité, piété [5], -*filiale*.	Braver, front, affronter.	Béatitude, bienheureux.
Ꭼ —	Gratitude, obligation.	Exposer, risquer, *chance*.	Blaser, fastidieux, ennui [8].
Ꭼ ∽	Reconnoissance, retour.	Hazarder, aventurer, *risque*.	Dureté, endurcir.
Ꭼ ℒ	Remercier, action de grâce.	Aguerrir, bravoure, braver.	Insensibilité, rigueur.
Ꭼ ⅃	Humanité, philantropie.	Valeur, vaillance.	Roideur, inflexibilité.
Ꭼ C	Magnanimité, dévouement.	Audace, témérité.	Cruauté, inhumanité.
Ꭼ Ꭼ	Amour [6], charité.	Héroïsme, héros, stoïcisme.	Barbarie, acharnem.t, dénaturé

GRAND NOMENCLATEUR. — Ier CADRE.

VOLONTÉ, Désir, Résolution, Accord, Liberté.	INSOUCIANCE, Caprice, Opiniâtreté.	ÉMULATION, Transmission de volonté, Obéissance.	ou /
ʎ ou ꙅ	Ɔ ou ꙅ	Ɛ ou Ǝ	
Volonté, vouloir, *entendre*.	Involontaire, incurie.	Émulation, émule.	/
Hésiter ; perplexité.	Insouciance, négliger.	Rivalité, rival, rivaliser.	⨯
Irrésolution, indécision.	Laisser aller, - dire, - faire.	Parti, partisan, faction.	ⵊ } /
Balancer, *barguigner*.	Ne se soucier guère, - point.	Sectateur, fauteur.	Ʇ
Incertitude, consulter.	Ambulatoire, versatilité.	Zèle, zélateur, s'évertuer.	Ɔ
Délibérer, conseil, conseiller.	Arbitraire, à la guise.	Recherche, *brigue*, cabale.	Ǝ
S'aviser (de), songer (à).	Caprice, être d'humeur.	Suggestion, induire (à).	/
Se soucier (de), en vouloir (à).	Fantaisie, fantasque.	Inciter, susciter, pousser, défi.	⨯
Proposition, plan, but.	Bizarrerie, boutade.	Exciter, instigation, porter.	ⵊ } ⨯
Tentation, velléité, envie.	Coup de tête, quinte, lubie.	Séduction, suborner, gagner.	Ʇ
Intention, dessein, projet.	Marotte, engouement, manie.	Amadouer, *embabouiner*.	Ɔ
Vue, avoir en vue, - pour but.	Infatuation, extravagance.	Inspirer, *styler, siffler, souffler*	Ǝ
Désir, souhait, vœu.	Temporiser, différer, délai.	Prière, sollicitation.	/
Aspirer (à), soupirer (après).	Suspens, renvoi, remise.	Instance, intercession.	⨯
Préméditer, *ne respirer que*.	Éluder, biaiser, tergiverser.	Adjurer, conjurer, implorer.	ⵊ } ⵊ
Prendre parti, - le parti [9].	Rejet, repousser, récusation.	Supplication, supplique.	Ʇ
Déterminé, décision, arrêté.	Dispense, exemption.	Exhortation, provocation.	Ɔ
Résolution, résolument, fixe.	Refus, déni, se refuser (à).	Entraîner, engagement.	Ǝ
Volontaire, exprès, formel.	Démentir, *démenti*, confondre	Offre, adhésion, accession.	/
Propre-mouvement, spontané.	Révoquer, *désappointer*.	S'en remettre, s'en rapporter.	⨯
Consentement, aveu, avoué.	Dédire, palinodie, abjuration.	S'en tenir, s'en référer.	ⵊ } Ʇ
Se prêter (à), céder (à).	Renoncer, désintéressement.	Promesse, parole, protester.	Ʇ
Savoir gré, *goûter*, trouver bon	Rétractation, reniement.	Observer, remplir, tenir.	Ɔ
Accepter, adopter, admettre.	Se raviser, se départir, désister.	Acquitter, accomplir, suivre.	Ǝ
Demande, prétention.	Opposition, butter, lutte.	Confier, fier, commettre.	/
Exiger, presser, insister.	Empêcher, obstacle [10].	Donner commission.	⨯
Persister, appuyer, soutenir.	Astreindre, restreindre.	Délégué, députation, préposé.	ⵊ } Ɔ
Mander, commander, *du signe*	Obliger, forcer, imposer.	Charger, recommander.	Ʇ
Ordre, enjoindre, prescrire.	Enfreindre, transgresser [11].	Signifier, notifier, intimer.	Ɔ
Dominer, primer, prévaloir, se-	Manquer, frustrer, trahir.	Témoignage, attestation.	Ǝ
Accord, accorder, convention.	Abonder dans un sens.	Résignation, condescendance.	/
Permission, licence, *laisser*.	Tenue, ténacité, *mordicus*.	Déférence, docilité, souplesse.	⨯
Liberté, - arbitre, franchise.	Obstination, entêtement.	Obéissance, dépendance.	ⵊ } Ǝ
Il plaît, autorisation.	Têtu, taquin, mutin.	Soumission, subordination.	Ʇ
Concerter, conspirer (à).	Opiniâtreté, absolu, ferme.	Assujettir, asservissement.	Ɔ
Concours, unanimité.	Impérieux, intraitable.	Esclavage, servitude, serf.	Ǝ

V.ᵉ CLASSE. GRAND NOMENCLATEUR.

C	HOMME INTELLIGENT, Esprit, Sens, Idée, Pensée.	IMAGINATION, Bel-Esprit, Enthousiasme, Chimères.	MÉMOIRE, Moyens, Produits et Défauts.
	— ou /	∼ ou ⨍	ℒ ou ↄ
— —	Esprit de l'homme [1].	Imagination, imaginaire.	Mémoire, souvenir.
— ∼	Ame, mâne, ombre, larve.	Invention, découverte.	Ressouvenir, recorder.
— ℒ	Entendement, entente.	Fiction, feinte, parabole.	Rappel, se rappeller.
— ᴛ	Raison (*faculté*), raisonnable	Fable, fabuleux, roman.	Réminiscence, se figurer.
— C	Intelligence, intellect [2].	Simuler, dissimulation.	Inculquer, retenir.
— ℭ	Sens, bon-sens, sens-commun.	Prétexte, subterfuge.	Par cœur, sur le bout du doigt
∼ —	Capacité, *habileté d*.	Controuver, supercherie.	Trâce, vestige, marque, repère.
∼ ∼	Conception, comprendre.	Représenter, dépeindre.	Retrâcer, reproduire.
∼ ℒ	Clairvoyant, éclairé.	Figurer, simulacre.	Raconter, narré, récit.
∼ ᴛ	Pénétration, perspicacité.	Imitation, contrefaire.	Répétition, récitation.
∼ C	Sagacité, subtilité.	Image, copie, tableau.	Renseignemᵗ, reconnoissance.
∼ ℭ	Finesse, futé, ruse, *tour*.	Personnifier, personnage.	Reprocher, rabâcher.
ℒ —	Perception, aperçu.	Original, originalité.	Tradition, immémorial.
ℒ ∼	Idée, *idéer*, idéal.	Modèle, type, prototype.	Etude, studieux.
ℒ ℒ	Notion, prénotion.	S'ingénier, ingénieux.	Apprendre, savoir.
ℒ ᴛ	Connoissance, voir.	Ressource, expédient.	Retenir, récapitulation.
ℒ C	Attention, *présence d'esprit*.	Aviser à, pourvoir à.	Coutume, usage, us.
ℒ ℭ	Prendre garde, s'occuper.	Artifice, stratagême.	Habitude, routine, routinier.
ᴛ —	Réflexion, méditation.	Esprit, avoir de l'esprit, bel -.	Signe, signal, signalé.
ᴛ ∼	Pensée, *pensif*, songer.	Saillie, bon-mot, impromptu.	Symbole, emblême.
ᴛ ℒ	Observation, remarque.	Répartie, trait, pointe, rébus.	Hyéroglyphe, - *mystère*.
ᴛ ᴛ	Considération, considérable.	Raillerie, plaisanter, sarcasme.	Commémoration, monument.
ᴛ C	Contempler, envisager.	Ironie, dérision, moquerie.	Réputation, renom, renommée
ᴛ ℭ	Examen, scruter, exact.	*Humor* [5], drôlerie, quolibet.	Famosité, célébrité.
C —	Savoir [3], *au fait* [4].	Inspiration, enthousiasme.	Rapport, relation, acte.
C ∼	Supposition, hypothèse.	Exagération, hyperbole, outré.	Description, exposition.
C ℒ	Apparence, paroître.	Exaltation, illumin-, vertige.	Déduire, consigner.
C ᴛ	Sembler, semblant, spécieux.	Folie, fanatisme, frénésie.	Tablette, souvenir, album.
C C	Oui-dire, *soi-disant, prétendu*	Rêverie, vision, délire.	Journal, mémoire, factum.
C ℭ	Ignorance, impéritie, ignare.	Chimère, fantôme, spectre.	Histoire, annale, chronique.
ℭ —	Vraisemblance, illusion.	Enchantement, charme, magie	Mémoire locale, - fidèle.
ℭ ∼	Indice, indication.	Sortilège, sorcellerie, grimoire	Mᵉ artificielle, - exercée [6].
ℭ ℒ	Désignation, assigner.	Prestige, amulette, talisman.	Avoir -, conserver la mémoire.
ℭ ᴛ	Sous-entente, double-entente.	Fée, sylphe, farfadet, lutin.	Distraction, inadvertance.
ℭ C	Mentalité, mental.	Loup-garou, revenant, ombre.	Omission, passé de l'esprit.
ℭ ℭ	Prendre-, tenir-, donner pour.	Gnome, lémure, monstre.	Rester court, oubli.

GRAND NOMENCLATEUR. *IIIe Cadre.*

L ou λ

HOMME INTELLIGENT. Jugement, Erreur.	RAISON, Raisonnement.	SAGESSE, Talent, Génie.
ʟ ou ʝ	C ou Ↄ	Ɛ ou Ǝ
Jugement(*fac.*),-(*acte*)[7].	Raison, raisonnement.	Prudence, sagesse, posé.
Doute, douteux, *mettre en* -.	Question, *en question*.	Attribut, attribution,-tributif.
Soupçon, suspicion, éveil.	Proposition, problême.	Application, imputation.
Prévention, préoccupation.	Point, - capital, - principal.	Trouverque, reconnoîtreque.
Présomption [8], *se douter*.	Corollaire, *avoir trait à*.	Estime, *faire cas, traiter de*.
Conjecture, conjectural.	Rapprochement, comparaison.	Importance, devoir, falloir.
Pressentir, prévoir, prédire.	Convenance, *sortable*.	Approbation, faveur.
Présage, augure, pronostic.	Congruité, pertinence.	Applaudissement, éloge.
Divination, devin, horoscope.	Enchaînement, dépendance.	Louange, vanter, prôner.
Préjuger, préjugement.	Recherche, information.	Exalter, célébrer, honorer.
Opinion, avis, suffrage.	Interprétation, explication.	Distinction, illustra-, signalé.
Crédibilité, crédulité.	Eclaircissement, discussion.	Panégyrique, apologie.
Croyance, fier, confier, foi.	Traiter, approfondir.	Dédain, *dédaigneux*.
Persuasion, faire accroire.	Délibération, délibératif.	Mésestime, dépriser.
Conviction, *captieux*.	Restriction, abstraction.	Déprimer, ravaler, décrier.
Probabilité, preuve.	Discernement, classe, rang.	Dégradation, avilissement.
Démonstration, certitude.	Qualification, caractériser.	Huer, bafouer, honnir.
Evidence, notoire, manifeste.	Définir, circonscrire, borné.	Mépris, rebut, vilipender.
Vérité, véritable, vrai.	Motif, moyen, fondement.	Censure, critique, satyre.
Vérification, incontestabilité.	Choix, élite, option, triage.	Epiloguer, redire, dénigrer.
Sûr, sûreté, constant, positif.	Acception, condition, - nel.	Arguer, reprendre, taxer de.
Justesse, précision, net.	Allégation, assertion, établir.	Inculper, accuser, charge.
Infaillibilité, immanquable.	Accorder, soutenir, maintenir.	Blâme, réprouver, condamner.
Axiome, maxime, établir.	Affirmation, confirmation.	Justification, absolution.
Erreur, tort, se tromper.	Objection, contradiction [10].	Talent, habileté,-adresse.
Mégarde, méprise, bévue.	Contrariété, difficulté.	Don,-naturel,-acquis, doué.
Fascination, disparate.	Opposition, obstacle (vu).	Goût, bon goût, mauvais goût.
Mal-entendu, contre-sens.	Réfutation, rétorsion.	Finesse, délicatesse, élégance.
Amphibologie, ambiguité.	Contre-preuve, confondre.	Projet, plan, spéculation.
Equivoque, qui-pro-quo.	Négation, dénégation.	Catégorie, système.
Inconséquence, déraison.	Induction, déduction.	Adage, proverbe, sentence, dit.
Sophisme, paradoxe.	Allusion, allégorie.	Apophtegme, précepte.
Déception, abuser, duperie.	Argument, argumentation.	Principe, règle, *institution*.
Contradiction [9], absurdité.	Argutie, chicane, contrecarrer	Recueillement, contemplation
Sottise, ineptie, galimatias.	Conclusion, conséquence.	Esprit faux, esprit-fort.
Faux, coq-à-l'âne, non-sens.	Décision, solution, résolution	Génie, verve, sublime.

IIe Partie.

VIe CLASSE. — GRAND NOMENCLATEUR.

	HOMME PIEUX. RELIGION, DOGMES, INSTRUMENS, LIVRES.	ACTES RELIGIEUX, SENTIMENS, RÉSULTATS.	FÊTES RELIGIEUSES, USAGES, MINISTÈRE, SECTES.
	⌐ ou /	∾ ou ⨍	ℒ ou ⅃
— —	Religion, foi, culte.	Église, fidèle, œcuménicité.	Fête, chaumer, vigile.
∾	Jésus, *Christ*, Jesus-Christ.	Ordre, rang, hiérarchie.	Avent, quatre-temps, carême.
ℒ	Verbe, messie, rédemption.	Pouvoir, imposition, autorité.	Noël, innocens, épiphanie.
⅃	Saint-Esprit, Trinité.	Profes-, émission, vœu, serm^t.	Septua-, sexa-, quinquagésime
C	Incarnation, révélation.	Consécration, sacré, jurement	Passion, rameaux, Pâque.
Є	Christianisme, chrétienté.	Dédicace, voué, inauguration.	Rogation, ascens-, Pentecôte.
∾ —	Caractère, circoncision.	*Discipline* [1], institution.	Vierge, -sainte-, Notre-Dame.
∾	Sacrement, baptême, -tistaire.	Purification, cierge.	Martyr, -tyre, confession [3].
ℒ	Confirmation, confession.	Lustration, encensement.	Dominicale, oraison domini-.
⅃	Onction, extrême-, chrême.	Offrande, offertoire, libation.	Jour gras, -maigre, ouvrable.
C	Eucharistie, viatique.	Aumône, quête, tronc, tirelire.	Bénédicité, grâces, bénit.
Є	*Ordre*, ordination, conféré.	Expiation, pénitence, stigmate	Prosterné, *discipline*, momerie
ℒ —	Dogme, dogmatisé, -tique.	Messe, sacrifice, cène.	Spirituel, -ritualité, temporel.
∾	Orthodoxie, catholicité.	Hostie, victime, immolation.	Secte, hérésie, hérésiarque.
ℒ	Prophétie, prédiction, oracle.	Holocauste, hécatombe.	Schisme, -atique, intrusion.
⅃	Pythonisse, sibylle, sibyllin.	Célébration, communion.	Dissidence, non-conformité.
C	Prodige, -ieux, miracle, -uleux	Service, office, *mystère*, prière.	Excommunion, cas de consci^{ce}
Є	*Mystère*, initiation, prosélyte.	Cérémonie, solennité, pompe.	Déisme, polithéisme, athéisme
⅃ —	Arche, piscine, vase sacré.	Sermon, prêché, prône, homélie	Ministère, -istre, consistoire.
∾	Calice, ciboire, patène.	Chant, plein-chant, psalmodie.	Lévite, rabbin, pharisien.
ℒ	Croix, crucifix, crucifixion.	Matines, vêpres, complies.	Mage, bramine, hyérophante.
⅃	Autel, grand-autel, crédence.	Procession, pèlerin, pèlerinage	Druide, talapoin, fakir.
C	Ostensoir, reposoir, lutrin.	Réconciliation, relevailles.	Mufti, iman, derviche.
Є	Chapelet, rosaire, grain.	Bénédiction, salut, -tation [2].	Inquisition, s. office, autodafé.
C —	Testament, Bible, Genèse.	Conjuration, évocation.	Ordre, annonciade; *vestale*.
∾	Pentateuque, lévitique.	Exorcisme, anathême.	Camaldule, carme, capucin.
ℒ	Apocalypse, Épître, Acte.	Suspens, interdit, fulmination.	Cordelier, récolet, minime.
⅃	Décalogue, commandement.	Conversion, contri-, attrition.	Chartreuse, feuillant, merci.
C	Évangile, doctrine, endoctriné	Pardon, rémission, absolution	Bénédictin, bernardin, trappe.
Є	Canon, bulle, bref, mandement.	Indulgence, -plénière, grâce.	Jacobin, jésuite, oratorien.
Є —	Catéchisme, catécumène.	Piété, dévotion, mysticité.	Judaïsme, paganisme, gentil.
∾	Rite, rituel, liturgie.	Funérailles, convoi, funèbre.	Guèbre, brama, lama, fétiche.
ℒ	Missel, Heures, Bréviaire.	Embaumé, enterré, *momie*.	Mahomet, islamisme, houri.
⅃	Pseaume, hymne, cantique.	Malédiction, damnation.	Luther, Calvin, protestant.
C	Oraison, antienne, litanie.	Béatification, canonisation.	Anglican, test, puritain, socin.
Є	Alcoran, sanscrit, zendavesta	Sainteté, salut, *apothéose*.	Presbytérien, quaker, morave.

GRAND NOMENCLATEUR. *Ier Cadre*.

HOMME SOCIAL. Propriété, Transmission.	HOMME CIVIL. Judicature.	HOMME POLITIQUE. Gouvernement.	ou /
ʟ ou ɟ	C ou Ↄ	Ꜿ ou Ↄ	
Propriété, avoir, moyen.	Loi, réglement, code.	Souveraineté, règne.	/
Faculté, *de quoi*, *aise*, *bien*.	Statut, pancarte, patente.	Suzeraineté, suprématie.	⸌
Obtention, appartenance.	Administration, police.	Gouvernement, régime.	ʟ
Possession, jouissance, garde.	Proclamation, ordonnance.	Autorité, autorisé, sanction.	ɟ ⟩ /
Disposition, dévolu, remise.	Main-forte, maintenue.	Investiture, féodalité.	Ↄ
Cession, con-, rétrocession.	Prohib-, inhibition, défense.	Fief, féal, vassalité, sujet.	Ↄ
Transmission, donation, don.	Fisc, finance, régie, ferme.	Autocratie, aristocr-, dynastie.	/
Gage, salaire, honoraire.	Péage, octroi., barrière.	Avénement, usurpation.	⸌
Traitement, appointement.	Tarif, taxe, amende.	Dictature ; 2,3, décemvirat[4]	ʟ
Gain, profit, bénéfice.	Tontine, loterie, mont de piété	République, démocratie.	ɟ ⟩ ⸌
Héritage, héritier, succession.	Redevance, corvée, mainmorte	Interrègne, anarchie.	Ↄ
Patrimoine, -monial, légitime.	Contrainte, saisie, séquestre	Despotisme, tyrannie.	Ↄ
Dot, préciput, douaire.	Corps-de-ville, bourgeoisie.	Congrès, diète, états.	/
Fonds, foncier, immeuble.	Commune, -nauté, bannalité.	Cortès, junte, amphictyon.	⸌
Etablissem^t, domaine, apanage	Election, scrutin, ballotage.	Echiquier, assiente, comité.	ʟ
Capital, capitaliste, principal.	Audience, séance, session.	Constitution, charte, *brevet*.	ɟ ⟩ ʟ
Usufruit, revenu, produit.	Chambre, siège, *sélette*.	Capitulaire, récès, *décret*.	Ↄ
Rente, rente viagère, pension.	Assise, vacation, vacance.	Edit, rescrit, bill, *motion*.	Ↄ
Richesse, fortune, opulence.	Judicature, justicier, ressort.	Manifeste, déclaration.	/
Somme, espèce, numéraire.	Jurisdiction, compétence.	Coalition, conféséra-; ligue.	⸌
Monnoie, pièce, comptant.	Placet, requête, *factum*.	Guerre, trêve, neutralité.	ʟ
Effet, titre, hypothèque.	Intenter, poursuite, instance.	Ban, arrière-ban, *oriflamme*.	ɟ ⟩ ɟ
Déguerpir, abandon, délaissé.	Comparoir, interrogatoire.	Abdication, déchéance.	Ↄ
Reprise, récupéré, restitué.	Défaut; par défaut, coutumace	Abroga-, aboli-, proscription.	Ↄ
Transaction, aliénation.	Réquisitoire, arrêt, sentence.	Attroupem^t, émeute, sédition.	/
Soumission, souscription.	Appel, évocation, conflit.	Conspiration, conjuration.	⸌
Vente, adjudication, -cataire.	Cassation, forfaiture, annullé.	Révolte, insurrec-, révolution.	ʟ
Enchère, encan, criée.	Arrestation, déten-, réclusion.	Raison-, coup-, acte d'état.	ɟ ⟩ Ↄ
Achat, emplette, acquisition.	Peine, infligé, sévir, afflictif.	Otage, captivité, rançon.	Ↄ
Amodiation, afferrmé, cens.	Punition, châtiment, supplice.	Tribut, -butaire, contribution.	Ↄ
Location, locataire, loyer.	Exil, banni, confiné, déporté.	Subside, impôt, aides, excise.	/
Bail, emphytéose, police.	Flétri, carcan, pilori, marque.	Capitation, taille, gabelle.	⸌
Dépense, dissiper, gaspillage.	Fouet, verge, fustigé, knout.	Solde, prix, récompense.	ʟ
Dommage, perte, indemnité.	Lapidé, empoisonné, écorché.	Tribu, caste, clan, comice.	ɟ ⟩ Ↄ
Testament, codicile, intestat.	Potence, gibet, pendaison, roue	Peuple, nation, population.	Ↄ
Legs, légataire, fidéi-commis.	Empalé, décollé, guillotine.	Diplome, -stique, négociation	Ↄ

(48)

VIe CLASSE.   GRAND NOMENCLATEUR.

€	HOMME CIVILISÉ. Modes, Toilette.	CONDITIONS, Rangs, Luxe, Décorations, Titres.	ARCHITECTURE civile et militaire.
	— ou /	∾ ou ⨯	ℒ ou ⅃
—	— Mode, -des, marchand de -. ∾ Toilette, - parure, atour. ℒ Ajustement, attifé, adonisé. ℓ Cosmétique, fard, blanc. C Rouge, bezetta, crépon. € Pommade, pâte, - d'amande.	Obscurité, abjection, vileté. Vilain, manant, inconnu. Notable, *gentlmen*, *piast*. Noblesse, gentilhomᵉ, baronet Quartier, condition, qualité. Patriciat, grandeur, grandesse	Architecte, -ure, module. Colonne, -ade, obélisque. Base, piedestal, socle. Fût, chapiteau, frise. Corniche, fronton, simaise. Entablement, architrave.
∾	— Coëffure, peigne, coup de -. ∾ Frisure, accommodage. ℒ Coupe, effilé, étage, mèche. ℓ Echevelé, épars, ébouriffé. C Mêlé, crêpé, tapure, re -. € Roulé, papillotte, fer à -.	Monsieur, sieur, maître, don. Mgʳ, seigneur, - eurie, messire. Mad., dame, ma-, demoiselle. Grâce, excellence, révérence. Altesse, -sérénissmᵉ, -roi-, -imp. Sire, votre -, sa maj., hautesse.	Ordre. Dorique, Ionique. Corinthe, Toscan, Composite Goth, persique, arabesque. Gallerie, portique, avenue. Tour, pavillon, aîle, kiosk. Portail, poterne, guichet.
ℓ	— Face, toupet, boucle, -clure. ∾ Annelure, ondoyer, flottant. ℒ Chignon, relever, tignon. ℓ Tresse, cadenette, tourné. C Bourse, catogan, queue. € Perruque, tête à -, postiche.	Luxe, faste, pompe, apparat. Attirail, appareil, airs, train. Etalage, parade, ton, figure. Raffinement, recherche. Pimpant, pavaner, renchérir. Magnificence, somptuosité.	Corridor, dédale, labyrinthe. Balustre, balcon, parquet. Pont, arche, môle, chaussée. Aqueduc, digue, levée, culée. Arcboutant, ceintre, ogive. Platteforme, coupole, dôme.
ℒ	— Attache, agraffe, crochet. ∾ Lac, lacer, entrelacé. ℒ Ruban, padou, faveur. ℓ Nœud, cocarde, rosette, bouffe C Epaulette, aiguillette. € Brandebourg, bourdaloue.	Equipage, suite, cortège. Etiquette, cérémonial. Titre, titulaire, honoraire. Honneur, -orable, distinction. Rang, charge, dignité, lustre. Allégeance, hommage, -lige.	Salle [2], scène, cirque, colysée Loge, parquet, paradis, foyer. Théâtre, amphi -, parterre. Coulisse, rampe, soupente. Plafond, entre-sol, mansarde. Galetas, donjon, girouette.
C	— Passement, frange, crépine. ∾ Effilé, souci d'haneton. ℒ Graine-d'épinard, cordelière. ℓ Cannetille, cartisane, picot. C Broderie, feston, découpure. € Godron, bouillon, -onné.	Décoration, ordre, cordon. Plaque, toison, en sautoir. Masse, crosse, *bâton*, sceptre. Diadème, couronne, -ment. Trône, intrônisation, dais. Cour, faire sa -, courtisan.	Architect. navale, gabarit Quille, varangue, pont. Tillac, gaillard, château [3]. Dunette, écoutille, sabord. Bastingue, bordage, doublage. Boussole, habitacle, cale.
€	— Bonnet monté, fontange. ∾ Marli, carcasse, passe, fond. ℒ Papillon, volant, barbe. ℓ Point, -d'Angl., -d'Alençon. C Dentelle, blonde, entoilage. € Falbalas, fanfreluche, chiffon.	Blason, écusson, armoirie. Lambel, écartelé, fleurs de lys. Page, écuyer, camerlingue. Chambellan, majordome. Porte-[1], véneur, maîtrise. Infant, Dauphin, présomptif.	Mât, artimon, beau-pré. Misène, vergue, perroquet. Hune, hunier, agrès, pavois. Pavillon, flamme, banderole. Signal, porte-voix, lof, loc. Ancre, jas, herpe marine.

GRAND NOMENCLATEUR.   IIe Cadre.

ART MILITAIRE. Dispositions, Actes.	ARMES, Armures, Attirail militaire.	SIÈGE, CAMP, Résultats militaires.	∾ ou ⨍
Ʉ ou Ɉ	Ϭ ou Ͻ	Ɇ ou Ǝ	
Levée, engagement, presse.	Arme, armement, attirail.	Pal, palissade, -sadé, pieu.	/
Conscription, réquisition.	Flèche, dard, trait, javelot.	Fascine, blinde, -age, gabion.	⨍
Corps, incorporation.	Pique, esponton, hampe.	Barricade, -dé, épaulement.	ꙅ
Service, exercice, activité.	Marteau, hache, massue.	Chaussetrape, *mettre des* -.	Ɉ
Porter, brandir, poser, dé -.	Baliste, catapulte, bélier.	Coupure, fossé, -ssé, tranchée	Ͻ
Munition, équipement, -page	Bander, décocher, portée.	Ligne, circonvallation, contre-	Ǝ
Ordre, mot, parole, appel.	*Epée*, lame, dos, plat d'-.	Ouvrage, -avancé, glacis.	/
Consigne, poste, -té, relevée.	Sabre, cimeterre, espadon.	Demi-lune, ravelin, tenaille.	⨍
Ronde, tour, -née, patrouille.	Poignard, dague, stylet.	Escarpe, -pé, contrescarpe.	ꙅ
Rang, front, ligne, haie.	Poignée, garde, pommeau.	Herse, pont-levis, tape-cu.	Ɉ
Alignement, former, serrer.	Baudrier, bandoulière, en -.	Chemin battu, chemin couvert	Ͻ
Qui va là? qui vive? sur le -.	Dragonne, sabre-tasche.	Flanc, flanqué, flanquant.	Ǝ
Escrime, *défi, cartel, duel*.	*Armure*, bouclier, écu, égide.	Approche, investiss.t, cernem.t	/
Botte, tierce, carte, pousser.	Pavois, pièce, cuirasse, -acé.	Blocus, siège, assiégé, -geant.	⨍
Estoc, taille, pointer, sabrer.	Plastron, -né, bras -, cuissard.	Surprise, escalade, assaut.	ꙅ
Parer, effacer, couvrir, posture	Casque, heaume, visière.	Batterie, risban, embrasure.	Ɉ
Assaut, bourrade, estramaçon	Uniforme, haussecol, maille.	Brèche, battre en -, faire -.	Ͻ
Coup fourré, enferré, enfilé.	Carquois, fourreau, giberne.	Mine, contre -, fougasse, globe	Ǝ
Revue, montre, parader.	*Mousqueterie*, arme à feu.	Parlementer, -aire, capitulation	/
Manœuvre, -vrer, évolution.	Espingole, escopette, fusillé.	Reddition, réduction, prise.	⨍
Conversion, demi-, quart de -.	Pistolet, *armer, batterie*.	Subjugué, conquête, butin.	ꙅ
File, serre -, filer, défiler.	Platine, bassinet, lumière.	Sac, saccage, à feu et à sang.	Ɉ
Marche, contre -, rompre.	Garde, gachette, chien.	Evacuer, démantelé, raser.	Ͻ
Déployer, ralliement, *halte là!*	Fût, culasse, crosse, -ser.	Revers, échec, représaille.	Ǝ
Alarme, générale, aux armes.	*Artillerie*, pétard, fauconneau	Ravitailler, levée de siège.	/
Attaque, offense, -sif, hostilité	Pierrier, obus, -ier, couleuvrine.	Parti, partisan, incursion.	⨍
Escarmouche, embuscade, -ché	Dragée, balle, boulet, bombe.	Excursion, sortie, exécution.	ꙅ
Charge, engagement, mêlée.	Charge, cartouche, gargousse.	Expédition, coup de main.	Ɉ
Donner, déboucher, foncer.	Chargé, monté, pointé, braqué.	Garnison, contribution, levée.	Ͻ
Forcer, enfoncé, coupé, tourné	Poudre, amorce, mèche [4].	Prisonnier, cartel, échange.	Ǝ
Affaire, fait, action, exploit.	Caisson, affût, écouvillon.	Camp, asseoir un -, campem.t	/
Défense, -sif, diversion, réserve	Feu, tir, décharge, billebaude.	Décamper, lever le camp.	⨍
Combat, battre, bataille.	Rater, long feu, manquer.	Tente, pavillon, -du général.	ꙅ
A outrance, à platte couture.	Ricochet, à -, rebond, revers.	Congé, -dié, cartouche, cassé.	Ɉ
Défaite, déroute, débandade.	Mitraille, charge à -, crever.	Campagne, armistice.	Ͻ
Chamade, retraite, licenciem.t	Bayonnette, sarbacanne.	Victoire, triomphe, trophée.	Ǝ

IIe Partie.

VII.ᵉ CLASSE. GRAND NOMENCLATEUR.

	MÉTIERS QUI S'EXERCENT SUR LE BOIS.	MÉTIERS QUI S'EXERCENT SUR LES PIERRES A BATIR.	MÉTIERS QUI S'EXERCENT SUR LE FER.
	— ou /	∾ ou ⨍	ℒ ou ⅂
—	Bucheron, hache, cognée.	Maçonnerie, truelle, ripe.	Forge, forger, soufflet.
∾	Ramée, branchage, bourrée.	Marteau, maillet, smille.	Ferrure, ferrement, ferraille.
ℒ	Fagot, faisceau, falourde.	Ciseau, cisaille, coupe.	Barre, gueuse, ringard.
⅃	Buche, cher, abatis, chantier.	Dresser, appareiller, établir.	Bande, lame, plaque.
C	Van, vanier, claie, clairevoie.	Règle, équerre, cordeau.	Tole, feuille, fer-blanc.
Є	Pannier, corbeille, crible.	Bard, binard, oiseau.	Fil [3], filière, trait, tringle.
—	Charpente, -entier, bisagüe.	Excav.-, fondation, fondement.	Maréchal., fer à cheval.
∾	Scie, sciage, sciure, refente.	Bâtisse, bâtiment, édifice.	Brochoir, bouloir, triquoise.
ℒ	Poteau, poutre, solive, ais.	Chaux, four à chaux, éteindre.	Enclume, bigorne, billot.
⅃	Madrier, membrure, moise.	Gâcher, mortier, ciment, -té.	Eteau, tenaille, pince.
C	Chevron, tasseau, lierne.	Brique, carreau, carrelage.	Travail [4], moraille.
Є	Esselier, échantignole, trappe.	Pavé, borne, hie, demoiselle.	Clou, encloué, rivure, tête.
—	Charron, -nage, riboir, bouge	Mur, muraille, parpaing.	Serrurerie, taillanderie.
∾	Entaille, biseau, mortaise.	Pan de mur, blocage.	Rougir, amorcer, marteller.
ℒ	Brancard, armon, essieu.	Pose, assise, remplissage.	Soudure, écrouir, étamper.
⅃	Roue, moyeu, jante, rais.	Torchis, pisé, bousillage.	Percer, forer, foret, ébiselé.
C	Jumelle, ridèle, lisoire.	Chaîne [2], pierre d'attente.	Evuider, écarir, noyer [5].
Є	Timon, limon, volée, palonier.	Crépi, revêtement, badigeon.	Lime, limaille, carelet, rape.
—	Tonnelier, doloire, jable.	Corps, façade, alignement.	Traverse, grille, grillage.
∾	Tronchet, cochoire, bouvet.	Pilier, pilastre, pignon.	Vis, pas de vis, tassaud, écrou.
ℒ	Trusquin, esseau, bec-d'âne.	Porte, seuil, chambranle.	Anneau, esse, chaîne, chaînon.
⅃	Mairain, douve, douelle.	Fenêtre, croisée, lucarne.	Bouterolle, mèche, coin.
C	Cerceau, collet, reliure.	Soupirail, embrasement.	Cheville, clavette, goupille.
Є	Bonde, bondon, robinet.	Etage, escalier, marché, degré.	Gond, douille, virole, boulon.
—	Menuiserie, rabot, varlope.	Rampe, trapan, palier, péron.	Fiche, souplet, penture.
∾	Valet, sergent, goberge.	Atre, foyer, fourneau, -naise.	Targette, panneton, loquet.
ℒ	Vrille, vilebrequin, tarière.	Cheminée, manteau, tuyau.	Verrou, clinche, gâche.
⅃	Etabli, tréteau, échafaud, -age.	Voûte, clef, encaissement.	Fermeture, espagnolette.
C	Liteau, latte, chassis, cadre.	Evier, égoût, dale, gouttière.	Serrure, cadenas, garde.
Є	Volet, contrevent, battant [1].	Canal, citerne, bassin, puits.	Clef, passe-partout, rossignol.
—	Boiserie, linteau, travée.	Moulin, -à vent, -à eau, meule.	Coutellerie, couteau, -telas
∾	Cloison, lambris, languette.	Comble, faîtage, chanlate.	Damas, damasquinure.
ℒ	Planche, plancher, parquet.	Couverture, auvent, toit.	Lame, émoussé, brèche.
⅃	Marqueterie, placage, ébéniste	Tuile, plâtras, gravois.	Aiguisé, morfil, tranchant.
C	Tour, -en l'air, -à pointes.	Tasser, voiler, déjetter.	Trempe, recuit, bleuir.
Є	Mandrin, poupée, archet.	Démolir, matériaux, encombré	Quincaillerie, mercerie.

(51)

GRAND NOMENCLATEUR. *Ier Cadre.*

USTENSILES.	MEUBLES.	COMMERCE.	ou /
ι ou J	C ou Ↄ	Ɛ ou ᴈ	
Ustensile, vaisselle.	Meuble, mobilier, bien -.	Commerce, -mercer, négoce.	/
Potterie, terre, faïence, -rie.	Bâton, bastonnade, canne.	Echange, trafic, troc.	⨯
Porcelaine, *pozzolano*.	Natte, paillasson, paillasse.	Débit, défaite, détaillé.	2
Pot, anse, couvercle, fond.	Berceau, *bercé*, couche.	Marchand, -andise, denrée.	J
Vase, vaisseau, tesson.	Sangle, branle, hamac.	Chaland, -andise, pratique.	Ↄ
Ecuelle, gamelle, jatte.	Lit, lit de sangle, grabat.	Marché, marchander.	ᴈ } /
Assiette, plat, bassin [6].	Bois-, pied, chevet, ruelle [10].	Balle, ballot, emballage.	/
Bol, jarre, terrine, tinette.	Matelas, sommier, lit de p. [11]	Lien, lié, garotté, enveloppé.	⨯
Plat à barbe, lavoir, cuvette.	Coussin, oreiller, traversin.	Paquet, cornet, *grosse*.	2
Pot à l'eau, aiguière, gobelet.	Couverture, courtepointe.	Poids, sur le poids, tare.	J
Pot au lait, pot à traire [7].	Couvrepied, soubassement.	Tonnage, minage, pundage.	Ↄ
Pot à beurre, pot à cuire [8].	Rideau, courtine, ciel.	Arrhe, denier à Dieu, pot de vin	ᴈ } ⨯
Théière, cafeti-, chocolatière.	Caisse, coffre, malle, bahut.	Assortiment, fourni, -ture.	/
Huilier, vinaigrier, saussier.	Cassette, esquipot, *cachoter*.	Echantillon, essai, *montre*.	⨯
Poivrière, sallière, godet.	Console, guéridon, cabaret.	Exposer, étalage, montre.	2
Moutardier, coquetier.	Table, tablette, rayon, *cale*.	Enseigne, marque, bouchon.	J
Pot de chambre, urinal.	Armoire, dressoir, buffet.	Conditionné [14], frelaté.	Ↄ
Bassin, -à malade, lunette [9].	Bureau, secrétaire, pupitre.	Sophistiqué, rebut, au -.	ᴈ } 2
Batterie, poêle, poêlon.	Echelle, échelon, gradin.	Frais, débouré, avance.	/
Bouilloire, coquemar.	Marchepied, escabeau, montée.	Coût, prix, valeur, exorbitant.	⨯
Marmitte, chaudière, -dron.	Siège, banc, tabouret, sellette.	Courtage, *plok-penin*.	2
Casserole, lèchefrite, gril.	Chaise, -percée, banquette.	Commission, droit, remise.	J
Ecumoire, passoire, couloir.	Fauteuil, bras, dossier.	Gratification, pour boire.	Ↄ
Cuiller, cuilleron, fourchette.	Sofa, canapé, ottomane.	Epargner, griveler, lésine.	ᴈ } J
Pot à feu, réchaud, trépied.	Tapisserie, tapissier, tenture.	Demande, commande, ordre.	/
Chaufferette, bassinoire.	Tapis, tapis de pied, Gobelin.	Entreprise, pourvoir, se -.	⨯
Chenet, pêle, pince, -cette.	Bourrelet, rembourrure.	Livraison, étrenne, passe [15].	2
Broche, tourne-, fourgon.	Miroir, *se mirer*, trumeau.	Accaparement, monopole.	J
Soufflet, briquet, allumette.	Lustre, girandole, bras [12].	Contrebande, maltote.	Ↄ
Lampe, -pion, pipe, cassolette.	Pavillon, baldaquin, jalousie.	Concurrence, rabais, au rabais.	ᴈ } Ↄ
Chandelle, chandelier, bougie.	Poile, four de campagne.	Société, compagnie, raison.	/
Bobèche, épargne, binet.	Moulin, égrugeoir, rape, -ure.	Facture, livre, tenue.	⨯
Etouffé, mouché, mouchure.	Ecran, parav^t, -à sol, -à pl. [13]	Créance, dette, -criarde.	2
Boîte, tabatière, bonbonnière.	Tiroir, encoignure, bidet.	Remboursement, rentrée.	J
Epingle, pelotte, étui, trousse.	Portemanteau, chiffonnière.	Préjudice, perte, déchet.	Ↄ
Curedent -oreille, tirebouchon	Cercueil, bière, urne.	Obéré, faillite, banqueroute.	ᴈ } ᴈ

(52)

VIIIᵉ CLASSE. GRAND NOMENCLATEUR.

	ARTS LIBÉRAUX ET Accessoires, RÉLATIFS AUX FORMES.	PEINTURE ET Teinture.	ARTS AGRÉABLES. Poésie.
⊃	— ou /	∾ ou ⁄	ℒ ou ⅃
—{	—Dessin, trait, tracé. ∾ Esquisse, ébauche, croquis. ℒ Profil, patron, *silhouette*. Ʋ Ombre, hachure, estompe. C Figure, image, contour. Ɛ Symétrie, compartiment.	Peinture, peintre, pinceau. Pastel, terre d'ombre, bol. Encre de la Chine, lavis. Enluminure, outre-mer. Détrempe, fresque, gouache. A l'huile, encaustique.	Poésie, poëme, épopée. Chant, stance, strophe. Ode, cantate, lyrique. Dityrambe, prosopopée. Idyle, romance, élégie. Conte, fable, apologue.
∾{	—Gravure, burin, buriné. ∾ Echope, gouge, onglet. ℒ Estampe, taille-douce. Ʋ Pointillage, grèné, grènelé. C Manière noire, bistre. Ɛ Poinçon, contre-, matrice.	Palette, mollette, broyer. Mêlé, mélangé, nuancé. Fondre, emboire, noyer. Couche, imprimé, empâté. Gradation, dégradation. Amortir, adoucir, délayer.	Chanson, couplet, refrain. Madrigal, rondeau, sonnet. Epithalame, épitaphe. Epigramme, burlesque. Enigme, logogriphe, charade. Acrostiche, centon, anagramme
ℒ{	—Ciselure, guilloché, rifloir. ∾ Relevé, poussé, enfonçure. ℒ Mat, terné, bruni, polissure. Ʋ Ornement, vignette, fleuron. C Guirlande, volute, acanthe. Ɛ Cul-de-lampe, cartouche.	Modèle, pose, mannequin. Draperie, costume, nud. Chevalet, appuie-main. Calque, transport, piqué. Teinte, demi-, camayeu. Effet, accord, ensemble.	Vers, versification, rithme. Rime, hémistiche, scandé. Prosodie, hiatus, élision, élipse *Anacréon, érotique, libre.* *Pindare, héroïque, pathos.* *Simple, familier, pastorale.*
Ʋ{	—Monnoie, médaille, coin. ∾ Carré, balancier, fléau. ℒ Jaquemard, volée, frappé. Ʋ Lingot, lingotière, flan. C Essai, toucher, aloi, fin. Ɛ Départ, coupelle, alliage.	Jour, clair, lumière, reflet. Touche, foncé, obscur. Carnation, carmin. Coloris, ton, morbidezza. Manière, genre, style, faire. Léché, précieux, fini.	Apollon, Minerve, Muse. Cupidon, Mercure, Hymen. Grâce, nymphe, Flore, Pomone Pan, faune, satyre, Bacchus. Parque, furie, mégère, méduse. Cythère, Gnide, Paphos, Idalie
C{	—Fonte, fondeur, fusion, jet. ∾ Moule, moulé, forme, modeler ℒ Armature, bavure, culot. Ʋ *Cloche, sonnette, timbre*[1]. C *Sonnerie, carrillon, tocsin.* Ɛ *Batteur, -d'or, baudruche.*	Point de vue, raccourci. Perspective, lointain, vague. Pittoresque, romantique. Décoration, éclat, gloire. Rustique, grotesque, rocaille. Charge, caricature, bambochde	Drame, dramatique, *empoulé* Comédie, farce, parade. Tragédie, opéra, opéra bouffon Vaudeville, parodie, -odiste. Début, ouverture, entrée. Prologue, épilogue, moralité.
Ɛ{	—Sculpture, -teur, ciseau. ∾ Rondelle, gardine, bouckarde. ℒ Relief, bas-relief, bosse, en-. Ʋ Buste, médaillon, effigie. C Terme, cariatide, support. Ɛ Statue,-équestre, torse, groupe	Mosaïque, pièce de rapport. Vernis, vernissé, laque, avivé. Barbouillage, croute. Teinture, teint, teinturier. Mordant, bisé, racinage. Décreusé, décharger [2].	Scène, monologue, dialogue. Acte, entre-acte, intermède. Intrigue, nœud, imbroglio[3]. Episode, coup, catastrophe. Arlequin, Pasquin, Crispin. Pantalon, Gilles, Scaramouche

GRAND NOMENCLATEUR. — V.e CADRE.

ARTS AGRÉABLES, Musique, Instrumens.	DANSE, Exercices, Spectacles.	BIJOUTERIE, Jeux.
Musique, -cien, harmonie.	**Danse**, saut, sauteur.	**Bijou**, joyau, écrin.
Méthode, euphonie, unisson.	- de corde, voltiger, tremplin.	Bague, anneau, chaton.
Toniq., diatoniq., chromatiq.	Pas, coulé, battu, chassé.	Boucle d'oreille, pendant.
Son, ton, air, monotonie.	Coupé, valser, pirouette.	Pendeloque, girandole.
Intonnation, modulation.	Gambade, cabriole, écart.	Collier, carcan, rivière.
Diapason, gamme, tablature.	Entre-chat, croisé, jetté.	Brasselet, coulant, breloque.
Note, noire, blanche, ronde.	Menuet, courante, gavotte.	Brillant, rose, -ette, *jargon*.
Croche, double -, triple -.	Rigodon, chaconne, branle.	Table, glace, facette, éclat.
Dièse, bémol, bécarre, clef.	Sarabande, rondeau, gigue.	Mise en œuvre, enchasser.
Mesure, temps, pause, soupir.	Bourrée, matassin, olivette.	Lapidaire, cliver, égriser.
Cadence, fredon, roulade.	Contredanse, figuré, cadrille.	Pierre fausse, stras, caillou.
Chant, air, ariette, récitatif.	Bal, ballet, chorégraphie.	*Orfévrerie, argenterie*.
Solo, duo, trio, quatuor.	**Exercice**, gymnastique.	Couvert, service, nécessaire.
Partition, accompagnement.	Athléte, gladiateur, pugilat.	Fil, filigrane, galon, bordé.
Dessus, second -, basse, contre-	Course, carrière, arène, lice.	Or moulu, argent haché.
Partie, contre-point, chœur.	Lutte, joûte, naumachie.	Similor, pinchbeck.
Concert, - to, consonnance.	Carrousel, tournois, jeu.	Paillon, clinquant, oripeau.
Motet, sonate, symphonie.	Champion, cavalcade.	Brinborion, babiole, faribole.
Accorder, prélude, ouverture.	Blanc, bague, cible, viser.	**Jeu**, en jeu, va de, chance.
Taille, basse-taille, tenor.	Paume, balle, boule, mail.	Joujou, hoch-, jouet, pantin [5]
Haute-contre, faux bourdon.	Billard, bille, bricole, blouse.	Toton, sabot, toupie, bilboquet
Tierce, quarte, quinte, octave	Quille, bâton; volant, raquette	Fossette, jonchets, osselets.
Mode, - majeur, - mineur.	Balançoire, escarpolette.	Dé, - pipé, rafle, creps.
Ritournelle, fugue, fanfare.	Colin maillard, cligne musette	Jeton, fiche, domino, biribi.
Instrument, lyre, luth.	**Spectacle**, jeu, acteur.	Carte, tarot, *battre, mêler*.
Harpe, psaltérion, alto.	Représentation, personnage.	Trèfle, pique, cœur, carreau
Cystre, cymbale, tympanon.	Rôle, déclamation, débit.	Roi, dame, valet, as, capot.
Guitarre, mandore, théorbe.	Pantomime, mime, lazi, grelot.	Manille, spad -, à-tout, vole.
Clavecin, forté-piano, épinette	Histrion, baladin, paillasse.	Piquet, berlan, wisk, hoca.
Violon, -ole, -loncelle, *poche*.	Masque, mascarade, domino.	Hombre, reversi, triomphe.
Basse, contre-basse, vielle.	Marionnette, polichinelle.	Tri, comète, bassette, cavagnol
Tambour, - bourin, timballe.	Bamboche, marmouset.	Pharaon, lansquenet, ponte.
Orgue, clavier, touche, pédale.	Escamotage, tour, gobelet.	Damier, dame, damer, pion.
Manche, chevalet, sautereau.	Jonglerie, batelage, salt. [4]	Echec, trictrac, *bredouille*.
Jeu, donner, pincer, toucher.	Cocagne, baccha -, saturnale.	Partie, gageure, pari, paroli.
Détonner, faux, cacophonie.	Redoute, wauxhall, relâche.	Pat, mat, martingale, revanche

IXᵉ CLASSE. GRAND NOMENCLATEUR.

ARTS-SCIENCES. MÉCANIQUE.	ARTS RÉLATIFS A LA LUMIÈRE, AU FEU, A L'EAU ET A L'AIR.	ARTS CHYMIQUES.
— ou /	∾ ou ⨍	ℒ ou ℒ
Mécanique [1], machine.	Optique, dioptr.-, calopt.-[3].	Matras, creuset, tute.
Instrument, outil, levier, coin.	Visuel, iris, auréole, nimbe.	Alambic, pélican, chape.
Manche, main, poignée.	Incidence, réflex-, réfraction.	Lut, hermétique [4], cément.
Croc, crochet, grappin, gaffe.	Champ, foyer, convergence.	Entonnoir, filtre, chausse.
Crampon, cramponé, tenon.	Resplendir, éblouissement.	Aludel, serpentin, retorte.
Arbre, axe, pivot, tourner sur-.	Cadran solaire, gnomon.	Mortier, pilon, concassé.
Manivelle, tourrillon.	Lunette, lorgnette, conserve.	Amalgame, composition.
Pressoir, treuil, cabestan.	Loupe, microscope, télescope.	Manipulation, spatule.
Cric, vindas, vireveau.	Lentille, prisme, besicles.	Broyé, trituré, porphyrisé.
Crône, guindal, escoperche.	Chambre obscure, *abat-jour*.	Emulsion, digestion, solution.
Poulie, gorge, chape, moufle.	Optique, lanterne magique.	Infusion, coction, décoction.
Grue, mouton, palan.	Plinglass, acromatique.	Torréfié, crystalisation.
Roue, -age, roulette, pignon.	Verre, verrerie, verrotterie.	Distillation, cohobation.
Volant, aube, palette, fusée.	Vître, vitrage, carreau.	- *Ascensum*, - *descensum*.
Dent, crémaillère, engrènage.	Œil de bœuf, boudine.	Exaltation, sublimé, -mation.
Rochet, cliquet, traquet.	Coulé, soufflé, canne.	Fulmination, précipitation.
Tour [2], tourniquet, -nasin.	Fêlé, fritte, flammèche.	Saturation, macération.
Calandre, rouleau, laminage.	Glace, émail, *étamure*.	Expression, extrait, rectifié.
Pompe, -aspir-, refoulante.	Artifice, feu d'-, illumination.	Menstrue, dissolution.
- à chapelet, - pneumatique.	Luminaire, flambeau.	Ferment, -tation, efflorescence
Piston, soupape, récipient.	Torche, brandon, candélabre.	Chaux min., minium, tutie.
Tube, chalumeau, syphon.	Lanterne, falot, fanal, phare.	Alkali, alkalisation, fluor.
Baro-, thermo-, aëromètre.	Mèche, lumignon, trainée.	Mucilage, mucosité, muqueux
Aréostat, ballon, éolipyle.	Pétard, serpenteau, fusée.	Tartre, crème de -, - stibié.
Pantographe, rapporter.	Tison, braise, brasier.	Sel, - neutre, - de Glauber.
Astrolabe, alidade, pinnule.	Charbon, *consumé*, *éteindre*.	Sel d'Epson, - sédatif, borax.
Compas, - de proportion.	Fumée, suie, cendre.	Oxigène, hydrogène, azoth.
Plateau, platine, point-d'appui	Puisard, seau, *puiser*, *épuisé*.	Ether, flegme, empireume.
Charnière, bélière, genouillère	Jet d'eau, nape d'eau, chûte-.	Ammoniac, régule, kermès.
Ressort, tension, monter.	Versé, égoutté, tari, d sec.	Natron, réalgal, *émétique*.
Horloge, horloger, clepsydre.	Cerf-volant, ventilateur.	Eau-forte, - régale, - seconde.
Mouvement, échappement.	Cornet, sifflet, flageolet, fifre.	Astringent, caustique, corrosif
Balancier, pendule, spiral.	Flutte, - traversière, haut-bois.	Confection, électuaire, arcane.
Cadran, quadrature, aiguille.	Musette, cornemuse, anche.	Pierre infernale, - à cautère.
Répétition, équation, détente.	Basson, clairon, clarinette.	- Philosophale, grand-œuvre.
Automate, détraqué, patraque.	Trompette, cor, *pavillon*.	- Gravelée, *caput mortuum*.

(55)

GRAND NOMENCLATEUR. *Ier Cadre.*

ARTS CURATIFS. Chirurgie, Médecine, Pharmacie.	TYPOGRAPHIE, Papéterie, et Librairie.	BANQUE et Spéculations pécuniaires.	ou /
ʇ ou ʃ	C ou Ↄ	6 ou ɘ	
Chirurgie, lancette. Rasoir, bistouri, scalpel. Trépan, pélican, bec à corbin. Forceps, lithotome, sonde. Compresse, charpie, séton. Bande, bandage, écharpe.	Typographie, imprimé. Casse, cassetin, casseau. Quadratin, espace, division. Corps, œil, cran, coche. Visorium, mordant, galée. Composition, composteur.	Avoir, actif, recette. Bâiller, placer, mise. Versement, recouvrement. Consignation, consignataire. Caution, garantie, répondre. Emprunt, prêt, - à intérêt.	/ ⨯ λ ʃ Ↄ ɘ } /
Luxation, dislocation, foulure Varice, anévrisme, hernie. Rupture, fracture, esquille. Balafre, estafilade, coupure. Blessure, blesser, vulnéraire. Plaie, escare, cicatrice, - isé.	Planche, forme, format. *In-folio*, justification. Imposé, remaniemᵗ, pâte [8]. Taquoir, rouleau, blanchet. Faute, coquille, bourdon. *Deleatur*, blocage, carton [9].	Crédit, créditer, solvabilité. Devoir, passif, redevable. Débiter, comptabilité. Compte, - courant, ligne de -. Balance, bilan, arrêté. Reddition, appuré, solde.	/ ⨯ λ ʃ Ↄ ɘ } ⨯
Traitement, pansemᵗ, procédé. Bassiné, étuvé, fomenté. Embrocation, injection. Onction, friction, lubrifié. Pessaire, suppositoire. Ventouse, vésicatoire, cautère.	Tirer, foulage, retiration. Presse, tympan, frisquette. Coffre, chassis, ramette. Barreau, clavette, train. Pointure, chevalet, grenouille. Palette, broyon, balle.	Liquidé, libéré, paiement. Reçu, récipé, quittance. Obligation, reconnoissance. Assignation, rescription. Conversion, virement, dédit. Constitution, consolidation.	/ ⨯ λ ʃ Ↄ ɘ } λ
Opération, scarification. Saignée, palette, ponction. Dissection, anatomie. Dentiste, rugine, davier. Déchaussé, arraché, extirpé. Oculiste, *empyriq.*, charlatan	Monter, garnir, charger. Touché, bavoché, maculature. Réclame; distribution. Estampille, griffe, timbre. Ecrénure, polytypage. Prote, épreuve, 2ᵉ, tierce.	Change, rechange, aval. Billet, billet à ordre, mandat. Lettre de change, traite. Tirer, émission, circulation. Endossement, acceptation. Porter, présenter, passer [10].	/ ⨯ λ ʃ Ↄ ɘ } ʃ
Médecine, consultation. Symptôme, pronostic, diag-. Ordonnance, recette, récipé. Remède, médicament, topique Médecine, prise, dose, panacée Contre-, anti-[5], guérir, cure	Ronde, romain, italique. Perle, nompareille, mignonne. Texte, gaillarde, petit romain. Philosophie, cicéro, - gros œil. S. Augustin, parangon, canon. Palestine, trismégiste.	Opération, négociation. Cours, taux, *hausse, baisse.* Valeur, valeur *en compte.* Valeur *en marchandise.* - reçue *comptant*, décompte. Acquit, amorti, remplacement	/ ⨯ λ ʃ Ↄ ɘ } Ↄ
Apothicairerie, pilule [6]. Manne, lok, aposème, julep. Opiat, onguent, emplâtre. Lotion, gargarisme, clystère. Seringue, seringuer, cannule. Thériaq., orviétan, mithrid[7]	Papéterie, pâte, collage. Pourrissage, trapan, cuve. Coulé, mouillé, lissage. Vergeure, bule, bis, carton [9]. Librairie, brochure, - cher. Reliure, nervure, tranche.	Commandite, cottisation. Intérêt, part, quotte-, dividendᵉ Action, - naire, - niste, prime. Valoir, faire valoir; usure. Mohatra, péculat, stellionat. Déficit, protêt, *par corps.*	/ ⨯ λ ʃ Ↄ ɘ } ɘ

X.e CLASSE. GRAND NOMENCLATEUR.

TABLE GÉNÉRALE DES MESURES, DANS L'ORDRE ALPHABÉTIQUE.

De contenance pour les liquides		Pour les matières sèches
— ou /	∾ ou ⁄	ℒ ou ℔
— Aam, ahm, älm.	Maass, magliojo, maid.	Achtel, achteendel, addix.
∾ Acétabule, achteling.	Mastello, mataro, matulo.	Agtel, anegra, arroba.
ℒ Açumbure, almude.	Memecda, metalle, méter.	Bacino, barsella, barsello.
℔ Alquier, ambare.	Métrétès, mezzarola.	Bassin, bazzili.
G Amphore, ancre, anker.	Miglierole, millerole.	Bichet, boisseau.
Ꞓ Anthal, arrobas.	Mingle, mire, muid, mystron.	Brachilla, buschel.
— Baquet, baral, barrel.	Nebel, nessel, niétro.	Cab, caffi, caffize, cahiz.
∾ Barril, barrique.	Ochavo, odor, oessel.	Cap, carnock, carre, carro.
ℒ Bassa, bath, batos.	Ohm, orcio, orka.	Carse, carte, cartel, - tière.
℔ Becher, berg-eimer, bés.	Orne, osmonska.	Cavan, célémine, chalder.
G Bescheller, beson, bessis.	Ottinger, outre.	Chao, chefford, chénice.
Ꞓ Bocal, bocale, borka.	Oxhooft, oxhutwud.	Cho, chomer, chous.
— Botta, botte, bottle, boute.	Panille, peele, péga.	Co, coffino, combe.
∾ Bouteille, bozzo.	Pièce, pieza, pignolo.	Conchas, conque, coomb.
ℒ Braccio, brasse.	Pint, pinte, pintger, pints.	Cor, corde, coros, cotyle.
℔ Brenta, brinde, broc.	Pipe, pitcher, plank, - en.	Coupe, coupelle, cyathe.
G Burette, busse.	Poel, poinçon, poisson.	Droemt; Emine.
Ꞓ But, bygoncia [1].	Pot, potten, punchion.	Epha, éphi, *étalon*.
— Cafisso [2], canada [3], cantar	Quardulen, quadriental.	Fanéga, fehrt, ferrado.
∾ Caraffe, - fon, carga, carra.	Quart, - tal, - tan, - tarius.	Fierding, firlot, fortin.
ℒ Cavada, char, chauvau.	Quartaut, - teron, - tilho.	Garave, garça, garnetsse.
℔ Chémès, chopine [4], cogno.	Quartin, quartino, queue.	Garnitzen, garza.
G Conge, copi, copo, coupe.	Robe, roeder, roquille.	Geischeid, gombette.
Ꞓ Cruche, cüp, cuve, czarka.	Rubbo, rundlet.	Gomor, gonge.
— Drichino, decanter, Eimer.	Salma, saum, schale, schach.	Hainer-malter, halster.
∾ Engistara, escandeau.	Schenk-maas, schreve, sceau.	Hectos, heinze, heste, himte.
ℒ Fass, feuillette, fiasco.	Sechten, seidel, seitem, septier.	Hin, ho, hoed, home.
℔ Fierdinger, - dinkar, fiertel.	Skipper, sorokovaia-botka.	Hornslarr, houd, hout.
G Flacon, flasche, fœder, foudre.	Stekaimen, stekan, stof.	Ikmagoga, imale, imy.
Ꞓ Gallon, garnete, glass, gobel^t	Stoop, stubchen, stuck-fast.	Junfer, jungfre.
— Halr-tonder, haquet, hémine	Tasse, tchetverka.	Kappor, keel, kilo.
∾ Hogshead; Jé, jatte, inquistara	Tierce, tierçon, tonel.	Kizloz, kop, koulle, kul.
ℒ Kan, kanna, kande.	Tonelada, tonne, tonneau, topf	Kreusse, külmitz.
℔ Karannon, kilderkin.	Truchette, trulla, tun, tuna.	Lagène, Lethec.
G Kopse, korzek, krug, kruska.	Vedro, velte, verge, verre.	Litron, lof, loof.
Ꞓ Last, ligule, lod, lot [5].	Viertel; Urn, Urne.	Log, loopen.

GRAND NOMENCLATEUR. *1er Cadre.*

TABLE GÉNÉRALE DES MESURES, DANS L'ORDRE ALPHABÉTIQUE.

De contenance pour les matières sèches.	Linéaires.	D'arpentage.
ʮ ou ʯ	C ou Ɔ	Ɛ ou Ǝ
Maschen, malter, marès.	Alen, aln, arisch.	Acker, acre, acte.
Médimne, megera, mercale.	Archine, aune.	Agna, aranzada, album.
Metzen, mézen, micne.	Barre, basse, bâton.	Aroure, arpent, *arpentage*.
Mina, mine, minel, minot.	Beth-cob, bille, braca.	Beth-coron, bicherée.
Mitt, modio, modios, -dius.	Bracche, bracchio.	Biolca, boisselée.
Moessin, moggia, moggio.	Brasse, brelle.	Borne, *borner*, bunder.
Mondilo, mondino.	Cabidos, cadée, cando.	Cartelade, -terée, -teyrade.
Moncha, monka.	Canna, canne, canella.	Carrée, cavalléria, clime.
Mouver, moyo, mudde.	Carré, cavidos, cavezzo.	Concade, coto, cuerda.
Muid, muken, mutt.	Ché, cobit, cobitɛ, codo.	Dessaetina, dextre, doppia.
Nylur. Osmine, outave.	Covado, coudée, covit.	Escat, estalade, fanegada.
Oxibaphe, oxibathe.	Craveiro, cubit, cubitus.	Fardingdeale, foot, fuss.
Pacchio, pajack, panache.	Dactyle, darne, daum, déale.	Giornata, gomed, graber.
Payoc, peck, pico, picotin.	Ell, eln, endreseh, empan.	Hacken, higle, hommée.
Piloc, ping, pipe.	Enseigne [8], esbaa, estado.	Hube, hyde.
Piquet, pollonich.	Faden, faon, fathom, faum.	Joch, journal, journel.
Quartarole, -ter, -ticenus.	Gaule, gode, guesse, guèze.	Juchart, jugada, jugère.
Quei, quillot, quwarter.	Jactam, inche, innck.	Maat, mine, moggio, morgen.
Rézal, raze, razière.	Ken, keub, khatouat.	Palme, pange-hart-korn.
Réale, rob, roclitz.	Klafter, kongpu, korn, kub.	Perche, pertica, pertiche.
Rubbie, rubbiatella, ruggi.	Lacter, ligne, lès [9].	Pezzo, piave, pio, piove.
Sac, sacche, sacco, sacoche.	Orge (grain d'), orgyie.	Poignerée, possessione.
Sack, saeck, sagon, sataro.	Pagèle, paleste, palme.	Quarta, -tier, -tuccio.
Saton, saw, schaf, sché.	Pam, pan, paume.	Rroe, rood, rubbio.
Scheepel, scheffel, seah.	Pic, pick, pico, pichys.	Saccata, saumée, scorzo.
Sechsling, sedépha, sélémi.	Pied, -librando, -de Rhin.	Sedon, septerée, sesterée.
Sephel, sester [6], simmer.	Pied de roi, p. -trabucco.	Sétérée, sicilique.
Simri, snès, so, soma.	Pieu, point, pouce, punct.	Skeper-hart-korn, soma.
Spann, staio, star, staro.	Ras, raso, roede.	Staarland, stiora, stioro.
Stik, stof, stoop, stroutz.	Ruthe, rotole.	Stochiacuh, stufa.
Tan, Tarrie, teu, tibero.	Sacheu, sachine, schoe.	Tagmat, tattami, tavola.
Timbang, tomolo, tönde.	Schragen, sen, sex.	Toasa, toise.
Troubahouache, trustée.	Sexme, socarion, sok.	Tonde-hart-korn.
Tschetverka, tschetverick.	Stab, stajolo, stambolin.	Tophach, tornatura. Ulna.
Vat [7], veab, verp, wispel.	Tall, tod, tschesne, Var.	Vaneza, vara, vorling.
Worf, Xestès, Yu, Zatou.	Verge, verschock, vona, zoll.	Yard, Ziel, zuchart, zugada.

IIe Partie.

XIᵉ CLASSE. GRAND NOMENCLATEUR.

TABLE GÉNÉRALE DES MONNOIES, DANS L'ORDRE ALPHABÉTIQUE.

MONNOIES FICTIVES, DE COMPTE, D'OR, D'ARGENT OU DE BILLON.

	— ou /	∾ ou ✗	ℒ ou ℨ
—	— Abagi, abbassi. ∾ Adolphe, agorah. ℒ Albus, bäder-albus, altin. ℒ Alton, allevure, allure. G Angel, angelot, angster. E Annas, argyre, albertus.	Daaler, daeler, daller. Danime, darique. Denier, denga, denuska. Derlingue, dinar, - bisti. Doblon, dobra, dobraon. Dolar, doppia, double.	Gallo, ganzas, gassa. Genovina, George. Giorgino, gigliato. Giulo, giustina. Giustiniano, glano. Goesgen, gondas.
∾	— As, aslany, aspre, assarion. ∾ Atché, auguste, aureus. ℒ Babka, bagattino. ℒ Bagherono, bahar. G Bajoir, balantion. E Bajocco, bayoque.	Doublon, doudou, drachme. Dreyer, dubbelje. Ducat, - de Holl., - d'Empire. Ducat di règno, - de vellon. Ducaton, ducatelle. Duisten, (ou) deutgen.	Grain, gran, grano. Grimelin, grischio. Gruona, groat, groen. Gros, bon - [3], groschen. Grossen, grot, gronk. Guinée, gulde, gute -.
ℒ	— Basche, batz, bon batz. ∾ Bazaruco, békàh, bés. ℒ Blaffert, blanc, - ca, - quille. ℒ Bolognino, borbe. G Brommer, budbrooken. E Busche, buttala, burbe.	Ebraex, (ou) justus-judex. Ecu, - Albert, - au bidet. - couronné, - au lion. - de convention, - de 6 livres. Egyforinth, égymagiar [2]. Escalin, - flamand, - holland.	Halfpenny, heller. Holer, hongre, hor. Jacobus, jehedo. Impériale, juk, jux. Keyser-grossen, kopfstuck. Kreutzer, kreyzars.
ℒ	— Cabeer, cabesqui, cabir [1]. ∾ Caboletto, cache, came. ℒ Canderine, caragroche. ℒ Caragrouk, carube. G Carl, -lin, carolin, carolus. E Cavallo, cavaletto.	Falle, faname, fano. Panoe, fanoin, fanon. Fanos, fardos, farthing. Felours, fenin, fening. Filippe, (ou) philippus. Fledermaus, flechte.	Lac de roupies, landmunts. Lanternine, larès. Larin, lauret, laxsau. Leeuwenthaller. Leondale, Léopold. Liard, six liards (pièce).
G	— Caszargaras, cati, ceiti. ∾ Chalcous, chaïe, chaouri. ℒ Chaqui, chéda, chérif. ℒ Christine, chustaken. G Cintat, condérie. E Conderine, condorin.	Flett, - dansk, - marc. Flinderke, flinriches. Florin, - de compte, - d'Empire. - de Flandre, - de Gênes. - de Hollande, - d'or. - de Pologne; flouche.	Libra, libra catalana. Libra jaquesa. Lira, lira antica. L. de banco, - de paghe. Liretta, liressa. Lisbo -, livo -, livournine.
E	— Copek, peat-copec. ∾ Coris, cornado, corsino. ℒ Couronne, crassie, crazie. ℒ Cremnitz, crohol, crown. G Cruzade, - nov., - vel. E Cruysdaelder, curon.	Foettmenschen, foang. Folle, follis, forbe. Franc, - d'argent, - d'or. Franc de compte. Francescino, - cescono, - cisco. Frédérick, fyrke.	Livre, - de compte, - de gros. Livre parisis, livre tournois. Livre de Troyes, liv. wlaams. Louis, louis-d'or, - à la croix. Louis neuf, - vieux, - au soleil. Lupin, ly, lyang, lys.

GRAND NOMENCLATEUR. *Ier Cadre.*

TABLE GÉNÉRALE DES MONNOIES, DANS L'ORDRE ALPHABÉTIQUE.

Monnoies fictives, de compte, d'or, d'argent ou de billon.

U ou J	C ou Ↄ	Є ou Ә
Macoute, madonina.	Pence, pennengue.	Schlanten, schlect-taller.
Maille, mallas.	Penny, penz, - kraslowsky.	Schwaren, schuit.
Mamoudi, mangour.	Pérèse, pérutah.	Scudo, - della crosse, - d'oro.
Maravedi, - de vellon.	Pesata, peso, petrono.	Scudo d'argento, - di stampa.
Marc, marc-lubs.	Pfening, - lubs, pfund.	Sequin, - mistry, - gingerly [4]
Marco, marck.	Piastre, piastrina.	S. - zequino, d'oro marche.
Marazz - sezztak.	Piccolo, pièce, piezza.	Scripule, seiti, ser.
Maes, mas, mass.	Pignatello, pise (pize).	Sérafin [5], sesterce.
Marien - groschen.	Pistole, - d'Espag., - de France.	Sesthal, - half, sestin, sjame.
Marien - gulden.	Pite, pitis, plate.	Sicle, silique, skiling.
Matécallo, matha.	Plappert, plaquette.	S. - danks, s. - sondas.
Mathieu, mathoer.	Ploete, podion, poge.	Sol, soldo, sompaye [6].
Max, maximillien.	Poldingue, pole.	Soverain, souverain.
Mayon, méhah.	Poltinik, polu-poltinik.	Sportule, statère.
Mexicane, miame.	Polturas, polturak.	Sterling, livre, sou, denier.
Miliaresion, milleraie.	Poluska, pondion.	Stuck, stuke, styke.
Minaltoun, mine.	Ponne, ponti, portugaise.	Sultanin, syfert.
Miscal, moeda.	Pound, pul - szlaly.	Szedmak, Szelong.
Moedor, moharre.	Quadrans, quadruple.	Tael, talaro, talent.
Mortical, moskok.	Quart, quarto, quartino.	Tamling, tanga, tare.
Mosofsky, moustaphoury.	Quinaire, quintin.	Tan, tarino, tarxa.
Muntz, muskofske.	Raps, rathspræsenger.	Telle, temin, temine.
Muntz, mynt.	Ratisbonine, rathe, ratz.	Testaon, teston.
Nasara, noble.	Real, - de plata, - de vellon.	Thaller, tibose, tical.
Oban, obole.	Rées, reis, reichsdaller.	Timpfe [7], tympfe-daller.
Ochavo, ochote.	Ræpono, ride, rigisch.	Timfe-gulde, toler, toman.
Oer, oerlein, oertje.	Rix-daller, rix-oorth, ryder.	Tomin, tonne d'or, toque.
Olik, onlik, osella.	Romponi, rose, rotale.	Tornèse, trojak.
Once, onza, onzia.	Rotolo, rouble, roupie.	Touraly, tourc, turq.
Ongaro, ottava, ouban.	Roustings, rundstuck.	Twelpenny, tzikit.
Padan, paden, pagode.	Saiga, saine, S.-Giambatista.	Uherszky-zlaty, utta.
Paolo, papeta, para.	S.-Jean, S.-Thomas, -Thomé.	Vintem, vingtain, witte.
Parasis, pardao, pardo.	Santa, sapeçon, sata.	Yanaltoun, zacjiés, zer.
Parpaïola, patac, patacca.	Scalin, schaï, schaaf.	Zeramabouk, ziam, ziangi.
Pataga, patagon, patard.	Scharafi, schefdal, schelling.	Zim, zimbli, zlotus.
Pataz, paul, peku.	Schilling, schilling-lubs.	Zolotte, [8], zweydritelstück.

NOTES DU GRAND NOMENCLATEUR.

PREMIÈRE CLASSE.

PREMIER CADRE.

[1] Le *temps* et ses divisions, dans leur cadre particulier.
[2] *Faire*, neutre ; *il fait beau, il a fait froid, il fera chaud.*
[3] Ou *cancer.*
[4] *Cataracte* et *arche* dans le sens de la Genèse ; *cataracte du ciel, arche de Noé* : l'autre sorte de *cataracte* (du Nil, etc.), est après *cascade.*
[5] De *zéphir*, le signe du masculin fait *zéphyre*, en Pasigraphie.
[6] *Vertu* est là pour *force*, pour *qualité active* ; les *vertus* de l'eau, des sels, etc.
[7] *Usure*, l'effet de ce qui *use*, le résultat de l'*user*.

CINQUIÈME CLASSE.

PREMIER CADRE.

[1] Simplement ici l'état d'un être *affecté.*
[2] Pour *sentir*, comme *avoir du plaisir.*
[3] Avec le signe de *plus*, font *meilleur, mieux.*
[4] Avec le signe *très*, font *excellence, très-bien.*
[5] *Piété* n'est pas ici *dévotion* seulement.
[6] *Amour* est ici une vertu, *amour de l'ordre, amour de Dieu, amour du prochain* : au figuré cet *amour* peut être un goût, *amour des arts.*
[7 et 8] Il y a deux *ennuis* qui répondent l'un à *molestia* et l'autre à *tædium* du latin.
[9] Pour *résolution.*
[10] *Obstacle* (vu) par abréviation, pour *obstacle* qu'on voit, qu'on connoît ou qui est volontaire. En Pasigraphie, tout *obstacle* voulu diffère de tout *obstacle* ou accidentel ou invisible.
[11] Un troisième terme, *contravention.*

TROISIÈME CADRE.

[1] *Esprit* de l'homme, pour le distinguer d'*esprit* substance spirituelle considérée en général.
[2] D'*intelligence*, vient *entendre.*
[3] Ce n'est pas ici le *savoir* de la mémoire, mais le savoir de l'intelligence.
[4] *Au fait*, instruit, informé.
[5] Mot et sens anglais.
[6] Cicéron dit en un seul mot : « Les règles de la mémoire artificielle, *mnemonica* »;
[7] On distingue *jugement* (faculté) de *jugement* (acte).
[8] D'où *présumer*, et non *présomption*, d'où vient *présomptueux.*
[9] *Contradiction* dans ce sens que deux idées impliquent *contradiction.*
[10] D'où *contredire.*

SIXIÈME CLASSE.
Premier Cadre.

[1] Il y a trois fois *ordre*, deux fois *mystère* et deux fois *discipline* dans cette page; *ordre*, sacrement, *ordre* hyérarchique, *ordre* monastique; *mystère*, objet de la foi, *mystère*, acte religieux; *discipline*, règle, et *discipline* de corde.

[2] *Salut* est ici une cérémonie.

[3] *Confession*, d'où *confesseur* qui souffre pour la foi.

[4] *Dictature*, 2, 3, *décemvirat*; *dictature*, *duumvirat*, *triumvirat*, *decemvirat*. Un cinquième terme sera POLITIQUE, idée qui suppose des hommes qui commandent et gouvernent en nombre indéterminé.

Second Cadre.

[1] PORTE -, *veneur*, *maîtrise*. De *veneur* et de *maîtrise* se font *grand-veneur*, *grand-maître*, *grande maîtresse*. PORTE - se joint à tous les mots qui en sont susceptibles, comme *porte-drapeau*, *porte-croix*, *porte-globe* ou *porte-crayon*, avec ou sans le signe du genre masculin ou féminin.

[2] *Salle*. C'est ici *salle de spectacle*.

[3] *Château*, *château d'avant* ou *d'arrière*, en deux mots. Un quatrième terme donne ici *encastillage*.

[4] *Artillerie* est ici la collection des machines et des moyens; dans le cadre des AGENS, *artillerie* est l'ensemble ou le corps des officiers et des soldats de cette sorte d'arme.

SEPTIÈME CLASSE.
Premier Cadre.

[1] *Battant* ou *vantail* d'une porte qui s'ouvre des deux côtés.

[2] *Chaîne*, pierres qui soutiennent les autres.

[3] *Fil*, *fil d'archal*.

[4] *Travail*, machine où le cheval est mis entre quatre pilliers.

[5] *Noyer*, faire qu'une partie entre dans une autre sans en déborder la superficie.

[6] *Bassin* à mettre les viandes sur la table : en latin *lanx*.

[7] Les Latins disoient, en un seul mot : *Pot à traire les vaches*; *Mulctrale*.

[8] *Pot à beurre*, *sinum*; *pot à faire cuire de la viande*, *olla*, *ollula*..

[9] *Lunette*, trou rond ou bourrelet de chaise percée.

[10] *Bois*, *pied*, *chevet*, *ruelle* de lit.

[11] *Lit de p.*, *lit de plume*, *coite* ou *couette*.

[12] *Bras* qui porte des bougies.

[13] *Ecran*, *paravent*, *parasol*, *parapluie*.

[15] *Passe*, d'où : « Je vous *passerai* cette marchandise à tel prix. - Je n'en veux donner que cela; *passe* ».

HUITIÈME CLASSE.
Cinquième Cadre.

[1] *Cloche*, *sonnette*, *timbre*. Ces trois lignes sont placées là comme des accessoires

que la plus foible analogie rappelle suffisamment au pasigraphe dès qu'il les y a lus une ou deux fois.

[2] *Décreusé, décharger.* Les teinturiers *décreusent* la soie, et quelques objets teints *déchargent, se déchargent,* perdent de leur couleur dans l'eau ou par le frottement.

[3] *Intrigue, nœud, imbroglio.* Le contraire de *nœud* donne dénouement.

[4] *Jonglerie, batelage, salt.; saltimbanque.*

[5] *Joujou, hochet, jouet, pantin.* Pantin, au masculin, fait *pantin*, petite figure d'homme; et au féminin, *poupée.*

NEUVIÈME CLASSE.

PREMIER CADRE.

[1] *Mécanique* est ici l'art des machines, ou la science des forces mouvantes.

[2] *Tour,* tel que celui des couvens de religieuses.

[3] *Optique, dioptrique, catoptrique.*

[4] *Hermétique,* ce qui a rapport à la transmutation des métaux : dans un autre sens, *hermétique* est ici la racine pasigraphique de *sceller hermétiquement.*

[5] *Contre-, anti-,* se joignent à tous les mots que la pensée en rend susceptibles, comme *contre-poison, anti-scorbutique.* Seuls, ces deux mots signifient *contre, anti-dote*; et *anti* équivaut à *préservatif* en Pasigraphie.

[6] *Apothicairerie* ou *Pharmacie* avec le signe d'emphase. *Pilule* ou *bol.*

[7] *Thériaque, orviétan, mithridate.*

[8] *Imposé, remaniement, pâte; imposer,* c'est mettre ensemble toutes les parties composées qui doivent former le nombre de pages ou la feuille qu'on veut imprimer. *Remanier,* c'est refaire et placer autrement quelques lignes. Quand un accident confond les mots et les lignes à tel point qu'il faille recomposer, ce a s'appelle mettre en *pâte.*

[9 et 9] *Carton.* Le premier de ces deux mots signifie une ou quelques pages refaites dans un ouvrage déjà fini : le second signifie une feuille de papier fort et dur.

[10] *Porter, présenter, passer,* ou *porteur, présentation* et *passer à l'ordre de,* etc.

DIXIÈME CLASSE.

PREMIER CADRE.

[1] D'où *bigontius,* grand buveur.

[2] Ou *caphise.*

[3] Ou *Canhada,* ainsi que *cantar* ou *cantara.*

[4] Ou *schoppen,* des mots grecs *cheo pino* : je verse, je bois.

[5] Ou *loth.*

[6] Ou *sister,* ainsi que *summer* ou *simmer.*

[7] *Vat* ou *vaaten.*

[8] *Enseigne* signifie ici une mesure de drap, cinq aunes de Hollande, environ trois aunes de France.

[9] *Lès* ou *lez,* ou *laize,* largeur d'une étoffe.

ONZIÈME CLASSE.

Premier Cadre.

[1] Quelques-uns des mots écrits avec un *c*, s'écrivent aussi avec un *k*, comme *kanderine*, *kati*, *kuron* ou *kouron*.

[2] *Egymangiar - thaller.*

[3] *Bon gros*, ou *gute-grosche.*

[4] Ou *sequino-zinzerly.*

[5] Ou *xéraphin.*

[6] *Sol* ou *sou. Sou marqué*, des deux mots *sou* et *marque.*

[7] Ou *tympfe*, ou *dimpfe.*

[8] Ou *isolotte.*

On n'oubliera pas que plusieurs noms sont communs à certaines monnoies et à certains poids, à des mesures linéaires et à des mesures d'arpentage, à des mesures de contenance pour les liquides et à des mesures de contenance pour les matières sèches ; qu'ainsi les mots qu'on ne trouve pas sous l'un de ces titres, se trouvent sous l'autre.

FIN DE LA SECONDE PARTIE.

A PARIS, DE L'IMPRIMERIE DE C.-J. GELÉ,
rue du Temple, n° 22.

LaVergne, TN USA
12 January 2010
169762LV00001B/104/P